黑马王子◎著

股市天经

之二 量线捉涨停

第4版
修订

四川人民出版社

图书在版编目（CIP）数据

股市天经. 二，量线捉涨停/黑马王子著. —4 版.
—成都：四川人民出版社，2021.4（2023.4 重印）
ISBN 978－7－220－12008－4

Ⅰ.①股… Ⅱ.①黑… Ⅲ.①股票投资－基本知识
Ⅳ.①F830.91

中国版本图书馆 CIP 数据核字（2020）第 174524 号

GUSHI TIANJING

股市天经（之二）
——量线捉涨停（第 4 版修订）

黑马王子　著

出 版 人	黄立新
策划组稿	何朝霞
责任编辑	何朝霞
封面设计	李其飞
版式设计	戴雨虹
责任校对	舒晓利
责任印制	周　奇

出版发行	四川人民出版社（成都三色路 238 号）
网　　址	http://www.scpph.com
E-mail	scrmcbs@sina.com
新浪微博	@四川人民出版社
微信公众号	四川人民出版社
发行部业务电话	（028）86361653　86361656
防盗版举报电话	（028）86361653
照　　排	四川胜翔数码印务设计有限公司
印　　刷	成都国图广告印务有限公司
成品尺寸	185mm×260mm
印　　张	17
字　　数	310 千
版　　次	2021 年 4 月第 4 版
印　　次	2023 年 4 月第 34 次印刷
印　　数	185001—188000 册
书　　号	ISBN 978－7－220－12008－4
定　　价	58.00 元

第一版前言
实在没有想到

实在没有想到，《股市天经（之二）量线捉涨停》出版 7 年来，深受读者喜爱，至今畅销不衰，一直名列当当网同类图书畅销榜前列，多次荣获"中国出版行业畅销书"称号。

实在没有料到，许多读者将此书作为礼品赠送给亲朋好友，有位读者竟然每年购买几十本送人，得到的反馈几乎完全一样："你送给我的不是书，而是宝！要是用彩色印刷，那就更完美了！"他的这个想法在股海明灯论坛发表后，引发成千上万的读者来信来电要求改用彩色印刷。大家认为彩印版有三利：一利阅读，二利馈赠，三利收藏。

实在没有想到，当我们决定推出彩印版后，许多读者喜出望外，他们于猴年春节期间，在股海明灯论坛发表了数以万计的诗词楹联表达心愿。现摘录其中部分诗词权且作为前言，因为作者和编者的任何言辞，也无法与读者的心声媲美。

4 楼：股市学妹
上联：股海茫茫有灯塔指引方向
下联：钱海涛涛驾量舟收获勤劳
横批：量学无价

74 楼：古意今志
上联：古孔子儒教代代相承厚德泽华夏儿女
下联：今王子量学人人称奇妙理渡股海沉浮
横批：量学大吉

143 楼：独股一箭

上联：羊岁去矣应记取高量不逃亡羊教训

下联：猴年来兮当发扬低量抄底金猴精神

横批：猴年大发

193 楼：探秘者

上联：去岁吉羊量柱神机不惧起伏

下联：来年祥猴量线法眼笑看涨跌

横批：知行合一

221 楼：四十而立

上联：股海无涯量学作舟

下联：投资有道王子指路

横批：明灯耀猴年

241 楼：jcfs156

上联：寒冬低温熔断保险丝

下联：量柱量线王子黄金柱

横批：股市有天经

257 楼：水儿晓明屋

上联：量柱价柱忽阴忽阳高低难测

下联：涨停密码见招拆招又有何难

横批：紧跟强庄

327 楼：老黄药师

上联：忆昔羊惊涛骇浪战股海

下联：看今猴重整旗鼓上天山

横批：量学亮剑

411 楼：象象耳

上联：黄金柱像大圣手中金箍棒

下联：精准线似哪吒脚下风火轮

横批：擒拿妖股

464 楼：金铑铂
上联：乘白马心潮澎湃攀高峰
下联：骑黑马春风得意永向前
横批：猴年骑马

568 楼：左右为中
上联：涨涨落落追追割割对对错错
下联：紧紧张张人人我我笑笑呵呵
横批：浪浪波波

1516 楼：cocoa962
上联：量学英才千千万
下联：擒牛捉马样样行
横批：量学擒牛

1562 楼：飞絮濛濛
上联：涨停跌停曾见千股涨跌奇观
下联：上蹿下跳今逢猴年震荡之市
横批：踏准节奏

1577 楼：momo2013
上联：倍量柱平量柱梯量柱高量柱柱柱入钱
下联：平衡线峰谷线精准线灯塔线线线进财
横批：看准柱线

黑马王子

2016 年 2 月 16 日

第四版前言
"九块金牌"与"十倍金股"

量学问世十周年之际，四川人民出版社和清华大学出版社要求王子将广受称誉的"股市四大名著"（四川人民出版社《量柱擒涨停》《量线捉涨停》，清华大学出版社《伏击涨停》《涨停密码》等四本）进行修订。修订进入尾声，王子正在撰写修订版前言时，发生了一件震撼人心的事。

一、献给量学团队的神秘礼物，"九块金牌"

2019年12月25日，朗朗京城、瑞雪初晴、碧空艳阳、和风拂面，北大第1904期量学特训班班长许杰代表全班学员，向王子及量学八大弟子（量学云讲堂八位讲师）赠送了一件神秘礼物：九块金牌！

看着这九块闪亮的金牌，王子和八大弟子全都沉默了，足足三分钟！

捧着这金光闪闪的金牌，许多人热泪盈眶……

这金光熠熠的金牌，是对量学及其前期培训的肯定，也是对量学八大讲师的褒奖，更是对量学及其后期培训的鞭策！

捧着这沉甸甸的金牌，王子和八大弟子思绪万千，彻夜无眠……如何才能对得起这金光闪闪的金牌呢？大家纷纷表示，我们要把这九块金牌打造成九个金质品牌，即：树立"金牌意识"，建好"金牌团队"；争当"金牌讲师"，讲好"金牌课程"；搞好"金牌服务"，培养"金牌学员"；做好"金牌预报"，选出"金牌牛股"，带领量学特训班和基训班全体学员，打好2020年"金牌回馈战"！

为此，王子和八大讲师都以春节选股练习为起点，开始了一场"金牌服务"回馈战。其中，王子于2020年2月2日推出了选股练习"春节8组24股"（发表在微信公众号、新浪博客、新浪微博、东方财富网、东方财富号、股海明灯论坛上）。这24只股票分为8组，每组3只票，具体如下：

大众防护：	龙头股份、泰达股份、金鹰股份等
医用防护：	振德医疗、英科医疗、奥美医疗等
抗流感类：	西陇科学、鲁抗医药、南卫股份等
抗癌药物：	海王生物、江苏吴中、香雪制药等
生物疫苗：	双鹭药业、四环生物、未名医药等
中成药类：	上海凯宝、以岭药业、白云山等
抗毒激素：	莱茵生物、现代制药、太龙药业等
诊断检测：	三鑫医疗、阳普医疗、科华生物等

以上24只医药概念股中暗藏有三只龙头股，王子将其放在显著位置

【原始预报详见王子0202练习：新冠抗疫行情中6个投资要点附8组24股，见 https://178448.com/thread－1865188－1－1.html】

所谓"显著位置"即"中心位置"亦即"每组第二只股票"。一个月后，截至3月12日，以上24只股票共获100个涨停板。龙头股英科医疗崭露头角。

二、0212收评图示：英科医疗"能否成龙"？

以上预报发出10天后，"春节8组24票"共计获得58个涨停板，平均每只股票获得2个以上涨停板，许多网友对这24只票失去了信心，认为涨幅已到，不必再关注。

为了纠正这种消极认识，王子于0212收评时，专门截图讲解了春节期间选择英科医疗的思路，然后，从它的基础，到它的走势，到它的手法，全面解剖了它主

力之强，做的票是一只基础扎实、拉升稳健、大有前途的好票。

请看英科医疗（300677）2020年2月12日留影。

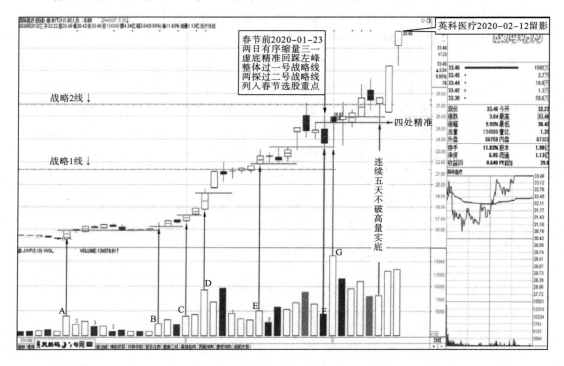

春节前2019年12月23日关于英科医疗的选股思路详见图中方框。

1. 以倍量柱画线，形成A、B、C、D、E五级金阶，基础扎实，每次下跌都未破倍量柱实顶，主力实力强，意在高远；

2. 至F柱连续三日下跌，有序有度、缩量三一，说明主力控盘到位，隐忍有度，回踩精准无误，再次证明主力有实力；

3. F柱位于战略1线上方，第五级金阶处应该大跌而小跌，虚底精准回踩左峰，主力控盘很好，有企稳上攻迹象。

故列入春节选股重点。

4. 该股节后2月3日G柱长腿踩线涨停，此后第三日过战略2线，第四、第五日缩量双剑霸天地，且第五日缩量长腿精准回踩G柱高量实底，主力已进入第五级拉升段，故第六、第七日（2月12日周三）二连板。

总之，量学看盘选股，就是选股票后面的那个主力，就是看当前的一柱一线，看一柱一线上主力的足迹和意图。就这么简单。

【以上截图和讲解，详见《王子0212收评：中阳如期到来，此股能否成龙（兼0213预报）》https：//178448.com/thread－1866010－1－1.html】

该文发表后，微信公众号点击量达到23660次。

三、0227 收评强调英科医疗"可以成龙"的基础

文中指出：关于量学选股标准和方法，大家应该记得，王子0202日春节选股练习的8组24只股票，至0226日共获64个涨停，其中，王子0212日收评截图点评的"英科医疗"，当天逆市涨停！0227日周四它再次逆市涨停！事实说明，只要按量学标准选股，其后劲往往不达标位不收兵！建议大家回头看看王子0212日收评中的图示和讲解。0226日讲解的泰达股份是五级金阶，0212日讲解的英科医疗又是五级金阶。这是巧合吗？不是！是王子选股的基本标准。王子选股的基本标准就是底部起涨形成三级或五级金阶，且金阶中途不破，有接力或合力王牌。

注：英科医疗"可以成龙"的基础是"五级金阶"；做好了"五级金阶"的主力，必然是"不达标位不收兵"，"标位"就是"目标位"，当前第一目标位是52元，现价才42元，所以还要涨。

【详见《王子0227收评：如期现场直憋，憋出假阴真阳（兼0228预报）》（https://178448.com/thread-1867740-1-1.html）】

四、0228 反驳关于英科医疗成龙是"痴人说梦"的言论

上文发表的当日，有人在微信平台留言说"大跌精做个股，岂不是痴人说梦?"这明明是含沙射影攻击王子关于"英科医疗可以成龙"的预测。哈哈！王子昨天和前天收评专门截图讲解的泰达股份和英科医疗，今日再度逆市涨停！这是"痴人说梦"吗？王子今天来一个"痴人捉股"，附交割单如下：这个嘉麟杰不像话，09:30:58第一次下单，它冲高了，立马多填5档价，09:31:28成交！午后涨停回落，尾盘大盘创新低，嘉麟杰却逆市涨停！大跌行情抓大涨，老夫聊发少年狂！本来，贴交割单是违规的，经请示领导，下不为例。其实，大跌行情下，正是量学抓大涨的机会。

【详见《王子0228收评：大跌行情抓大涨，老夫聊发少年狂（兼0302预报）》（https://178448.com/thread-1867861-1-1.html）】

五、0309 反驳关注英科医疗第二波"没有意义"的言论

至3月9日，王子2月2日春节选股练习的8组24股，今天又有两只涨停，累计突破72个涨停。可是有人留言："0202的预报拿到今天说，还有意义吗?"看到这个留言，真恨不得给他两巴掌！王子当即回复他："王子0202春节选股练习的8组24股，每周都要点评一次，为什么？为的是让大家知道，这批股票还有第二波。"今天大盘大跌近百点，可这8组24票竟有10只涨停！王子上周特意截图详

细讲解还有第二波的泰达股份、英科医疗，如今真的走出了第二波。今天其他 8 只涨停股，有没有走出第二波的潜力？大家可以自己去研判。

【详见《王子 0309 收评：极阴现、别走远，此线不破就安全（兼 0310 预报）》（https：//178448.com/thread－1868948－1－1.html）】

六、0311 强调炒股不要"一根筋"要关注轮动、踏准节奏

股市是动态平衡的，涨高了就得回调，回调了就得再涨。"一根筋"能炒股吗？所谓的第一波、第二波、第三波，就是这么形成的（参见欣龙控股）。你看咱们 0202 春节 8 组 24 股，第二波已有好几只又走牛了。英科医疗、三鑫医疗等等，今天又逆市涨停了。昨天被口罩回调拖累的医疗股，今天又是大面积涨停。炒股，踏准轮动，账户长红。当前全球疫情泛滥，医疗器材、医药材料、医护设备，供不应求，这个板块的股票将会伴随疫情的消长而不断轮动，特请大家关注之。

【详见《王子 0311 收评：如期缩量回调，谨防跌破此线（兼 0314 预报）》（https：//178448.com/thread－1869224－1－1.html）】

七、0526 揭示英科医疗大涨三倍的奥秘

就如王子春节选的 8 组 24 票那样，王子中途点评最多的一只票大家还记得吧？今天涨停的英科医疗就是！大家看看它的走势，是不是合乎王子强调的"过峰必下、坐顶必上"的量学标准。这家伙走得太给力了，从预报以来已有三倍涨幅，明

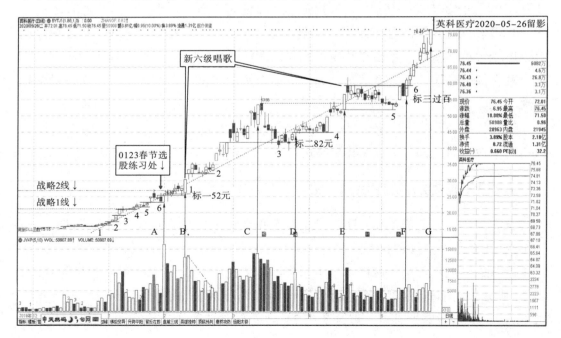

天逢高卖阳,等它坐实了又可做一波。这是一只"战略选股、战术做票"的经典。有位精通传统理论又精通量学理论的老同学,对它0123的前后走势跟踪研究了三个月,得出的结论是:"量学战略选股,是所有选股技巧中的最高境界!"望同学们谨记!

关于"战略选股、战术做票"详见下图"两个阶段的六级唱歌",第二段六级唱歌,进入主升段,还有新高!

【详见《王子0526收评:王子预报的这只股票大涨三倍的奥秘(兼0527预报)》(https://178448.com/thread-1880687-1-1.html)】

八、0615英科医疗已涨四倍,还能涨吗?

今天再讲讲英科医疗。这是王子"春节8组24票"中最得意的三只票之一,从23.61元涨到今天的99.95元,足足涨了3倍多。半年来,王子先后点评它六次,讲了0123选中它的理由、0212预测其第一目标位是52元、0409预测它的第二目标位是82元、0515预测其第三目标位是过百元,今天涨停于99.95元,即将突破百元大关。王子每次点评的时候都说:只要这组股票回调到位,又会上涨。什么是"回调到位"?王子告诉大家一个量学标准,只要回调后形成低点不低的建构,就是到位。另两只王子点评过多次、大家耳熟能详的以岭药业和未名医药,也是这个规律。刚收到学员报喜,今天涨停的13只医药股中,有8只属于王子"春节8组24票"中的股票。看来,只要是符合量学建构的股票,一般都有可观的涨幅。今天再强调一次,医药股不要追涨,要等它回调后找到低点不低的建构时,择机大胆介入。

【详见《王子0615收评:王子点评的这票已涨四倍,还能涨吗?(兼0616预报)》(https://178448.com/thread-1884040-1-1.html)】

九、0616再谈英科医疗"五级金阶"的重要性

王子昨日专门点评即将过百元的英科医疗,今日不负有心人,以三连板的姿态收盘于109.95元,明日还有再创新高的潜力。昨日收评下方有人留言问:这么好的票,王子是怎么找到的?王子答曰:详见王子0212收评中讲的方法,再看0227收评中讲的"五级金阶"就清楚了。这么好的票,王子买了没有?答曰:实话实说,买了!但是买得不多,王子买票不是为了赚钱,而是为了做实验,一般都是只买1万股做观察验证的标的,所以账户股票数量较多,整体涨幅赶不上特训班的许多同学。

【详见《王子0616收评：这么牛的票是怎样找到的？（兼0617预报）》（https：//178448. com/thread－1884241－1－1. html)】

十、0715 东方财富网将英科医疗列为两市第一只10倍股

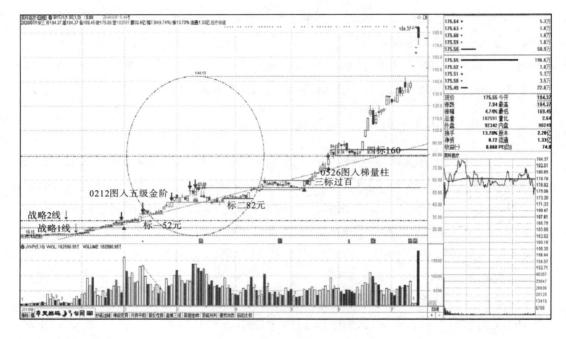

小结：

第一，关于选股。王子选英科医疗主要看了三个要素：一是牛股量形（详见清华大学出版社《涨停密码》之《牛股量形，步步为赢》），该股于0123的缩量阴柱选出；二是五级台阶（详见四川人民出版社《量线捉涨停》之《黄金梯》），当时它精准回踩第五级台阶，而其左侧的五级台阶都是小倍阳搭台；三是回踩不破金线实顶，强庄（主力）的特性非常明显（详见四川人民出版社《量柱擒涨停》之强庄系列讲解），每次回踩不破黄金线。

第二，关于测幅。预选该股后，我们先后有四次测幅：一是0210长腿回踩第五台阶，过第一战略线，预测第一目标位是52元；二是第一目标位达到后回调，0325跳空阳确定将回升，测第二目标位是82元；三是0526缩量过左峰涨停，有望突破第三战略线，测第三目标位将过百元；四是0612小倍阳过左峰涨停，有望进入主升浪时，测第四目标位将达160元。

第三，关于持股。该股上升途中有三次大的调整，王子均提示回调不破左侧重要台阶时可以逢低买入，并且两次针对网友的纠结，提出了"看准轮动、踏准节奏"的标准，要敢于做波段。

第四,关于波段。该股上升途中的三次回调,就是三个波段,王子先后针对性发表收评,讲明了此股是强庄所为,只要回调不破左侧峰顶线,就是波段性介入良机。

第五,关于目标位。量学预测的目标位,只是理论值,实践中有时可以破位,但只要破位不破峰顶线,就可能形成"顶底互换"的峰谷线——"风骨线";只要它站稳了峰谷线,说明该股主力依然在控盘,那就可以继续跟庄。

说到底,对该股的跟踪预报,是"九枚金牌"时时在警醒我们,要为学员和广大网友负责,要为金牌负责,才促使我们"守标、无我",一切按量学标准来预判,不是按个人愿望来预判,最终看到该股成为"十倍金股"。

不足的是,由于该股过于强势,当前好股又太多,我们许多学员都只吃了一两个板就下车了,最多的一位同学在没有达到160元即出货了,痛失了最后的主升段。接下来,我们将重视中长线股的研究,力争下半年再擒一只十倍股。

在此,我们要再次感谢许杰班长!感谢他和北大量学特训班的全体同学赠送给我们这么宝贵的"九枚金牌"!我们将一直珍视这"九枚金牌",努力为大家提供更好的服务!

【详见《王子0714收评:东方财富网将王子选的这股列为第一只10倍股(兼0715预报)》(https://178448.com/thread - 1889196 - 1 - 1.html)】

上文发表后,读者留言如下:

> **豆豆媽咪**
> 王子老师的文章要用心去看,当时不觉得,现在回头一看,哎呀,老师良苦用心哪!打好基础是关键!四十多块的时候,我也画过金阶,这是个好票,只是没想到这么牛!😁
> 18:30:47

> **萍水相逢**
> 王子老师,真不愧为黑马王子的称号!我接触这么多股评师,没有一个提前预报牛股,让大家见证的!去年11月,运用老师的技术,我也捉到了信威集团这只翻四倍的牛股,可惜的是底部1.17元的成本,中途1.74元调整下车,没有再上车,只赚了百分之五十。老师的技术是股市里最好的技术,再次谢谢老师的分享!!
> 18:48:06

> **刘明志**
> 水势形成则无坚不摧!如转圆石千仞之山者,势也!每只股票都有势有形!王子老师看形断势,真中国股市之第一人!
> 19:19:05

钟林峰

感谢王子老师的量学，我敢肯定，用传统的知识绝对抓不到英科医疗，2020年3月24日的回踩太漂亮了，后面都是踩着头上攻，完美！

19:31:20

高端蛋糕&韩式花艺&果蔬茶

看了让人如醍醐灌顶！当时就进去拿了一两个板就下车，真是不识货！量学博大精深，真让人叹为观止！王子祖师爷真是旷世奇人，吾辈顶礼膜拜！

20:46:03

黑马王子

2020 年 9 月 28 日

序 一
发现"涨停基因"的人

去年七月，我给黑马王子的《量柱擒涨停》作序，没有想到，该书出版六个月竟加印七次，创造了我国出版史上的奇迹。序者居然接到了无数的咨询电话，忙得我不亦乐乎。

今年四月，黑马王子又让我给他的《量线捉涨停》作序，我想这是对我莫大的信任。思来想去，没有什么值得我说的了，因为王子的新作革故鼎新、继往开来，已将我要说的意思表达无遗，我就说说题外话。

著名诗人陆游在《示子遹》诗中向他的儿子传授"写诗诀窍"时说："汝果欲学诗，工夫在诗外。"翻译成现代话就是："你若真的想学会写诗，就要把功夫下在写诗之外。"

这话充满辩证思维，是古今中外少有的至理名言。把这话套用到现代股市上就是："汝欲学炒股，功夫在股外。"

《量线捉涨停》一书，就是从"股外"入手，探索"股内"奥秘的好书。它和《量柱擒涨停》一样，从实实在在的量柱入手，以"量线脉搏仪"来探寻庄家或主力的意图和动向，寻找庄家或主力的计划和预谋，总结出"跟着庄家走，人人是高手"的股市心法。

更令人高兴的是，作者从实实在在的量柱入手，以"量线脉搏仪"来探寻股票的"涨停基因"。对于"涨停基因"的研讨，黑马王子应该是股市第一人。我曾经看过许多股票书，这个"技"那个"法"，这个"金"那个"银"，看起来林林总总，无所不有；用起来糊糊涂涂，南辕北辙。而《量线捉涨停》没有任何"技"，也没有任何"法"，它处处体现出一种"律"，体现出一种循律而生的"因"，凡是具备一种或几种"涨停基因"的股票，常常在同一时段、同一空间、同一样式、同一批次齐刷刷地列队涨停。

就在《量线捉涨停》完稿的前两天，即2010年4月13日，王子发布盘前预报："关注咬住峰顶线的股票。"预报后两市涨停板上的股票，都是清一色的"咬住峰顶线，蓄势薄云天"。请看4月16日，大盘大跌，两市只有4只股票涨停，它们是万好万家、轴研科技、鼎龙股份、海宁皮城，齐刷刷都是"咬住峰顶线，涨停在眼前"的股票。这样的规律性涨停，天天都在创造着奇迹。许多接触"王子理论"仅仅一两周甚至一两天时间的读者，也能连续预报并擒拿好几个涨停板。例如：

"杨阳阳"同学，第一个月即预报了10个涨停板；

"其瓦额"同学，第二个月即预报了11个涨停板；

"珊瑚虫"同学，第三个月即预报了12个涨停板……

值得称道的是，作者强调"预报不等于捉到，知道不一定能做到，只有知行合一，方显英雄本色"。作者认为：涨停无定式，涨停有规律。"定式"只是一种"偶遇"，对某只股票有效，对其他股票无效；"规律"则是一种"复遇"，它不仅对某只股票有效，而且对一批股票有效。这些批量涨停的股票有哪些"涨停基因"呢？今年4月25日，作者在全国图书博览会上的演讲，揭示了部分奥秘：

涨停基因之一：百日低量群，倍量就涨停；

涨停基因之二：倍量过左峰，涨停急先锋；

涨停基因之三：回踩黄金线，腾飞不眨眼；

……

本书的重点就是探索这些"涨停基因"，书中的案例全部来自作者和战友们的实战总结，全部都是最新的、最近的、最简单的案例。

"简单"就是"科学"。"……在科学的入口，正象在地狱的入口处一样"是马克思的名言。本书正在实践马克思的这句名言。离经叛道的《量柱擒涨停》和《量线捉涨停》，就是在地狱的入口处捡回来的东西。它没有什么技法，也没有什么定式，完全是赤裸裸的规律探索，完全是简简单单的理念探究。本书颠覆了许多被人们称为"经典"的东西，正在改写着认识真理、发现真理、接近真理的历史。

王子的路还很长。

祝《量柱擒涨停》《量线捉涨停》造福世人！

祝《量波抓涨停》再创辉煌！

方　正

2010年5月1日于清华园

序　二
涨停无定式　涨停有规律

　　《量柱擒涨停》（简称《量柱》）的姊妹篇《量线捉涨停》（简称《量线》）终于出版了！它本来应该和《量柱》相继问世的，可就在《量线》即将交稿时，有位知名人士来了一封信，他说《量柱擒涨停》是当代股市书籍的登峰造极之作，后人乃至作者本人将无法逾越。

　　看到此信，王子诚惶诚恐，不得不重新审订已经截稿的《量线》一书。这一"审订"就"审订"了十个月。王子崇尚"语不惊人死不休"的作风，如果《量线》不能逾越《量柱》，宁可不出版，也不能敷衍。十个月来，王子真的尝到了"十月怀胎"的滋味，感受到了胎儿在腹中的蛹动，感受到了《量线》超越《量柱》的冲动。

　　十个月过去了，在出版社的再三催促下，王子交出了书稿，可又忽然心生惶恐，读者心中的《量线》会是什么样的呢？《量线》能超越《量柱》吗？细心的读者可能已经发现，这两本书书名第三个字的"一字之差"：

　　《量柱擒涨停》是"擒"，有武术格斗的"擒拿"之意，得花点气力；

　　《量线捉涨停》是"捉"，有游戏迷藏的"捕捉"之意，得动点脑力；

　　"擒"者，是"生擒"，扑扑打打，拳脚相加，格物斗勇也；

　　"捉"者，是"活捉"，挑挑拣拣，信手拈来，戏物斗智也。

　　但是，"擒"是臂功，"捉"是手功，"臂之不存，手将焉附"，没有"擒"的功夫，"捉"起来也不是那么容易的事。当你学会了"擒"，"捉"也就信手拈来了。

　　由此可见，《量柱擒涨停》是基础，《量线捉涨停》是发展。《量线捉涨停》是量柱理论的拓展和升华，它们和第三部《量波抓涨停》是一个完整的系统。一个重在"选股"，一个重在"选价"，一个重在"选时"。三者融合才能进入那自由自在的天地。

本书的价值就在于"对规律的追求"。我们坚信：涨停无定式，涨停有规律，涨停有基因。因为"定式"只是一种"偶遇"，对某只股票有效，对其他股票无效；"规律"则是一种"复遇"，它不仅对某只股票有效，而且对一批股票有效，只要具备了一种或几种涨停基因的股票，甚至可以在同一时段、同一空间、同一批次齐刷刷地列队涨停。

本书的案例，多是这种"批量涨停"的实例，全部来自我和股友们的实战总结，全部都是最新的、最近的案例。正如马克思所言："……在科学的入口处，正象在地狱的入口处一样。必须提出这样的要求：这里必须根绝一切犹豫；这里任何怯懦都无济于事。"本书正在实践这句名言，它颠覆了许多被人们称为"经典"的东西，正在改写认识真理、发现真理、接近真理的历史。

本书的第一单元，重在介绍"量线捉涨停的基本原理"，帮助读者从量线的"极点测向律、焦点定向律、拐点转向律"这三大规律中，去发现或发掘其独特的"攻击系统"。其中，"量线的三向规律"和"量线的攻击系统"是我们的独创。事实告诉我们，凡是遵循"三向规律"的股票才是"活股"，否则就是"死股"；具有"攻击系统"的庄家（主力）才是"牛庄"，否则就是"熊庄"。所以，第一单元是我们"找活股、捉牛股"的基本功。

本书的第二单元，重在介绍"量线捉涨停的基本要素"，帮助读者从量线的个性特点和组合规律中，去发现或发掘适合自己的"捉庄系统"。其中的"擒庄绳"和"灯塔线"又是我们的首创，全球独一无二。目前广播电视上开始流行的"看准一条线，飙升在眼前"就是出自我们的"精准线"。所以，第二单元是我们"找牛庄、跟牛庄"的路线图。

本书的第三单元，重在介绍"量线捉涨停的战法探讨"。过去人们对"股战技术"趋之若鹜，奉"定式"为"法宝"，结果在"彼时彼股"可以个别有效，在"此时此股"却背道而驰；而我们则强调"涨停无定式，涨停有规律"，我们追求的规律是：具备某种或某几种涨停基因的股票，可以在同一时段、同一空间、同一样式、同一批次齐刷刷地涨停。"战术"只是"心术"的个别体现，而"规律"才是"战术"的灵魂。所以第三单元是我们的"涨停战法探讨"。

本书的第四单元，重在介绍"量线捉涨停的心术修养"。股市的涨涨跌跌、起起伏伏都是用"心"操纵的，过去的股市书籍多在"战术"上纠缠，没有从"心术"上研判，这就从根本上忽视了"心术"的作用。本书首次专章讲述"心术"，目的是拨乱反正，还原"心术"操纵股市的本质。"心术"有主力的，也有我们的，我们不能改变主力的"心术"，只有改变自己的"心术"，去适应主力的"心术"，这就是"心术修养"，这是我们首创的股市新词，也是股市心理学的发端。我们认为，这是超越"战术"的"上战之术"。所以，第三单元是我们的"股市心法"。当然，本章的论述只是草创，有待日后专著阐述。

本书的第五单元，重在介绍"量线捉涨停的读者体会"。这是在"股海明灯论坛"参与"伏击涨停人民战争"的战友们，自主自发总结出来的经验教训，他们在验证量柱理论的同时，发扬光大着量柱理论，他们每天有小结、每战有总结、每股有验证、每例有感悟。这些体会，言简意赅，发人深省，毫不矫揉造作，绝无遮掩藏巧，处处闪耀着理性与睿智的光芒。说实话，我根本不认识这些战友，可他们以其坦诚和卓识感动着我激励着我，也感动着激励着"股海明灯论坛"的每一位战友。可以毫不夸张地说，这些战友的切身体会，丰富和发展了量柱理论的内核，形成了量柱理论的精华，其实战性和实效性毫不逊色于笔者，甚至超过笔者。从这种意义上讲，《量线捉涨停》不是王子的专著，而是股海明灯论坛全体战友集体智慧的结晶，它对于后来人无疑具有振聋发聩的意义。

读者朋友，本书是我国第一本系统阐述"量线理论"的原创性兼实战性教程，其理论观点和技术观点难免有疏漏和遗憾，我们热诚欢迎您的坦诚质疑和批评，我们期待着各路高手献计献策，帮助我们把量柱理论推向至臻至美的境界。

交流邮箱是hm448@163.com

交流论坛是www.178448.com

黑马王子

2010 年 4 月 26 日于峨眉山

目 录

第一单元
量线捉涨停的基本原理

第二单元
量线捉涨停的基本要素

第三单元
量线捉涨停的战法探讨

第四单元

量线捉涨停的心术修养

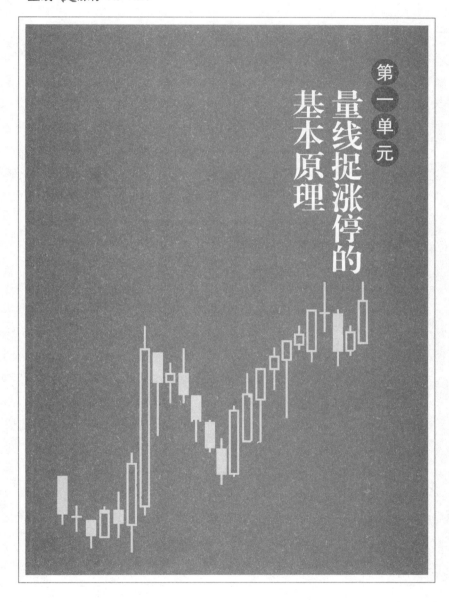

第一单元

量线捉涨停的
基本原理

第一章
量线与量线系统

《量线捉涨停》于 2010 年 6 月首版以来，得到社会各界人士的广泛好评。但是，有些读者浮光掠影地浏览了一下，即错误地认为"量线"就是"画线"，只是"画线理论"的翻版，这就大错而特错了。客观地说，这是对"量线"的极大误解。

因为"量线"是完全不同于传统"画线理论"的全新技术。它是"量柱"和"价柱"双向合一的"量的价位线"。

第一节　量线的基本原理

"量线"是以"量柱"为基础的"画线"。简单地讲，就是在有特殊意义的量柱所对应价柱的关键点位（或价位）上生长出来的有特殊意义的攻防线。也就是说，它是以量柱为基础的对应价柱之间有特殊意义的"量的价位线"。

请看图 1－1 万向钱潮（000559）2014 年 2 月 11 日留影。

图 1－1 中有 A～J 10 条水平线，一条 GH 斜行线，这 11 条线全部都能精准刻画主力的每一步攻防。笔者在 G 柱（2014 年 1 月 21 日周二）踩精准线发布涨停预报，两日后获得一个涨停板；随后在 I 柱（2014 年 1 月 29 日周三）过左峰线发布涨停预报，两天后连续获得两个涨停板。从第一次预报至今天（2014 年 2 月 11 日周二）收盘，11 个交易日共计涨幅高达 52.71%。

【注：图 1－1 随书出版后，该股成了当时最大牛股，从截图日的 8.03 元一直涨到 32.24 元，许多读者从中受益】

图 1-1

为什么量线具有如此神奇的功能？这几条量线是根据什么规则和原则画出来的？其实，量线的规则非常简单，非常直观，一眼就能看出。

第一，以"当时最大的阴线实顶"画水平线，即得出图中的 A、B、C、E 这四条线。

第二，以"当时最大的阳线实顶"画水平线，即得出图中的 D、F、G、H 这四条线。

第三，以"当时上升途中最近的两根倍阳柱的实顶"画斜行线，即得出图中的 GH 斜线。

只要掌握了上述这三个最简单的"量线取点"规则，任何人都能在这只股票上画出这些相应的线条，而且大家画出的线条基本一致。也就是说，任何人都能提前预测到这只股票即将出现强悍的飙升。

如果你是一位性急的读者，你现在就可以用上面的三个规则对任何股票进行"量线画线"了，当你画出的线条让你大吃一惊的时候，别忘了回到这里来继续深造。因为下面的讲述，将带你进入一个前所未有的新天地。

由上述画线规则和画线方法可知，"量线"的画线规则和画线方法，是传统的"画线理论"从未涉及的一种全新的"量线技术"，它是以"量柱"为基础、以"价柱"为参照的重要价位（或点位）的连线。

综上所述可见，量线具有三个特殊的属性，即客观性、隐蔽性、可描述性。客观性是指量线是客观存在的；隐蔽性是指量线是看不见摸不着的；可描述性是指经过学习以后可以预判量线的存在，并可以在走势图上把量线画出来，以便指导我们的操作。

从形式上看，"量线"是相关量柱所对应价位（或点位）的"点的连线"。

从本质上看，"量线"是相关量柱与其对应价位（或点位）双向结合的产物，因此，它反映了特定时段特定量价的特定动态平衡关系。

从学术上看，"量线"是揭示和预测股价运行规律的一种工具。

从效果上看，它是"量价合一"的产物，它比单纯的量柱所表达的含义更具体、更丰富、更直接，因此它比单纯的量柱具有更高的参考价值和使用价值。

第二节　量线的核心价值

第一节的内容是对"量线"的科学定义。马克思主义的活的灵魂，就是具体问题具体分析。所以"量线"二字，还有"衡量线条"的含义，即"分析量线、选择量线"的含义。因为，量学的活的灵魂就在于具体问题具体分析。

大家知道，"价柱"有开盘价、收盘价、最高价、最低价四个价位（或点位），"量线"则是取其当前最有代表性的、最关键的价位（或点位）的连线，那么，在可能生成的这些量线之中到底应该取哪个价位（或点位），就是人的主观能动性的反映，甚至可以说是人的量学素质的综合体现。

有人画的量线，一看就有价值；有人画的量线，一看就没有价值。这就是综合素养的集中体现。甚至可以说：一条量线怎样取点、怎样画线，就体现了怎样的量学水平。这是传统画线理论所无法企及的，所以，"量线"作为名词（量的价位线）的同时又是动词（衡量和选择量价平衡线）。

这就是说，画出"量线"只是表面文章，找出"量线"、分析"量线"、判断"量线"所代表的意义和方向，才是"量线"的核心价值。

请看图1-2国星光电（002449）2014年2月12日留影。

前面图1-1中所使用的量线规则是"以当时最大的阴线实顶"画线。按照此规则，图1-2里可以画出A1、A2、A3、A4这四条量线。这里所说的"当时最大的阴线实顶"，简称"大阴实顶"，它们往往是"长阴短柱"，即长长的阴价柱对应着短短的阴量柱（其基本常识参见《量柱擒涨停》一书）。

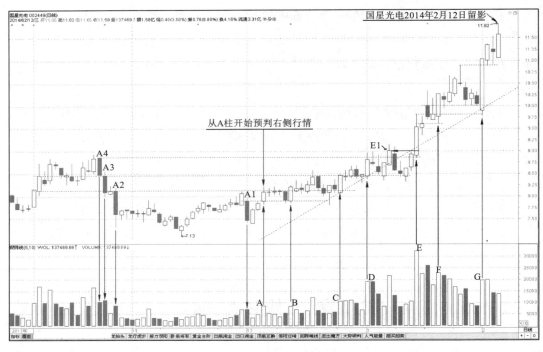

图1-2

前面讲过，画好量线只是表面文章，研判其后面的走势和方向才是量线的核心价值。那么，如何来研判这四条量线后面的走势和方向呢？

假设现在的股价处于 A 柱的位置，我们只能看到左侧的行情，右侧的行情我们一概不知。但借助量线，我们却可以提前做出如下预测：

第一，我们可以判断这只股票从 A4 开始的下跌是假跌，因为 A4 是"长阴短柱"缩量三分之一的下跌，显然主力没有出货，他们利用长阴吓唬对手和散户出货，结果就是量柱群长期凹陷，并有百日低量柱夹杂其间。根据 A4 到 A 点这一段走势的量价关系，可以初步判断该股至少要反弹到 A4 线上。

第二，根据 A4 到 A 的量柱价柱现状，该股只要突破 A4 平衡线，后面将有较好的翻倍行情。因为，任何主力都不是救世主，他从 A4 开始的假跌是为了收集筹码，而其收集筹码的目的就是要在更高的位置卖到更好的价位。所以，该股的主升行情必然要在 A4 平衡线上方才能展开。

第三，在突破 A4 之前，A2 和 A3 的突破比较麻烦，因为 A2 和 A3 所对应的量柱阴气较重，这两条线上多空双方将有激烈争夺。所以，我们可以设计两套方案来对付它：一套方案是坐山观虎斗，等待突破 A4 线的时机；另一方案是以"量线"为参照，做一两段小行情。对于第二套方案将在后面叙述，现在假设我们采用第一套方案。

当我们采用第一套方案时，观察到 C、D 两个倍量柱出现的时候，我们就可以预测突破 A4 线的大致时间窗口。方法就是以 C、D 这两个倍量柱的实底连线，然后观察行情在 CD 斜线上的争夺。只要价柱能沿着这条斜线向上运行，其走势必然向上；否则，必然向下。以上预测能否兑现呢？让我们从 A 柱开始来检验。

先看 A1：是"长阴短柱"，此后第三个交易日即轻松突破。

再看 A2：是"长阴长柱"，因为 A2 比其左侧的阳量柱高出一倍，显然阴气浓重，所以从 A 柱开始，用了六个交易日才勉强突破。

再看 A3：量柱和价柱长短相当，并且其阴量柱略高于左侧阴量柱，阴气显然较重，所以从 C 柱开始，也用了六个交易日才勉强突破。

再看 A4：是"长阴短柱"，D 柱当天一启动就突破了 A4。但是，这个主力非常狡猾，前面每次攻击量线时都有回踩的习惯动作，所以这次也不会例外，在攻破 A4 的当天即主动回撤，第四天才成功突破 A4 线，这时，我们该如何研判其后势呢？这时就要关注价柱在 CD 斜线附近的动作。

请看 E 柱：倍量过 E1 平衡线就是突破的临界点，这个临界点正好与 CD 斜线交叉。当时是 2014 年 1 月 15 日（周三），笔者发布了盘中预报，预报后至 2014 年 2 月 12 日周三 15 个交易日，该股上涨了 33.19%，其中有一个涨停板。

事实说明，用量线预测走势，不仅可以比较准确地预测其上升或下降的"唯一方向"，还可以比较准确地预测其上升或下降的"基本幅度"，甚至可以比较准确地预测其上升或下降的"合一时机"。当你实践一段时间之后，你将发现你的多数预测竟然精准无误，这就是量线的核心价值。

第三节　量线的生根穴位

上述案例告诉我们，量线对盘势的研判，必须建立在量柱的基础之上，量学称之为"量线生根"。这就是说，"量线"必须从"量柱"上生长出来，否则它就是无源之水、无本之木。即使你的线条画得再好看，它也只能是花拳绣腿，中看不中用。顺便说一句，如果你对"量柱"不太熟悉的话，建议你读读《量柱擒涨停》，因为"量柱"是"量线"的基础，打好了"量柱"这个基础，"量线"就是你擒牛捉马的缰绳。

作为一种科学，"量线"的取点和画线是有严格规定的。"取点"好比取人体的"穴位"，找准了人体的"穴位"，才能治病健身。同样，只要找准了股票的"穴位"，不仅能辨庄识庄，还能擒牛捉马。

股票的"穴位"很多，其中最重要、最常用的"穴位"就是"真、假、高、大、王、倍、峰"这7个"穴位"。其中，"真"指真顶、真底；"假"指假阴、假阳；"高"指高量、高位；"大"指大阴、大阳；"王"指王牌；"倍"指倍阳；"峰"指左峰。

这7个"穴位"是量学中非常重要的七个概念，也是看盘预测时非常重要的七个节点。作为绪论的本章不可能面面俱到地详细讲解它们，具体内容将放到相关章节中去详细剖析，为了帮助大家找准这7个"穴位"，现在作提纲挈领的扼要说明如下：

一、"峰"特指"左峰柱"

量学所讲的"左峰"，特指距当前左侧最近的、水平方向的、最高的那根价柱（若其对应的量柱也符合上述标准更好）。许多初学者在这个问题上常常弄错，所以特截图说明之。

请看图1-3 金瑞科技（600390）2014年2月11日留影。

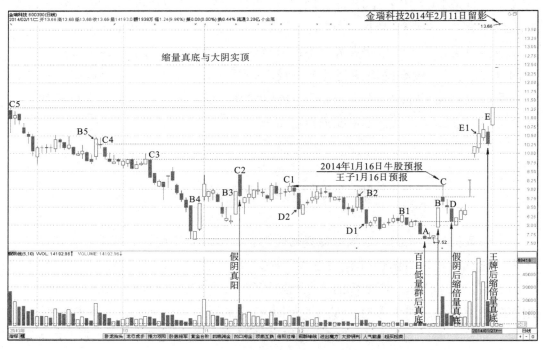

图1-3

假设今天的股价处于B柱这个位置，那么距B柱左侧最近的、水平方向的、最高的价柱就是B2柱。在B柱这个位置看盘，只有B2柱是其左峰。有人常常误以为C5是左峰，这就大错而特错了。

再假设今天的股价处于 C 柱的位置，那么 B2 柱就是 C 柱的第一左峰，依次向左侧水平方向看，C1 就是 C 柱的第二左峰，C2 就是 C 柱的第三左峰。C 柱精准开盘于左峰线 B2，精准上探第二左峰 C1 而回撤，说明这个主力非常精明，即将有惊人之举。所以王子在 C 柱即 1 月 16 日将它列为牛股预报。其后回调三天，不破 C 柱左侧基柱 B 的实底，然后连续大涨，果然成牛。

再假设今天的股价处于 E1 柱的位置，那么左峰应该是谁？显然就是 B5。有些初学者往往把 E1 柱的左峰看成 C5 柱，这就容易产生错误的预报或错误的操作。

所以再次强调：左峰就是距当前左侧最近的水平的第一个高峰。望初学者认真看懂图 1 - 3 的标示和讲解。因为本书所有量线的"攻守冲防"，都遵循这个概念和这个概念所隐含的规律。

二、"倍"特指"倍阳柱"

凡是比昨日量柱高出一倍左右的，就是倍阳柱，它包括"小倍阳""三倍阳""四倍阳"等倍量柱，其形态很好分辨，一眼就能识别，所以此处也不做详解。

三、"王"特指"王牌柱"

它包括"将军柱""黄金柱"和"元帅柱"三种量柱，详见《量柱擒涨停》和《伏击涨停》中的讲解，这里不再赘述。

四、"大"特指"大阴"和"大阳"

这两个概念最好理解，就是在某一阶段的价柱群中"个头相对最大的阴柱或阳柱"。这里的"相对最大"，是与其附近的价柱相比较而言的。

图 1 - 3 中的 B 柱、B2 柱、B3 柱、B4 柱、B5 柱都是"大阳"；C2、C3、C4、C5 就是"大阴"。

五、"真"特指"真底"和"真顶"

这是和传统观念完全不同的两个重要概念，务必重点掌握。

所谓"真底"，就是某一阶段最低的"过夜价"。这个所谓的"过夜价"非常重要，它是从某个交易日下午 3 点收盘到第二个交易日早上 9：30 开盘，经历了一个晚上长达 18.5 小时全球政治、经济、军事、周边股市影响等各种因素的考验后，依然保持的那个没有被跌破的价位，且次日被阳价柱盖过三分之一左右，所以它是"真底"。"真底"一般是"阴柱"。找到了"真底"就找到了波段的拐点。

如图 1 - 3 中的 A 柱、D 柱、E 柱。其特征是阴柱，且日后被阳柱盖过三分之一左右（超过二分之一的最好）；与之相反，"真顶"就是阳柱，日后被阴柱吃掉三分之一以上或二分之一左右。

如图1-3中的C柱、C1柱、C2柱、B5柱。其中的C柱和C2柱看起来是阴柱，其实它是"假阴真阳柱"，以假乱真，必有图谋，所以该股日后的反弹能够轻松突破C柱和C2柱。

王子是在图1-3的C柱（2014年1月16日）发布涨停预报的，次日缩量一倍，这是牛股爆发的重要基因，就在D柱后第二天又出现了"极阴次阳胜阴"的助涨基因，所以股海明灯论坛的许多网友都看出该股即将爆发，从D柱后第二天开始，几乎每天都有读者发布这只股票的"涨停预报"，至2014年2月11日（周二）不少网友的预报收获了金瑞科技的五个涨停板。目前该股过左峰缩量拉出两个一字板，按照量学原理，此后还有涨停板，大家可以持续验证。

【验证：该图发表之后，该股连续上涨近30%，最高涨到18.04元】

第四节　"真底"的黄金价值

"真底"这个概念，是量学的独创，古今中外的股市理论中，尚无使用"真底"判市判股的先例。

根据第三节的讲述，"真底"是经历了18.5小时全球政治、经济、军事、周边股市综合考验后而没有被跌破的"阴柱实底"，说明这是主力借用阴柱强势整理到位，特别是有些特殊日期如周末、节日、假日的"真底"不被跌破，经历的综合考验时间更长，其强势特征更加明显。

"量学真底战法"，具有黄金台阶的价值，就是应用真底不破的强势效应，根据第一真底探底、第二真底备攻、第三真底助攻的"三真底抬高"原理，来研判主力的实力、进攻的节奏，从而把握买入契机的稳健战法。以下讲解"五级真底抬高"研判术的应用。

例如，王子2020年2月2日在www.178448.com股海明灯论坛和"盘前预报123"微信公众号上发表的"春节选股练习8组24只股票"，截至3月12日统计，共收获了100个涨停板。其中的"未名医药"至4月23日收获了16个涨停板，成为这"8组24票"中的冠军。它为什么这么牛？

请看图1-4未名医药（002581）2020年4月23日留影。

王子2020年2月2日预报的未名医药，是用"三低三有"的标准（即低位、低量、低估；有底、有王、有阶）加"五级真底抬高"的标准选出的。

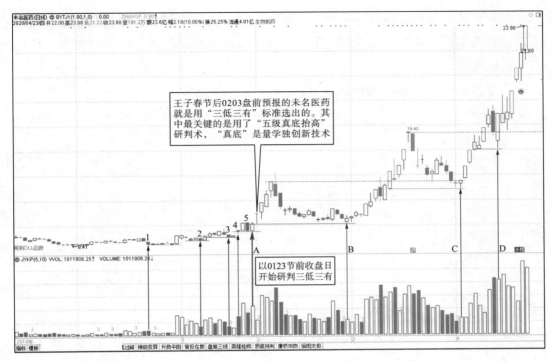

图 1 - 4

图 1 - 4 中箭头所指 A 处是 0123 春节前的最后一个交易日。当时，王子发现该股 A 柱左侧已符合"三低三有"标准，最重要的是，A 柱左侧已有 12345 五级真底抬高。我们给这 5 个真底画出水平线，就形成了五级台阶：

第一级是探底；

第二级是备攻；

第三级是助攻；

第四级是主攻；

第五级是拉升。

学过真底战法的量友体会到，五级真底抬高，相当于五级黄金梯（该股也可用黄金梯的画法找到五级金阶）。阶梯逐级抬高是核心。阶的级数以三级为基本标准，五级为最佳标准，级数之间的间隔以逐步缩小为佳。图 1 - 4 中的 3、4、5 级真底之间均只间隔 1 天，选中，春节后开盘第一天 T 字板涨停接涨停。我们来看看：

B 柱前一天是真底，不破左侧大阳实底，B 柱最低点未破 A 柱实顶，继而拉升，13 个交易日 6 个涨停板。

C 柱前一天是真底，又是不破左侧大阳实底，再度拉升，15 个交易日拉出 7 个涨停板。

D 柱前一天是真底，不破左峰实顶，次日涨停，7 个交易日 4 个涨停板。

由此可见，善用真底战法的主力，实力非凡，如果我们学会了真底战法，往往可以在真底不破左侧关键量线时买阴，或者是在攻克真底价柱二一位时介入，往往有不错的涨幅。

请看图1-5电子城（600658）2020年4月30日留影。

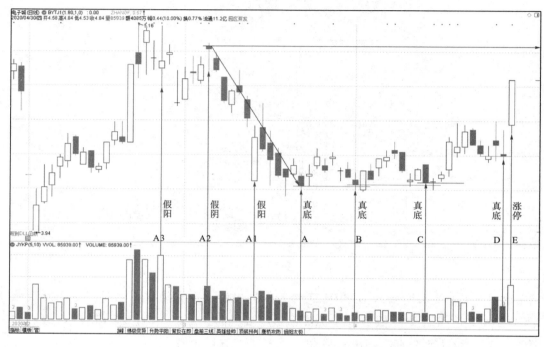

图1-5

图1-5中重点看ABCD四处真底。我们给这四个真底画出水平线，就是四个台阶。前三处真底抬高的幅度较小，但是在真底抬高中形成了百日低量群，百日低量群的真底逐步抬高，就是即将拉升的前奏，所以在C柱后面连续两天跳空向上，形成二元联动，基本确认即将拉升，至D柱这个真底，缩量三一，真底不破左侧大阳二一位，大阳二一位即阳关道，量学箴言云：守住阳关道，抱着股票笑。请看D柱次日，E柱轻松涨停。只要看懂了该股左侧A2假阴下跌以来主力并未出货，就可以预判E柱后面必然大涨过左峰A2。一旦A2保顶成功，该股将会出现翻倍走势。

第二章
量线的 "三大特点"

第一节 以点定线的 "前瞻性"

"量线"是"量的价位线"即"量价合一"的参照系，它能反映出特定时段特定量价的特定关系，这些量价关系的连续反映，就构成了股市或股票的走势脉络。为此，量学将"量线系统"比喻为"股市脉搏仪"。为了直观简明，在个股分析时也可称之为"股票脉搏线"。

图 2 - 1 是江苏阳光（600220）2010 年 3 月 12 日的截图。这张图上高高低低的价柱、红红绿绿的均线，可谓密密麻麻、丰富多彩，但是，它们根本不能回答如下两个问题：第一，为什么股价一到 C1 点、A 点、H 点就跌不下去了？第二，为什么股价一到 G1 点、H1 点、F 点就升不上去了？

显然，用 K 线理论和均线理论均无法回答这两个问题，即使用量柱理论也无法回答这两个问题。

那么，有什么办法来回答这个问题呢？用"量线理论"可以轻易解答这个问题。我们把图 2 - 1 中的均线去掉，只留下价柱，然后给这几个自然的高点和低点画出水平线，这个问题就一目了然了。

再看图 2 - 2 江苏阳光 2010 年 3 月 11 日留影。

图 2 - 2 中的五条水平线，可以轻松解答前述的两个问题：

第一，为什么 F 点升不上去？因为 F 点的水平线与 F1 柱的大阴实顶精准相切，形成了一条稳固的峰顶线，其左侧上方还压着一条 G 柱峰顶线，双重峰顶线压顶，股价到了阶段性的顶部，当然升不上去了。再有，F 点处于 H1 和 C1 之间的二一位，量学认为，二一位左侧是阴柱的属于鬼门关，不过鬼门关，必然向下窜。

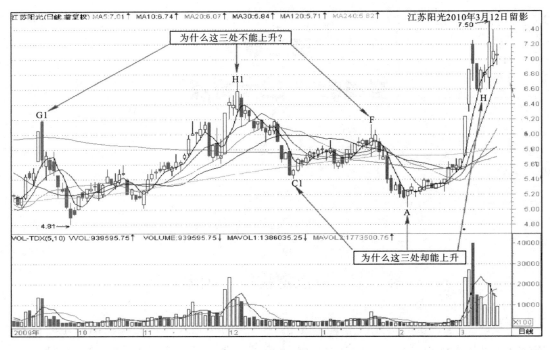

图2-1

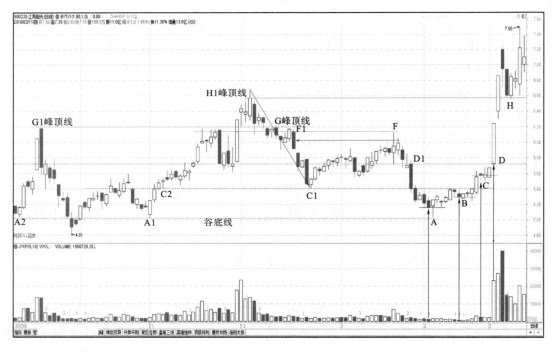

图2-2

第二，为什么 A 点跌不下去？因为 A 点的水平线与 A1 谷底精准相切，形成了一条稳固的谷底线，其左侧还有一个谷底 A2，三重谷底线托底，股价到了阶段性的底部，当然跌不下去了。再有，A 处形成百日低量群，长腿踩谷底，必然要上去。

图 2 - 2 中，我们只用了"谷底线"和"峰顶线"这两种量线工具，就把这只股票的涨跌规律揭示出来了。就是这么简单：以"点"定"线"，趋势前瞻。面对这样简单的量线图，普普通通的投资人也应知道 A2、A1、A 点都是介入点，G1、G、F 点都是出货点。

由此可见，量线的"以点定线，以线判向"功能，使之具有直观的前瞻性，比单纯的量柱所表达的含义更具体、更丰富、更直接，因此，它比单纯的量柱具有更高的参考价值和使用价值。

换言之，量线是用"此前股价所处的位置"来衡量"此后股价应有的位置"，也就是从平衡中发现失衡的可能及其将要运动的方向。它是从"为什么"入手来解决"怎么办"的问题，因而能使我们的操作具有前瞻性和主动性。

"前瞻性"，就是提前预知、提前预见或提前预测事态的发展趋势，凭借量线的"前瞻性"，我们在 A 处发现探底成功（百日低量群＋长腿探底），并且 A、B、C 三处都是对其左侧真底的确认，三个真底抬高，并且真底抬高处却出现百日低量群，显然即将进入主攻，所以在 C 柱后缩量拉升的次日（2010 年 3 月 2 日周二即 D 柱）发出盘中预报，该股当天涨停，次日再度涨停。

这就是量线的第一个特点给我们带来的预报成果。

第二节　以线测点的"度量性"

凡是学过数学的读者都知道，数学结果是可以反证的，即乘法的结果可以用除法反证，平方的结果可以用开方反证。能够得到反证的结果才是科学的。同样，量线也可以反证，因为其"以点定线，以线测点"的功能，用"点"可以连"线"，反过来，用"线"也可以测"点"。而且这个"点"一旦测准了，奇迹也就发生了。

2010 年 3 月 17 日周三，两市共有 14 只股票涨停，"股海明灯论坛"的学员们擒拿了其中的 13 只，唯有长电科技漏网。当晚我请学员们找找漏网的原因，许多同学谈得非常好。下面谈谈我个人对长电科技（600584）的看法。

说心里话，这是一只令人望而生畏的股票。王子在 2009 年 11 月 17 日盘中交流时，曾经点评过它，当时给它的评语是："这是一只类似江钻股份的牛股。"请看它从 2009 年 6 月 26 日至 2010 年 3 月 18 日的走势图（见图 2 - 3）。

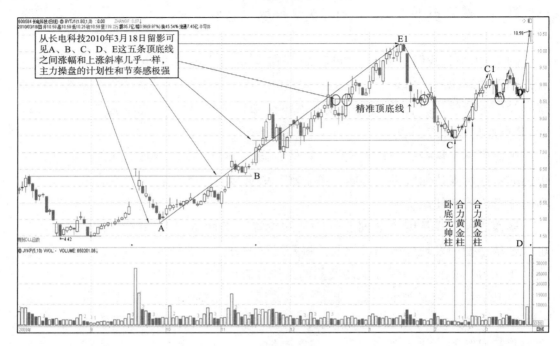

图 2 - 3

图 2 - 3 中有 A、B、C、D、E 5 条顶底线。从顶底线来看，每个阶段的幅度几乎一模一样，每个阶段的斜率几乎一模一样，可见该股主力的操盘节奏非常强劲，拉升幅度非常鲜明，是个做牛的主。请看图示：

第一波，从 A 点（2009 年 9 月 29 日）的 4.88 元一路飙升至 E1 点（2010 年 1 月 18 日）的 10.22 元，涨幅翻了一倍多。

第二波，从 E1 点的次日（2010 年 1 月 19 日）直线回落，直到 C 点（2 月 9 日）企稳，跌幅超过 30%。

第三波，C 点的第二日（2 月 11 日）主力采用休克疗法测底，呈现百日低量柱，2 月 12 日即倍量拉升，然后又休克一日（2 月 22 日），2 月 23 日再度倍量拉升，3 天内两根倍量柱夹一根低量柱，图中呈现出典型的"卧底元帅柱 + 合力黄金柱"建构。

按照《股市天经》之一《量柱擒涨停》中"合力黄金柱"的走法，该股应该从这里直冲 E 点，但是，它却在 C1 点拐头向下，虽有再度向上的动作，却回踩 D 点做了个 M 头，给人以上攻乏力、势必向下的感觉，即制造错觉。

如果单纯从量柱的角度看，长电科技能在 3 月 17 日 D 点次日涨停显得比较牵强，因为它当前的位置离其"合力黄金柱"（0212 量柱和 0223 量柱）较远，且最近还有一个 M 头，下降压力较大，其走势似强弩之末，有大江东去之感。

但是，如果我们从量线的角度看，在 D 点 3 月 16 日的最低点 8.60 元画水平线 D，D 线的左侧竟然有 4 个 8.60 元的端点与之重合，这 4 个"点"重合在一条"线"上，是典型的少有的精准线，说明庄家的计划非常明确，攻击非常强烈，一旦爆发，应该有两到三个涨停的幅度。

以"线"测"点"，大吃一惊：该股 D 点（3 月 16 日长腿阴柱，精准线上第三真底抬高）既是 M 头对应的最低量柱，也是黄金柱右侧的最低量柱，近乎休克状的缩量，就是主力拉升的先兆。加上精准线的计划明确，精准线上两个凹底抬高，与左侧的大凹（E1－C－C1）形成"三凹抬升"建构，必然出现腾飞。

我们在 D 柱（长腿阴柱）预报次日（3 月 17 日），该股顺大势拉至涨停，3 月 18 日（E 柱）逆大势再度涨停，验证了量柱量线的双重威力。

这个例子告诉我们，单纯从量柱出发很难发现的涨停先兆，用量线来考量一下，就能发现涨停契机了。要想提前发现这样的涨停牛股，有三个要点：

第一，要找出近期走势的精准线，将精准线的当值记录在案，以备急用。

第二，要提前研判近期底部是否有黄金柱支撑，若有黄金柱支撑的谷底，就是黄金底（图中 D 线就是）。如果主力在黄金底上做出强弩之末的态势，我们就能发现他们"恃强示弱"的意图。

第三，要注意将精准线的股价运用到盘中分时线上，一旦触线即拉升，就是对精准线的确认，也就是介入的良机。

只有知道了为什么，才好准备怎么办。以"线"测"点"，反证了"点"的重要性，度量之准，叹为观止。

这就是量线的第二个特点给我们带来的收获。

第三节　以线量线的"互证性"

科学是可以互证的。以"点"可以定"线"，以"线"可以测"点"，同样，以"线"可以量"线"。二者能够互证的，才是可信的。"量线"的互证性往往令人拍案叫绝。

请看图 2-4，这是宝光股份（600379）2009 年 6 月 15 日至 2010 年 3 月 8 日的走势图。

图 2-4

图 2-4 中有 F、G、A、B、C、D 6 条水平线，分别代表 6 条顶底线。

该股从 F 点的 7.25 元上攻至 E 点的 15.50 元，涨幅超过一倍。然后从 E 点的 15.50 元下跌至 B1 点的 10.75 元，降幅高达 30%；随后向上，在 D 线做了个 M 头，然后直接下探至 A 点。

该股走势的核心就在 ACB 三角区。A 点的回升非常温和，并且隐藏着一根很难被人发现的黄金柱 A。当股价冲至 C 点时，次日便垂直向下直指 B 线却悬而未及，第三天的 B 点很有意思，最低价为 10.95 元，与我们画的 B 线无缝重合。

请注意 B 线附近，短短的 7 个交易日却有 3 个最低点都是 10.95 元，而 B 线的最左侧还有一个 B2 点是 10.93 元，仅差 0.02 元，可见这是一条不可多得的精准线。ACB 三角区这里的情形与前面讲的长电科技非常相似，回踩精准线，腾飞在眼前。

再看 ED 线，这是一条斜顶线，又叫斜衡线，斜衡线与精准线 C 线即将交会处的附近，往往要出现中到大阳，我们称之为"斜顶起柱，奔若脱兔"。有了精准线和斜衡线的双线互证，我们大胆地发出了盘中预报，当天一个涨停板，其后在 C 线上下缓涨四日后连拉三个涨停板。

请看图 2-5 宝光股份 2010 年 3 月 19 日午盘截图。

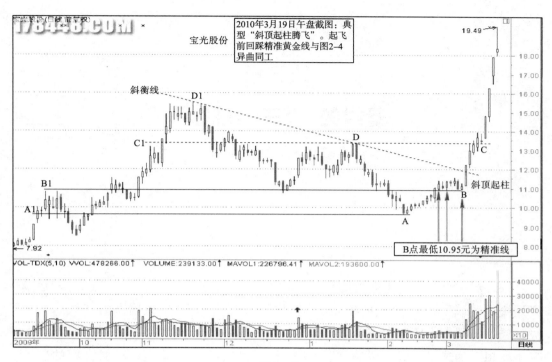

图 2-5

以"线"量"线"，互证互验，这就是量线的第三个特点带给我们的成果。

量线的前瞻性、度量性、互证性特点，互为照应，互相补充，使之具有常人难以想象的预测效果。

如果说"量柱"是温度计，它只能探测一个人的体温，却不能探测其体质；而"量线"却是脉搏仪，它既能探测其体质，还能找到其病症。

为什么这么说呢？因为量线和量线的攻击系统客观反映了主力攻守冲防的体系和节奏。主力的攻守冲防，宛如人体的搏动脉象；这种脉象是张弛有度、清晰有力，还是若有若无、绵弱无力？分析主力的攻防体系、把握主力搏动脉象，不仅可以发现主力体质强弱（即攻击系统强弱）以选庄，更可以找到主力攻防节奏（找规律）以跟庄！量学不是简单地跟庄，量学更重要的是选庄，即找"活"庄，跟"牛"庄。

注意：以上图中的实线为"确认线"，虚线为"参考线"。

以"点"定"线"，量价合一，给我们一个参照系；

以"线"测"点"，审时度势，给我们一个方向盘；

以"线"量"线"，与庄共舞，给我们一个路线图。

量学的"以点定线，以线量线"法则，将"量柱"和"量线"融为一体，其判势的准确性和前瞻性提高到一个崭新的层面。

这就是本书即将揭示的量学奥秘。

第三章

量线的 "三向规律"

"量线" 是 "量价合一" 的产物。没有 "点" 就没有 "线", "点" 的选取, 必然决定 "线" 的质量。如果选择了错误的 "点", 必然生成错误的 "线", 必然导致错误的操作。所以, 正确选点, 是量线的第一基础, 当然也是第一个基本功。

要想正确选点, 必须懂得 "点" 的意义和它形成的规律。根据我们的研究, "点" 与 "线" 的关系, 有如下三个规律, 即量线的 "三向规律"。第一, 极点测向律: 测试撑阻, 寻找方向; 第二, 焦点定向律: 焦点连线, 暗示方向; 第三, 拐点转向律: 极点即拐点, 遇拐则转向!

第一节　极点测向律

所谓 "极点", 从广义上讲, 每根价柱的 "最高点" 或 "最低点" 就是极点。从狭义上讲, 某个阶段的 "最高点" 或 "最低点" 就是极点。本书重点讲解广义的极点。

先请看图 3－1 联美控股 (600167) 2009 年 6 月 24 日至 2010 年 3 月 12 日截图。

首先请大家看图并思考一个问题: 任何一根价柱的最高点和最低点都是谁弄出来的?

答案非常明显: 没有哪个散户或普通投资人能够弄成这样, 肯定是主力弄出来的。

那么, 又一个问题出来了: 任何主力都不是吃素的, 他们做出这些最高点和最低点是干什么的?

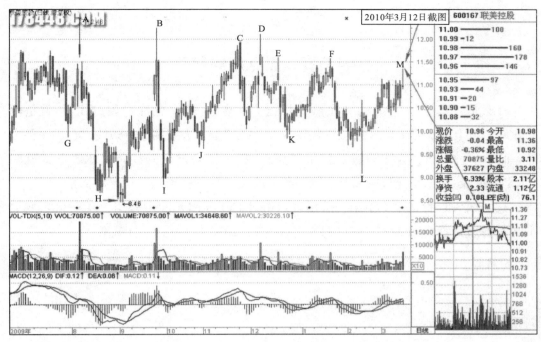

图 3-1

答案只有一个：这是主力在测试市场阻力或撑力，为其下一步的运作方向进行"火力侦察"。所以，有些长长的上引线或下引线，往往就是主力派出的"侦察兵"。

由此可见：无论最高点或最低点，都是主力所为，都是为了测试方向，这就是极点测向律。

极点测向律告诉我们，物极必反，请看图 3-1 中：

凡是上探受阻时，很容易向下，因为主力都不是大善人；

凡是下探遇撑时，很容易向上，因为主力都应是精明人；

凡是"长臂短腿的价柱"（即长长的上影线，短短的下影线），其后走势一般是向下（如 A、B、D、E、F、M）；

凡是"长腿短臂的价柱"（即长长的下影线，短短的上影线），其后走势一般是向上（如 G、H、J、K、L）。

这就是极点测向律给我们指明的股价运行方向。

下面请读者自己做个小试验：以图中"两个相邻的极点连线"。

先将 B、D 连线，然后与 F 点画平行线；

再将 H、I 连线，然后与 K 点画平行线。

你会发现一个惊人的事实：这两组平行线压制着 M 点，M 价柱呈长臂短腿状，后市必然要下跌。

第二节　焦点定向律

什么是"焦点"？这里的"焦点"特指"焦点连线"，也称"焦点线"。就是两个或两个以上的重要价位（或点位）聚集在一条线上，大家共享一条线，合成一种力道，暗示一种方向。这样的线条就是"焦点线"，如果这样的线条呈水平状，就叫"水平精准线"；如果这样的线条呈倾斜状，就叫"倾斜精准线"（详待后述）。

我们回头看看在第2章第一节里曾经讲过的江苏阳光的走势图，现在给它加上了几条虚线，就是图3－2江苏阳光（600220）2010年3月12日截图。

图3－2

首先，我们以左下方的极点A4和极点A3连线，该线刚好与A1和C1两个极点相切，这样，A4、A3、A1、C1四个极点共享一条线，这就是一条焦点线，我们用"取点的日期"命名，此处可命名为0902－0929焦点线（斜衡线）。

然后，我们以H1和F这两个极点连线，此线在D点与A4焦点线交叉，这是另外一种"焦点"，即两条倾斜的焦点线交叉，这个交叉处出现了一个涨停板。如果你有心观察一下，许多焦点线交叉的附近会出现涨停板。为什么在焦点线交叉处会出现涨停板呢？这是另文介绍的内容，此处不做详解。

现在，请大家用"焦点线"的定义来看图3－2江苏阳光，图中A线、B线、C线、D线、F线、G线、H线，几乎都是"焦点线"。

现在请大家回答一个问题：如此精准的焦点线是谁制造的？

答案非常明确：散户或一般投资者肯定没有能力制造，只有主力才能制造。

那么，又一个问题出来了：庄家或主力为什么要制造这样的焦点线？

答案非常清楚：若干个相同的价位聚集在焦点线上，说明主力对多空双方的力量平衡掌握得非常准确，其操盘的计划性和方向性相当明确，只要出现了焦点线，其方向就明朗了，这就是"焦点定向律。"用刘谦的话来说，见证奇迹的时候就要到了：

凡是"焦点线"为谷底线的时候，其后股价一般向上看涨（如A、C、D线）；

凡是"焦点线"为峰顶线的时候，其后股价一般向下看跌（如G、F线）；

凡是"焦点线"形成交叉的时候，其后股价叉上看涨（如D点），叉下看跌（如D1）。

这就是焦点定向律给我们的方向启示。这里所说的"一般"，是因为还有例外。例外的情形另有例外的奥秘，本节不做详述，留待后面探讨。

第三节　拐点转向律

所谓"拐点"，是指突破或改变原有趋势的一个节点，它往往处在原有趋势的尽头，要么扭转原有趋势，要么加速原有趋势。

拐点可以分为反向拐点和加速拐点两种。

请看图3－3金岭矿业（000655）2010年3月12日截图。这是一幅比较典型的"拐点转向"走势图。

图中共有B、C、D、E、F、G、H、J八个反向拐点（为了减少叙述的麻烦，将F和H右侧的两个拐点省略），其共同特点是"极点即拐点"，"遇拐即转向"；图中标明的B1、C1、E1、F1、H1、J1六个点是"顺向加速拐点"，其特点是加大速率和斜率，所以其幅度大于其他拐点。

值得注意的是：凡是加速拐点都出现在平衡线一带。本例中BD线和GH1线就是两道平衡线，上方为阻力线，下方为支撑线。E1处加速向上，扩大了EF的上升幅度；F1加速向下，扩大了FG的下降幅度。

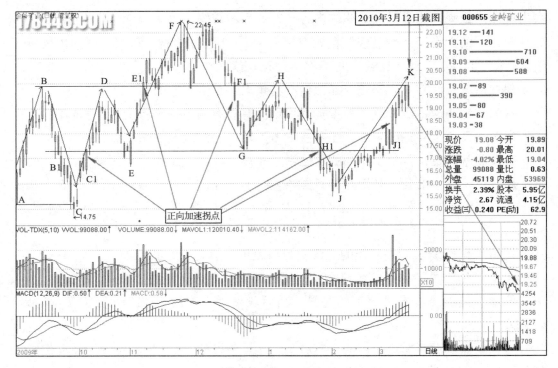

图3-3

现在请大家思考一个问题：这些"拐点"是谁制造的？

答案非常明确：肯定是主力制造的。因为散户或一般投资者没有这么大的能耐去扭转趋势。

那么，主力制造这样的拐点是为了什么？这个问题的解答相对要复杂一点，从纯技术角度看，至少有两个答案：

第一，凡是反向拐点，要么是回避阻力，触顶回落（如B、D、H处的回落），要么是借助撑力，触底回升（如C、E、G、J处的回升）。只要弄懂了这一点，可以在技术上看势做势，顺势而为。图中的K点已到达拐点处，如果不能出现加速向上，必然会拐头向下，然后在适当的位置再拐头向上。这就是拐点转向律给我们的转向预测启示。

第二，凡是加速拐点，主要是为了甩掉技术派人士的跟风进出，在行情发展的关键处（阻力位或撑力位）反惯性思维而为之。这里暗藏着一个非常重要的盈利机会，"该跌不跌，必然上涨；该涨不涨，必然下跌"，我们就要反向操作，跟上主力的步伐。

拐点转向律就是"该×不×"战术的量学辩证原理。这里的"×"由市场确定，如果"该上不上，必下"，如果"该下不下，必上"。量线的预测能力在此处表现得格外牛气。

有些学员曾经认为：加速拐点不是转向拐点，因为其方向没有改变。

其实，这些学员误会了"转向"的本质。请看图3-3中的F1点，它处在BD平衡线的位置，按照其正常的运行规律，在F1点应该向上而它却加速向下，其实质是"拐点转向"。同理，H1点也是这个原理。

下面来看图3-4老凤祥（600612）2010年3月12日截图。

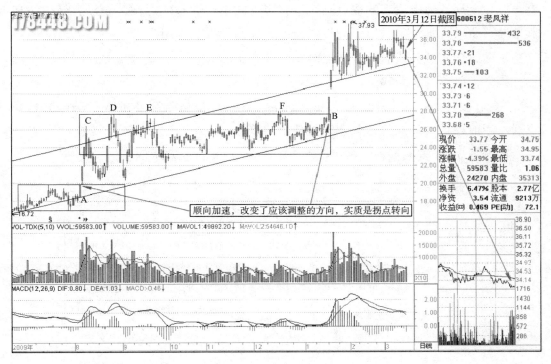

图3-4

图中有两个长方框，按照A方框内的走势，一般情况下，在A柱应该触顶回落，但是这个主力却反技术而行，顺着原有的方向加速（跳空）拉升，连续三个涨停板，显然，甩掉了在A点出货或等待回调的许多技术派人士，这里明显是拐点转向。符合"该跌不跌，必然上涨"的量学辩证原理。

同样，B框里有三个峰顶，一般情况下B处应该下跌，可是该股主力却在B柱触顶处加速向上，连续两个涨停板，仅休整一日又拉一个涨停，从B柱开始实际是3个涨停，让那些在B柱出货或等待回调的技术派人士后悔不迭。这里明显是拐点转向，符合"该跌不跌，必然上涨"的量学辩证原理。

由此可见，掌握了拐点转向律，可运用"该×不×"战术对付意外行情，有利于我们紧跟主力方向，踏准主力节奏。

第四节　规律妙用：七穴点金术

量学问世十年来，大家对量柱的认识在逐步升级，但对量线的认识却没有什么提高。我发现，许多读者的取点画线带有很大的主观性和随意性，而没有规律性和科学性。所以其画线很难给研判提供帮助，反而带来负作用。

下面结合实战，谈谈量学取点画线的基本功。

第一，取点的7个穴位。

"真、假、高、大、王、倍、峰"这7个穴位，是量学取点画线的基础。只要找到了当前最重要的穴位，就会产生神奇的效果。

请看图3-5安阳钢铁（600569）2018年6月8日七穴示例。

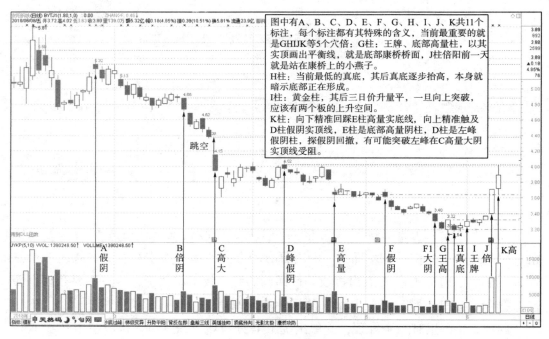

图3-5

图3-5从左到右有A、B、C、D、E、F、G、H、I、J、K共11个标注，每个标注都有其特殊的含义。我们先从G柱开始看盘，"真、假、高、大、王、倍、峰"7个穴位一目了然：

G柱：王牌、底部高量柱，以其实顶画出平衡线，就是底部康桥桥面，J柱倍阳前一天就是站在康桥上的小燕子。

H 柱：当前最低的真底，其后真底逐步抬高，而对应的量柱却逐步走低，这种建构本身，就暗示底部正在形成。

I 柱：黄金柱，有侦察兵上探 F1 大阴实顶线，其后 3 日价升量平，一旦向上突破，按照平量柱的规律，这里应该有两个板的上升空间。

J 柱：精准踩着 F1 柱开盘，F1 柱是当前最大的大阴柱，也是当前最大的主力位，J 柱精准踩着 F1 大阴实顶涨停，可见主力胸有成竹。

K 柱：向下精准回踩 E 柱高阴实底线，向上精准触及 D 柱实顶线，E 柱是底部高量阴柱，D 柱是左峰假阴柱，探假阴回撤，有可能突破左峰在 C 高量大阴实顶线受阻。

看懂了这七个穴位，其后藏着的主力行为意图也就清楚了。

第二，七穴的研判方法。

量学的 7 个穴位是孤立的，它们本身没有什么了不起的地方，但是，一旦用量线把重要的穴位打通了，其逻辑关系就自然显现出来了。

图 3－6 为上证指数 2018 年 6 月 8 日七穴详解图。

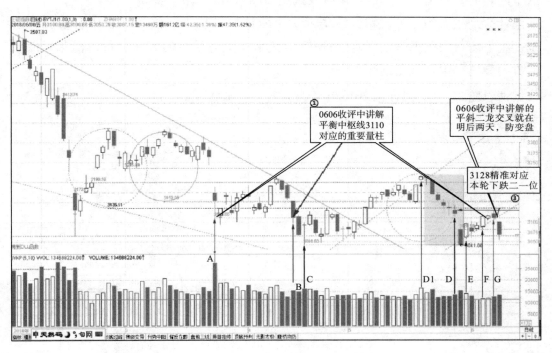

图 3－6

图 3－6 看起来很复杂，其实很简单。根据毛主席的《矛盾论》，只要抓住了主要矛盾和矛盾的主要方面，一切问题就迎刃而解了。量学的 7 个穴位，就是看盘的 7 个主要矛盾。请看图 3－6。

A 柱：是当屏最高的高量阴柱，也是百日高量阴柱，其虚底就是 3110 点，量学原理告诉我们，百日高量阴柱是很大的阻力位。

B柱：是A柱右侧最大阴量柱群的最高阴量柱，其实底刚好也是3110点，说明这个3110点非常重要。

王子在0531（即5月31日，出于简化需要，以下时间按类似方法简写）周四（见图中E柱）的收评中指出：用一柱一线看盘法则来看，3110正好对应0323大阴柱的虚底（见图中B柱），也精准对应0416大阴柱的实底（见图中A柱），这个位置很难顺利通过，所以我们可以借此线使用替领战法。

当行情走到F柱次日即6月6日这天，我提醒大家以E和F两个底部大阳实底连线，刚好与3110线交叉于G柱，因此我提出了二龙交叉处"叉上中到大阳、叉下中到大阴"的预警，并指出其平衡中枢就是3110点。事实证明我们的研判完全正确。

第三，七穴的研判逻辑。

许多同学对7个穴位倒背如流，可为什么运用起来却找不着北呢？我反复思考这个问题后，得出一个结论：没有找到主力的行为逻辑。

什么是主力的行为逻辑？清华大学出版社的《伏击涨停》一书中讲得非常清楚，主力的行为逻辑就是"水性杨花"。流水往阻力最小的方向运行，杨花凭借风的方向飘荡。主力也是这样。

请看图3-7上证日象2018年6月8日局部放大图。

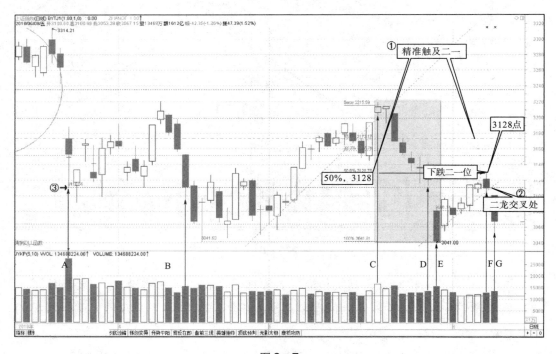

图3-7

（1）图中底纹表示"本轮下跌周期"，用量学的同一波段合并原理，从 C 到 E 的 8 根量柱可以看作一根量柱，用通达信自带的百分比线测量一下，该波段的 50% 线即二一位正好是 3128。阴柱的二一位就是鬼门关，量学云：不过鬼门关，还要往下窜。请看 F 柱的最高点精准对应 3128 就回落，说明主力在此感受到二一位上方的压力，股指就如水一样回流。

（2）F 柱回流股指收于 3109 点，比 3110 低 1 个点，这是非常重要的一个信息。量学告诉我们，从上往下在重要平衡位高 1 个点往往是浮力造成的，其向上的可能性极大；相反，从上往下击穿重要平衡线，往往是压力造成的，其向下的可能性极大。这就是主力即将向下的飘荡的临界点。

（3）前面讲过的 3110 线，是 A 和 B 两个高量阴柱形成的强阻力线，而它刚好与底部大阳太极线交叉于 F 柱和 G 柱之间，量学的平斜二龙交叉处，往往是多空平衡的拐点，叉上中到大阳，叉下中到大阴，当前的平衡中枢是 3110 线，此线一旦向下击穿，肯定就是中到大阴。并且，往往会以飘龙的形态向下飘去。

所以，我们取点画线是为了实战，实战基于研判，研判时必须根据主力的行为。主力走到哪里？为什么走到那里？接下来该怎么走？这就是我们研判的逻辑。

量线的三向规律，就是我们的判势标准，该上则上，该下则下，这是正常规律；相反，该下不下必上，该上不上必下，这是反常规律。将主力的行为逻辑与量线的三向规律结合起来看盘，必然产生"令人吃惊的精准神奇效果"。

请看量友帅封哥 2018 年 6 月 9 日在微信公众号"盘前预报 123"上的留言：

> **帅封哥**
>
> 老师说斜衡线，我也提前在0605就画出来了。我从0606看到假阳后，知道可能会有一冲。但是根据盯三防四，以及假阳，应该看跌，结果0607果然冲高回落，最低刚好触摸到斜衡线，我当时就惊呆了，这就是量学的魅力。假阴当天还个个都说应该涨，可是这是梯量第四柱，加上明天会在二龙之下，应该跌啊，难道还会涨？当时产生疑惑，结果0608当天一看，又是被惊呆了，瞬间变成吃瓜群众，看着大盘跌。感谢量学，感谢王子老师 ♥
>
> 2018-06-09 18:57:29
>
> | 你的回复
> 量学的穴位非常神奇，我们也经常被其神奇的效果惊叹。我们不应该感谢王子，而应该感谢量学。

第四章

量线的 "三级飞跃"

"三级飞跃"是量线独有的一种"攻防体系"。所谓"攻防体系",就是"该攻则攻,该防则防,攻防兼备,创造利润",在别人忽视或者犹豫的时候,制造出令人瞠目结舌的走势。

任何一只股票都有其自身特殊的"攻防体系"。有的体系弱,有的体系强,有的体系重在防御,有的体系重在进攻。掌握了这些体系的特点,就能从自身的需要出发选择适合自己的量线体系,从而构建适合自己的交易体系。

第一节　量线的 "双向异化"

"量线"一旦生成,其功能和性能是固有的但不是永久的,它将随着行情的发展变化而逐步转化,甚至发生质的异化,"异化"就是朝相反的方向转化。如压力线变为支撑线,或支撑线变为压力线,就是"异化"。

请看图 4-1 汉钟精机 (002158) 2010 年 3 月 19 日留影。

图中有 A、B、C、D、E、F、G 七道峰顶线,都是取最高点画出的。奇怪的是,当这些峰顶线延伸到右侧时,都不知不觉地变成了谷底线。

我们从左侧长箭头所指的 C 线开始看图。

C 线的右侧,经 C1 确认,自然异化为谷底线;

D 线的右侧,经 D1 确认,自然异化为谷底线;

E 线的右侧,经 E2 确认,自然异化为谷底线;

E 线取 E 实底的虚线,经 E1 确认,异化为谷底线;

G 线取 G 实底的虚线,经 G1 确认,异化为谷底线。

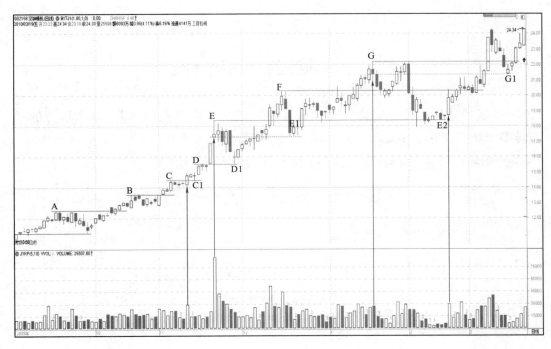

图 4-1

其实，上述峰顶线即异化为峰谷线。

再看 E 线，E 点最高价 18.38 元，右侧 E2 点连续两个最低价 18.40 元，显然 E 峰顶线异化为精准谷底线。

再看 D 线，D 点连续两个最高价是 15.50 元，D1 最低价 15.51 元，由峰顶线异化为谷底线，而且又是精准谷底线。

再看每道峰顶线压力重重，多次迫使股价下跌，但是到了右侧的尽头就异化了，原来的压力线变成了支撑线，这种异化后的峰顶线，左侧是"峰顶"，右侧是"谷底"，所以我们称之为"峰谷线"。

当左侧连续出现三道峰谷线时，即可确认该主力具有"仙风道骨"，稳健而潇洒，看懂者可以择机介入。我们就是在 C1 确认 C 为"风骨线"时介入的，其后走势翻番。

峰谷线可以看作"风骨线"，"风骨"者"风格骨气"也。李白诗曰："蓬莱文章建安骨，中间小谢又清发。俱怀逸兴壮思飞，欲上青天揽明月。"看人要看其风骨，看股也要看其风骨，有风骨的股票，"俱怀逸兴壮思飞，欲上青天揽明月"；没有风骨的股票，"抽刀断水水更流，举杯销愁愁更愁"。

买了没有风骨的股票，犹如人生在世不称意，不如明朝散发弄扁舟。若你买了有风骨的股票，那就祝贺你了。

第二节　量线的"三级飞跃"

"量线的异化"可以俗称为"顶底互换"或"撑压互换"，即支撑和压力的互相转换。如果在转换中逐步实现三级异化，那就是另一番景致了。

请看图4-2东华科技（002140）2010年3月19日留影。

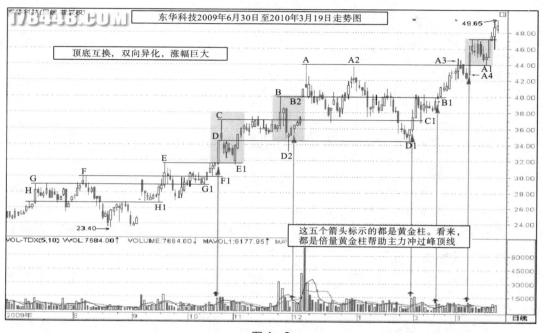

图4-2

图4-2中有A~H八条峰顶线。

请看A峰顶线，在A2处形成高压，压制股价从44元一线回落到D1的34元，之后上升到A3处再次遇阻下跌，说明A峰顶线的压力一直存在，但是在A4处一根倍量柱突兀而起，冲破了A线的阻力，当股价再次回落时，在A1处却得到了A线的支撑，这时的A峰顶线异化了，异化为谷底线，支撑着股价反身向上。这时的A线已发生了三层转换。

第一层转换：是A处的峰顶线转换为A1处的谷底线，是为"风骨线"；

第二层转换：是A处最高价43.98元，A1处的最低价是44元，高价股相差2分钱，精准也，是为"精准风骨线"；

第三层转换：是A4倍量黄金柱经A1得到确认，A线便成了黄金柱支撑的黄金顶，是为"精准黄金顶"。

这样的三级飞跃，关键在于 A4 黄金柱和 A1 黄金底的作用，使之转瞬间"官升三级"。

这只股票能走到目前这个样子，并非这一处"三级飞跃"，请看 D、E、F、G，每道峰顶线压力重重，多次迫使股价下跌，但是一碰到黄金柱就异化了，原来的压力线变成了支撑线。而且一旦异化，股价再也不会跌破异化线。它们的"三级飞跃"有一个共性，这就是：

第一层，直接将峰顶线异化为峰谷线，其谷底可以稍稍跌穿峰顶，峰谷线越多，上涨的幅度越大，反之越小。

第二层，通过精准线武装的峰谷线，它就成了"精准峰谷线"（如图中 E 线、C 线），其上升力度大于单纯的峰谷线。

第三层，通过黄金柱支撑的峰谷线，它就演化成"黄金顶"，第一道黄金顶的出现往往预示着新一轮上涨周期的开始，我们常说的"顶底互换，涨幅翻番"，就是特指"精准线武装的第一道峰谷线"（如图中 G 线、D 线）。我们就是在 G、F、E 这三道峰谷线确认后，于 E1 柱介入。

注意：运用峰谷线的战法时，最好是在主力"过峰保顶"的确认柱介入，本例中的 F1 过 E 峰，最高至 C 顶回落，然后在 E1 确认保顶成功（见图中带底纹方框处），所以我们在 E1 介入，安全，稳妥。

请看图 4-3 博瑞传播（600880）2020 年 5 月 21 日留影。

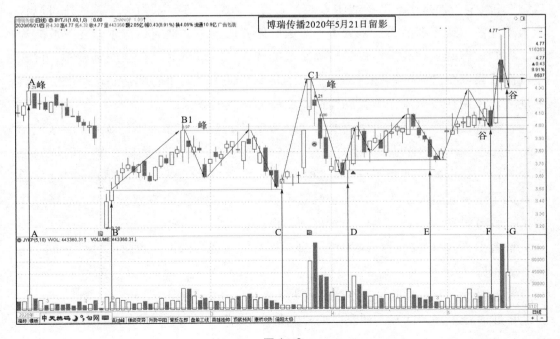

图 4-3

图中上方有 A 峰、B1 峰、C1 峰三座峰，下方有 C、D、E、F、G 五个谷。五级谷底线逐步抬高，其中，F 谷底线与 B1 峰顶线精准重合，升级为峰谷线；G 谷底线与 A 峰顶线无缝重合，升级为峰谷线；C1 过峰回撤，在 D 柱保顶，D 柱长腿踩线形成黄金底；此后 D、E 也是黄金底；F 长阴短柱精准回踩 B1 峰，升华为黄金底，所以是黄金峰谷线，次日缩量过阴半处是很好的介入点。

该股在 G 柱缩量涨停，理应再创新高，若是该涨不涨怎么办？我们可以观察它回调的两个必经之处。一是回调到大阳二一位的阳关道时能否守住，守住阳关道，抱着股票笑；二是过峰后的保顶能否守住 C1 峰顶线，一旦守住峰顶线，又是一次顶底互换，该股将有不错涨幅。

综上所述，量线的异化处就是介入点，当峰顶线异化为峰谷线时，是介入机会；当峰谷线异化为精准峰谷线时，又是介入机会；当黄金柱支撑的峰谷线异化为黄金顶时，更是介入的良机；当过峰保顶确认后，是最好的介入机会。相反，如果股价有效跌破了这些峰谷线，就是出货的时机。

第三节 量线的"四步攻防"

任何一只股票都不可能直上直下，它都是沿着一定的路线攻击前进的。"四步攻防"，就是一种特别有效的攻击方式，它将"攻守冲防"融为一体，往往可以在敌人不注意，或者在敌人自以为牢不可破的地方以少胜多地突然得手。在解放战争中，四野创造的这种战法取得了战无不胜的奇效，后来被毛泽东推广到全军，促成了淮海战役以少胜多的奇迹，创造了二十几个小时攻克天津的奇迹。这种战法被有些能人志士用在股票操作上，同样取得了战无不胜的效果。

这种战法的核心是："似攻实守，似守实攻，似冲实防，似防实冲。"这里的"似"就是"好像的样子"，让对手分不清你的"攻守冲防"到底在哪个时段，在哪个方位，糊里糊涂地当了俘虏。我的许多朋友常常谈论的一个话题是："这只股票我买了，看它就要上攻了，可它就是不攻，可我刚一卖出它就涨停了。"当你弄懂了"攻守冲防四步曲"，可能就会少犯这样的"傻"了。

请看图 4－4 西安饮食（000721）2010 年 3 月 22 日的四步攻防图。

先看图 4－4 中 A、B、C、D 四处：

A 处精准回踩谷底线，次日即倍量拉升，AB 段是"攻"；

B 处遇峰顶线即回守，回调时明显缩量，BC 段是"守"；

C 处小倍量突破左峰，连续拉升到 D 点，CD 段是"冲"；

D处遇上方阻力回落，在E谷与B峰重合，DE段是"防"。

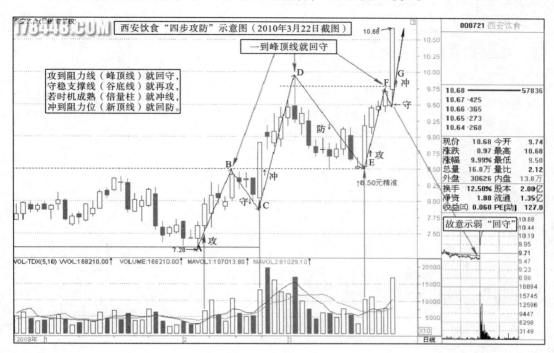

图4-4

至此，这一轮"攻守冲防"结束，"防位"是E点，而E点连续两个8.50元，与B峰构成精准峰谷线，加上E处倍量黄金柱的助力，精准黄金峰谷线成立，展开了新一轮"攻守冲防"。

下一轮"攻守冲防"从E处开始"攻"，两天后在F处缩头缩量，故作乏力状，次日（3月22日）上午一路走低，给人疲弱不堪、即将回落的感觉，然而午后开盘即发起"冲锋"，一口气"冲"至涨停。这种出人意料的"反冲"，犹如回马枪，将许多聪明人挑下马来。

以上是两轮典型的、完美的"攻守冲防"，它是"攻→守→冲→防"单一体系，其实，还有许多股票是"攻守→攻守→攻守……冲防"的组合体系。

再请看图4-5中恒集团（600252）2010年3月22日留影。

图4-5中有A、B、C、D、E、F六道峰顶线即六道阻力线，在每道阻力线的下方都有"攻守→冲防"的过程，其节奏非常鲜明。

请看AB段：从15.68元触底反"攻"，到A线即回"守"，然后"冲"到B线回"防"，主力对市场阻力和撑力的把握非常到位，该攻即攻，该守即守，该冲即冲，该防即防。

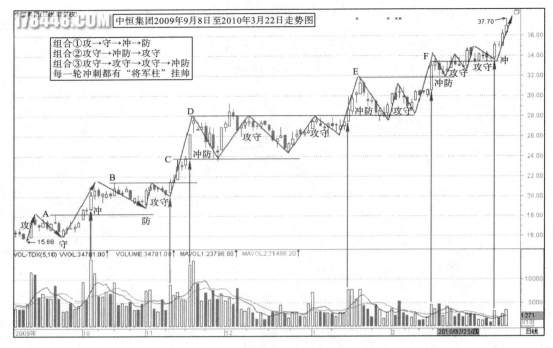

图 4-5

再看 BC 段：主力的"攻守"幅度明显比前期缩小，底部相应抬高，然后突然"冲"过 C 线，在 D 点迅速回"防"。

再看 CD 段：由于 BC 段的上攻幅度比较大，CD 段的"攻守"用了两个节奏，即用了两次"攻守"，将底部逐步抬高，在离 D 线较近的位置，突然冲刺，一举"冲"向 E 点，并迅速回"防"。

再看 DE 段：和前面的三轮"攻守冲防"几乎一样。

这里值得注意的有三点：

第一，每一轮的"攻守"，都把底部抬高，逐步接近峰顶线，利于冲线；

第二，每一轮的"冲刺"，都由倍量将军柱充当急先锋，一"冲"即过关；

第三，每一轮的"幅度"，都在逐步缩小，整体价升量缩，越走越顺。

这样的"攻防系统"，步步为营，势不可当。

由此可见，股票若处于"攻"时可适量参与；处于"守"时宜出货观望；处于"冲"时可大胆介入；处于"防"时宜坚决出货。这就是"攻守冲防"四个节奏给我们的操盘提示。小的节奏固然如此，大的节奏更是如此。

"攻守冲防"这四个步骤，一般人认为"冲"是核心，精明人认为"守"是核心。只有"守"好了，才有"攻"的阵地。从这种意义上讲，"攻"是最好的"守"，"守"是为了下一步的"冲"；而"冲"是"攻"的高级表现形式，一旦

"冲"到理想的位置，"防"就是"守"的高级形式了。因此，将"过峰保顶"与"攻守冲防"有机结合起来，才是最好的操盘高手。

李小龙的截拳道，动作虽然快如闪电，但他总是一只手防护，一只手进攻，先防护自己，后攻击对方，永远是在一只拳头护胸的同时，另一只拳头打人。毛泽东战略战术的核心是"先保存自己，再消灭敌人"，"打得赢就打，打不赢就走"。我们要务必领会这些高人的战术思想，在擒拿涨停的战斗中，贯彻"攻守冲防"与"过峰保顶"的互动原则，切切不可为了擒拿涨停而自毁防线。

关于"防守技法"，详见清华大学出版社《涨停密码》之"九阴真经"。

第五章
量线的 "生成机制"

"量线"的生成不是随意的，不是为了画线而画线，而是为了寻找主力的意图而画线，是为了跟踪主力的节奏而画线。一根优秀的量线，有时候可能就是擒拿庄家（主力）的"捆庄绳"。有了这样的绳子在手，即使狐狸般狡猾的主力，也会成为你手中的猎物。

第一节 量线的生成原则

量线的生成非常简单，就是"自然而然，以点连线"，有顶画顶，有底画底，摒弃任何主观臆断。

量线生成的第一要求是"选点"，并且是遵循"三向规律"的"选点"，"三向规律"的核心是六个字："极点、焦点、拐点"。请注意：有些"重要点位"（或"重要价位"）简称为"要点"，也属于"焦点"的范畴。

量线生成的步骤是：先找极点、再找焦点（或要点）、再找拐点。

"量线的生成"用语言来描述比较抽象，用图形来表示则比较具体。下面用上海九百（600838）2010年3月15日留影来解说量线的生成，详见图5-1。

这个走势粗看起来比较复杂，不好画线，但只要我们根据"极点测向律"，就可以轻轻松松地画出线来。

第一步，先找极点。我们可以找到A、B、C三个阶段顶和D、E、F三个阶段底，以这六个点画水平线，就分别形成A、B、C三条峰顶线和D、E、F三条谷底线。你看，就是这么简单。峰顶线和谷底线是所有量线中最好识别的，也是经常用到的两条量线。只要把它们画出来了，一只股票的走势节奏也就基本出来了。

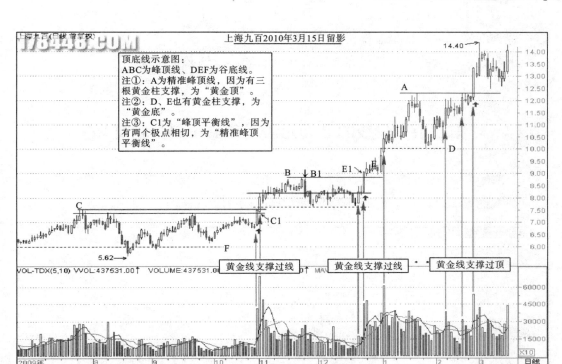

图 5-1

第二步，再找焦点。我们从现有的线条中可以发现，A 线上有两个高点是 12.30 元，还有一个次高点是 12.29 元，三点基本持平，可以断定 A 是一条精准线；另外，C 线的下方有三个 7.35 元，三点无缝重合，可以在 7.35 元加一条水平线，是为另一条精准线。精准线是研判行情的重要参照系，本例中的两条精准线构成了两条稳固的峰顶线，因为其下方有黄金线支撑，就是黄金底。黄金底在本轮行情中一般是不会破的，除非经过相当长一段时间后，黄金柱的作用消失了，才会跌破它（另文自有讲解）。

第三步，再找拐点。拐点是新趋势的起点。在图 5-1 中，C1 突破 C 峰，是向上的拐点；B1 触 B 峰不过，是向下的拐点；E1 突破 B 峰，是向上的拐点。该股 C1 为百日高量柱，E1 柱精准回踩 C1 柱百日高量虚顶，突破 B 峰，站稳了战略高地，应该有加速上涨，所以我们在 E1 柱预报，次日开始缩量横盘五日后，果然大涨。E1 这个过峰加速拐点，给我们提供了极好的介入时机。

该股的量线体系相当完美，有峰顶线，有谷底线，还有峰谷线，从 C1 过 C 峰开始，三级峰谷线逐级推升，涨幅和斜率基本一样，最高涨到 14.40 元，涨幅刚好是起涨点的两倍。

任何一只股票都有自己独特的"量线体系"，而"量线体系"的结构方式和结构质量，将直接决定该股票的发展方向。

优秀的量线体系，是怎样构成的呢？

下面，请跟随我们的讲述，去看看构筑量线体系的必备元素。

第二节　量线的七大元素（顶底平斜合精灯）

"量线"是一个完整的科学系统，这个系统由七大元素组成。

请看图5-2江苏阳光（600220）2010年3月12日截图。

图5-2

如图5-2所示：

第一元素：峰顶线。它是阶段性最高点的一道水平线（如图中H1、G1、F线所示），它可以充当阻力线，有时也可以与谷底线重合，形成特殊的"峰谷线"（如H1H线），峰谷线一旦形成，即转变为支撑线（如H1H线）。

第二元素：谷底线。它是阶段性最低点的一道水平线（如图中A、C线所示），它可以充当支撑线，有时又可以成为阻力线（如图中C线的第二阻力位），有时可以与峰顶线重合，形成特殊的峰谷线（如图中H1H线）。

第三元素：平衡线。特指多空力量在某个阶段均衡对峙的水平线。它是量价阴阳交换转移的均衡线，也是多空双方较量暂时平衡的标识线。由于其所处的位置不同，性质也不同。如图中的 E 线，处于凹口，所以称之为"凹口平衡线"。如图中的 C 线，处于大阴实顶，所以称之为"大阴实顶平衡线"；它有时是阻力线，有时是支撑线，更多情况是另一轮行情的起跑线。因此，平衡线是量线的精灵。我们应该重点关注。

第四元素：斜衡线。量学的诸多元素都是对立的统一体。有平衡线就有斜衡线，斜衡线是量学在全世界的首创。斜衡线就是倾斜的平衡线。它是某阶段最近的两个重要价位（或点位）的连线所形成的斜线（如图中的 A3A1 斜线、FE 斜线）。如果说平衡线是空间平衡线，斜衡线则是时间平衡线。

因为斜衡线所表示的行情走向带有一定的趋势（即上升趋势、下降趋势），所以又可称之为趋势线。量学的趋势线与传统的趋势线大不相同，所以我们不能简单地以传统的趋势线来看待量学的趋势线。

若以斜衡线为基线画出与之平行的线，就是"通道线"。通道线的上轨往往是阻力线，通道线的下轨往往是支撑线。

本书将要介绍的"太极线"和"灯塔线"就是斜衡线的精华。它们是以量学的 7 个穴位为基础生成的斜衡线，因此它们具有神奇的预测魅力。

第五元素：复合线。复合线就是几种量线合成的一根或一组量线。下面将要讲到的峰谷线、精准线、灯塔线、灯塔太极线都属于复合线。

峰谷线。峰谷线是一种特殊的复合线，它是阶段性的"峰顶线"与"谷底线"自然重合而成的，所以称之为"峰谷线"，也可称之为"顶底线"，其独特的"顶底互换"功能，是许多股票牛气冲天的基础。在所有的量线中，只有它的力道是单向的，即向上支撑股价或指数（如图中 H1H 线），峰谷线的"单向性"，使之具备"坚挺"的"风骨"，所以许多量友称之为"风骨线"。

第六元素：精准线。有两种情况。

第一种情况是水平精准线，即某阶段内两个或两个以上的同等价位（或点位）完全重合在一条水平线上，如图中 C 线有两个 5.40 元最高点同向相切，两个 5.41 元最低点同向相切，D 线左侧有 9 个 5.72 元双向相切，最近处有 3 个 5.72 元最低点同向相切，这是非常难得的精准线。若是最低点形成精准线，预示将要上涨；若是最高点形成精准线，预示将要下跌；若是股价站在精准线上方，预示将要上涨；若是股价躲在精准线下方，预示股价将要下跌；若是该涨不涨的，就要下跌；若是该跌不跌的，就要上涨。据此，量学发明了"该×不×"战术，就是按常态应该×而不×，就按变态处理。

第二种情况是倾斜精准线，即某阶段内两个或两个以上的不等价位（或点位）无缝切合在一条倾斜线上，如图中的 A3A1 斜衡线，该线竟然精准切合了 9 个价位。

与水平精准线不同的是，倾斜精准线不要求"同价同线"，只要求"多价同线"。倾斜精准线不一定是太极线，但太极线一定是精准斜衡线。

第七元素：灯塔线。灯塔线是以黄金柱的实顶为中心，由平衡线与斜衡线相交于黄金柱实顶这个中心而形成的光芒四射的一组量线。

请看图5-3上证指数2009年9月4日灯塔线示意图。

图5-3是上证指数截至2009年9月4日上午收盘前的走势图。该灯塔线是王子于2009年7月16日制作，由O点（7月9日）形成的灯塔线，指示着图中所有的高点和低点，直到2010年4月4日本书第一版截稿时，历时9个月，该灯塔线指示的高点和低点无一失误，其光芒四射的效果，若佛光普照；其博大精深的境界，如佛象万千。凡看懂此图者，无不击掌叫绝。

这个图是怎么画成的？应该怎么制作和运用灯塔线？后面的章节将带领你走进通透明亮的灯塔之中，去领略神奇的量线世界。

本书崭新的名词术语较多，因为"量学"本身就是一个崭新的科学体系，本章不可能解答所有的名词术语，你可以记录下暂时不懂的名词术语，然后在阅读本书的过程中逐步找到答案。当你看完本书，你将由衷地体会到：

"量线"就是"亮线"，是让人心明眼亮之线。

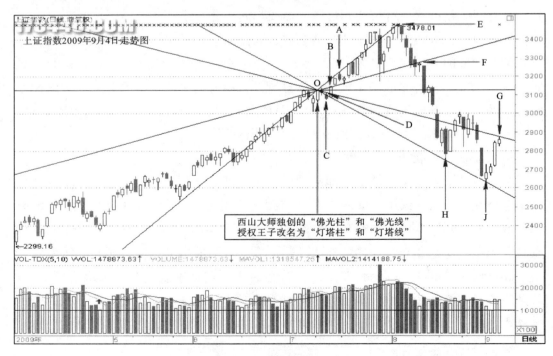

图5-3

第三节 量线的"动态调整"

大家知道,"量线的生成"要遵循"极点、焦点、拐点"三原则,但是,因为有些股票有些时段的"极点、焦点、拐点"并不能帮助我们生成可靠的量线,或者不能满足特殊时空特殊行情(如除权)的要求,这就要求我们对"量线"进行适当的动态调整。

"动态调整"不是"随心所欲"的,而是暂时回避"极点、焦点、拐点"的制约,根据主力在盘面上留下的"要点"去寻找主力的"意图"。从这种意义上讲,量线的"动态调整",就是根据主力的"足迹"来调整量线的"位置"。

这里强调的"要点"就是"重要点位(或重要价位)",它一般处于价柱实体的关键点位,如开盘价、收盘价、三一位、二一位。

具体说来,"要点"特指除"极点、焦点、拐点"之外的"重要点位或重要价位",具体包括实点、整点和密点,其中"实点"最重要。

"实点"就是价柱的"实体点位",具体是价柱的开盘价和收盘价。

"整点"就是价柱的"整数点位",来源于大众心理学,股市里大部人不懂量学的精准技术,往往取"整数"作为自己的攻防参考,因此"整数关口"往往成为主力研判和操作股票的重要参考。

"密点"就是价柱所处的"密集点位",由多个不同方向的点位或价位聚集而成。

向"要点"寻找"价值"时,就需要遵循"要点平衡定律",按照"要点平衡定律"来进行取点,具体如下:

(1)要点就是重要的点位(或价位),就是"极点、焦点、拐点"之外的一个重要的平衡点,其中实点最为重要(过夜价原理)。

(2)要点平衡律即"实点平衡、整点平衡、密点平衡",原则是"先找实、后找虚,微调抓战机";微调抓战机即运用"实点平衡"时,应结合"整点平衡"和"密点平衡"予以优化(实点为主,整密相辅)。

(3)要点平衡律的取点原则:上行找实顶(高量和大阴),下行找实底(高量和大阳),实点靠整点(取整点),无(关键)点(位或价位)找密点。

请看图 5-4 西藏雅砻(600773)2009 年 6 月 22 日至 2010 年 3 月 22 日的走势图。

量线画法的核心不是为了画出量线,而是为了研判主力的动机。按照通常的量线画法，A 为峰顶线，但是 A 点是"极点"，也就是"虚点"，不是"实点"，而且它和 E 点的时间和空间距离较大，显然不利于观察和研判该股最近的走势，于是，我们将峰顶线进行动态调整，选择了时间和空间离 E 点最近的 B 点，当我们以 B 点画出水平线时，奇迹发生了：

  B 点的最高价是 9.99 元；

  C 点的开盘价是 9.99 元；

  D 点的开盘价是 9.99 元；

  F 点的开盘价是 9.99 元。

  一条四点合一的精准线诞生了！主力的操盘计划和预期目标赫然展现在我们眼前（参见《涨停密码》之"凹峰战法"）。

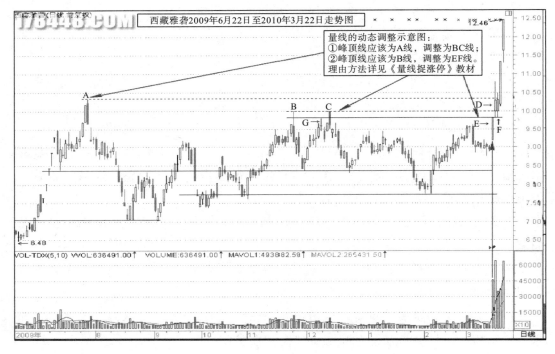

图 5—4

  再看 EF 线，奇迹再次演绎着：

  E 点最高价是 9.82 元；

  D 点最低价是 9.83 元；

  F 点最低价是 9.83 元。

  一条三点合一的精准线诞生了！主力在这么短的时间内制造两条精准线是为了什么？显然他们已迫不及待地要拉升了！事实说明：移动一条线，奇迹在眼前。动态调整量线，等于动态跟踪主力。由于 B 线的生成，我们于 F 点推荐了这只股票，推荐理由是 E 柱"百日低量后，倍量过左峰"，D 柱和 F 柱的最低价不破 E 柱实顶。推荐后次日开始连续两个涨停。

这两个涨停是怎么得来的？理由非常简单，看准 B 柱这条精准线就够了。

第一，该股于 3 月 16 日涨停，最高价 9.82 元（E 点），次日最低价 9.83 元（D 点），第三日最低价 9.83 元（F 点），仅差一分钱，三点成一线，精准峰谷线，涨停无悬念。

第二，3 月 16 日（E 点）的倍量柱在 9.82 元形成黄金线，"回踩黄金线，涨停在眼前"，又是一个原因。

第三，3 月 16 日（E 点）倍量柱由于 9.82 元黄金线的支持，该倍量柱演变为黄金柱，有黄金柱支撑的峰谷线，自然成了"黄金顶"，黄金顶三日不破，必然大涨。

科学是可以互证的，以上三个理由反映了同一个中心思想："确认精准线，涨停顺手拣。"

西藏雅砻的连续涨停实践同时也告诉我们一个真理："量柱量线双结合，伏击涨停如观火。"

现在请再回顾一下我们的开篇语，相信大家会有新的滋味涌上心头。

总之，量线的取点画线标准是：以"量线三向律"为原则，以"要点平衡律"为补充，以"动态调整律"为准绳，进行找穴取点调整画线。先极点，后焦点，再拐点，动态调整找要点。

量线的生成不是随意的，不是为了画线而画线，而是为了寻找主力的意图而画线，是为了跟踪主力的节奏而画线。一根优秀的量线，有时候可能就是擒拿庄家（主力）的"捆庄绳"，有了这样的绳子在手，即使狐狸般狡猾的主力，也会成为你手中的猎物。

让我们睁开双眼，用这"捆庄绳"，去享受捕捉更多涨停的乐趣吧。

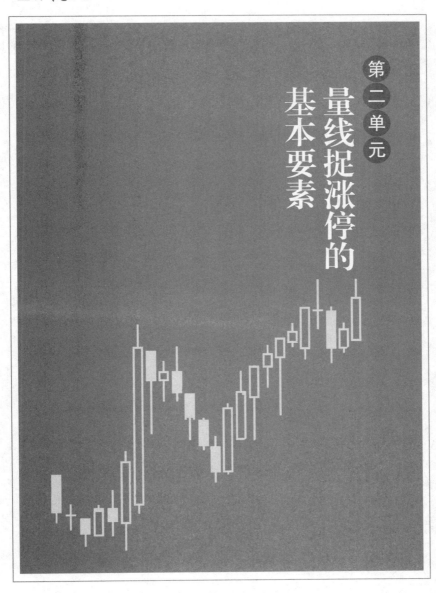

第二单元

量线捉涨停的基本要素

第六章
峰顶线： 测顶攻顶的预警线

每当我走进股市，耳旁就响起《青藏高原》的旋律，那苍凉，那宏弘，那豪放，那高亢……令人心旷神怡、热血澎湃……

是谁带来投资的呼唤，
是谁留下赚钱的祈盼，
难道说还有散户的歌，
还是那久久不能忘怀的眷恋，
我看见一座座山一座座山川，
一座座山川相连，呀啦嗦……那就是股市山峦？

哦……任何一只股票的走势图，仿佛就是在演唱着《青藏高原》，那一座座山川，重峦叠嶂，绵延不绝，有谁知道这里留下了多少感叹，镌刻着多少梦幻，保留着多少遗憾，缠绕着多少庄严……

也许，下面就是你想知道的答案。

第一节　峰顶线的取点原则

许多人认为，"峰顶线"是最好画的，就是以阶段最高点画出水平线即可。其实这是对"峰顶线"的误解。

请看图 6-1 冠豪高新（600433）2010 年 3 月 11 日留影。

图 6-1 中有 A、B、C、D、E、F、G、H 八条水平线，其中 A、C、E、G 4 条

实线是根据当前最高点画的水平线，其他四条虚线却不是取最高点画的。取最高点画线是你运气好，可以生成"自然峰顶线"，而 B、D、F、H 四条虚线是根据当时所处位置人工折中处理的，这是"人工峰顶线"。

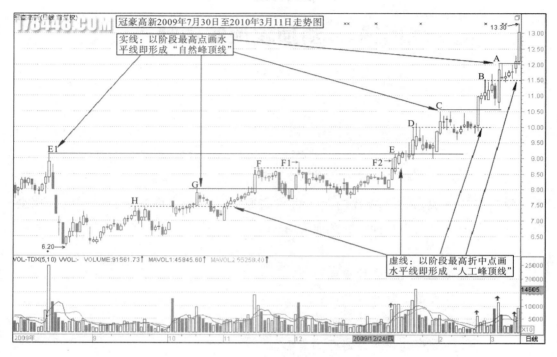

图6－1

真正有价值的峰顶线，是通过人工研判后画出的，所以，峰顶线的取点，不能"见峰画线"，而应该根据当前位置的平衡原理，予以综合平衡取点画线。也就是综合"极点测向、焦点定向、拐点转向"的三向规律，取其最优位置画线（详见平衡线的讲解）。

例如 F 段的画线，如果取在 F1 柱的极点画线，这条峰顶线将自然抬高，则 F2 的倍量柱不能过左峰，我们就痛失一次"轻松过左峰"的机会；如果取 F 柱的实顶画线，就找到了"凹间峰"，就能在 F2 的位置发现"倍量过左峰"的机会（其他三条虚线也是这样，画法从略）。

画线不是为了好看，而是为了实战。有利实战的量线才是好的量线。在"峰顶线"的取点画线问题上，量线的"量"字最能体现动词的"量"，即"衡量该线"的实战意义。最好的办法是"先找实，后找虚，微调抓战机"。因为实顶和虚顶，在不同的位置决定其不同的性质，我们要辩证处理，择优而定。

第二节　峰顶线的战略意义

世界上没有无缘无故的爱，也没有无缘无故的恨。同样，股市上没有无缘无故的顶，也没有无缘无故的底。任何一只股票、任何一个时段出现了"峰顶"，那就意味着"有缘有故"的东西将要出现了。峰顶线就是探测这"有缘有故"的"脉搏仪"。

根据极点测向律，峰顶线都是主力探测上方阻力的"探测器"，目的是为下一步的动作寻找方向。如果上方阻力强大，主力自然选择回避；如果上方阻力一般，主力则会选择震荡洗筹；如果上方没有阻力，主力就会乘胜前进。所以，每条峰顶线都是主力战略意图的体现，就看我们能不能从峰顶线上去发现主力的战略意图。

请看图6－2三峡新材（600293）2010年3月25日留影。

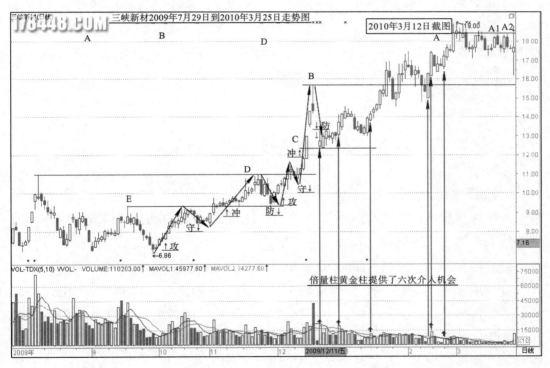

图6－2

这是王子2009年12月13日周日预报周一介入的"三峡新材"，王子在第三个涨停位出货的次日（12月22日）再次盘中点评了这只股票，当时的评语是："假阴巨量，次日缩量4倍，目标是突破巨量假阴至少20个点。"为什么要这么点评呢？请看下文：

图6-2中有A、B、C、D、E五条峰顶线，笔者12月22日点评时没有A、B、C线，只有左侧的D、E两条线。该股突破E线时用了极为典型的"攻守冲防"四个步骤，在突破D线时也用了"攻守冲防"四个步骤，其"冲"的幅度较大，在B点回落，然后在C线止跌向上。笔者这时画出了C线并予以点评。

先看B点：该股在B点涨停位回落，成交量倍增，让许多人感觉该股已到顶部，不能再做了，纷纷出货。而我们发现这是一根高开低走的"假阴线"，如此巨大的成交量，没有跌破前日的最高点，说明主力是有意为之，其战略意图大于战术意图，不日将有新高。

再看B点次日：这天（2009年12月21日）几乎跌停收盘，成交量极度萎缩，只有不到前一日四分之一的成交量，这个量柱告诉我们：主力没有出货，同时证明主力前一日和当日是连环打压，意在清洗浮筹，再创新高。

果然，此后该股缓慢上行，直达A线。

A线不是"自然峰顶线"，而是根据A1和A2的平衡综合画定的"人工峰顶线"。这条线画出后，该股的战略意思又出来了。A线一带横盘20个交易日，底部没有抬高，在A2处的价柱带有长长的上下影线，说明主力不想恋战，有可能下探B线，踩稳了B线，才能上攻，否则将逐步回落。

第三节　峰顶线的战术意义

"峰顶"给人的感觉是"高处不胜寒"，一般投资人最怕的就是"峰顶"；峰顶线给人的感觉却是"一览众山小"，有经验的投资人最爱的就是峰顶线，因为峰顶线会给人带来"无限风光在险峰"的感觉。

请看图6-3三安光电（600703）2010年3月24日留影。

这只股票的主力是一个会"做峰"的主力，他做出的"峰顶"，不用人工筛选，一切浑然天成。为了简便，可按照"见峰画线"的方法，给图中所有的"峰顶"画上"自然峰顶线"，即使这样随手画出的"自然峰顶线"，也出现了令人目瞪口呆的神奇。你看：凡是峰顶线的右侧都会突然冒出一根"中到大阳"，向更高的峰顶线冲去。

注意：按照从左到右的顺序看图，股票右侧的走势没有出来之前，我们根本不可能知道其右侧的走势，但是峰顶线的惊奇，就是从左侧开始的：

先看K点：这是当时最高峰，画出峰顶线，连续五根价柱"咬住峰顶线"，第六根价柱 K1 突然"倍量过左峰"；

再看 H 点：也是当时最高峰，画出峰顶线，在 H1 又是"增量过左峰"；

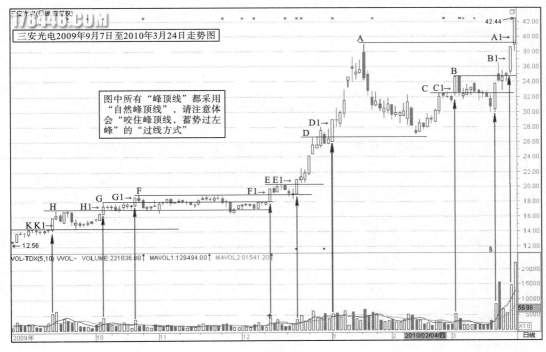

图 6－3

再看 G 点：还是当时最高峰，画出峰顶线，连续七根价柱"咬住峰顶线"，第八根价柱 G1 突然"倍量过左峰"，即使后来的走势跌破了 G 线，却在 H 线上方戛然而止，悄然回升，在 F1 处悍然涨停过 F 线，在 E1 处也是涨停过 E 线，在 D1 处还是涨停过 D 线……上述六条峰顶线上竟有四个涨停板。该股"这一段走势"的特征是：

在 F 线之前是"咬住峰顶线，大阳过顶线"；

在 E 线之后是"咬住峰顶线，涨停过顶线"。

无论哪种过线方式，都是"中到大阳"。这里的战术思想非常明显，就是在普通人通常认为不可逾越的峰峦之巅突然上攻，把观望者和犹豫者远远甩在峰线的下面，等你醒悟后追进时，成本自然抬高，追进者只好成为主力下一步拉升的垫脚石。

三安光电的主力是不是盲目拉高呢？不是，你看它在每条峰顶线的左右两端都有标准的"倍量黄金柱"支撑，步步登高，层层递进；再细看它下方对应的量柱群，温和而含蓄，稳重而庄严，充分显示出高度控盘的自信和潇洒。

会"做峰"的主力，好比一位会唱歌的歌手，李娜演唱的《青藏高原》如行云流水，激越豪放，越到高处越显得轻松流畅；韩红演唱的《青藏高原》如大江东去，澎湃浩荡，越到高处越显得力不从心；阿宝演唱的《青藏高原》如牧羊放歌，看似激扬，越到高处越显得苍然乏味；王子学唱的《青藏高原》如茶馆小哼，有板有眼，一到高处就声嘶力竭。同样是做股票，有人做得松松垮垮，有人做得浩浩荡荡。三安光电的主力做票，就像李娜唱的《青藏高原》，无人能及。

第四节　峰顶线的攻防策略

当我们看到一根根价柱指向蓝天的时候，你是撤退还是进攻？你是持股还是持币？这里既有"咬住峰顶线，蓄势薄云天"的机遇，也有"骑马上高山，峰前是深渊"的风险，的确让人很难做出正确的决策。

怎样才能既做到"峰顶防套"又做到"待机过峰"的"一箭双雕"呢？"峰顶线"同样可以帮助我们。请看图6-4万科A（000002）2009年11月18日留影，或许能给你一些启示。

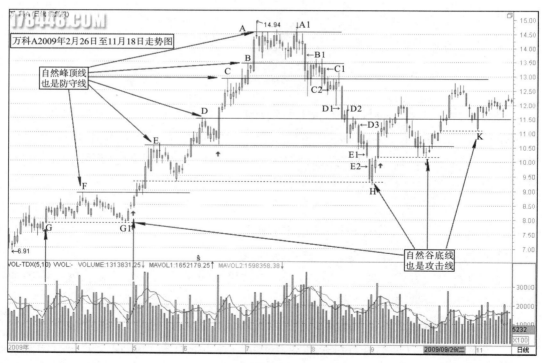

图6-4

这是万科A（000002）2009年2月26日至11月18日的走势图。为了讲述的方便，图中标出了A、B、C、D、E、F 6条"自然峰顶线"（实线），从攻防策略上看，峰顶线右侧的每次"过峰"都是介入良机。

峰顶线的介入方式前面已有介绍，此处不再赘述，下面单讲峰顶线的峰顶防套策略，即

峰顶线上若遇阻，

平顶不过双阴出；

上线不过下线抛，

下线破位应即出。

先看 A 线的防守：从 A 点到 A1 点 14 次冲击峰顶未果，且绿肥红瘦，那么 A1 再次回落就是退出的良机；如果我们未能在 A1 退出，当股价跌破 A 线下方的 B 线时，又是绿肥红瘦，我们应该在 B1 处迅速出货。这就是"平顶不过双阴出，上线不过下线抛"的策略。

再看 B 线的防守：连续 6 次冲击峰顶线，且绿肥红瘦，当 C1 跌破 C 线时，又是出货良机；如果未能在 C1 出货，当 C2 阴线形成时，也应"双阴出货"。

再看 D 线的防守：D 线虽然撑住了 D1 的下跌，有待三日验证，但是 D2 跌破 D 线，根据"下线破位应即出"的策略，这里又应该出货；即使没有出货，在 D3 出现"双阴"，又是出货时机。

再看 E 线的防守：E1 破线，应即出；即使 E1 没有出，次日的 E2 形成"双阴"，也应及时出货。

峰顶线的防守策略可以帮助我们"峰顶防套"，同时可以"待机过峰"，收到一箭双雕的效果。这四句话应该仔细体会，可以试试其他的股票，如果结合前面讲的"平衡线战法"，峰顶线的攻防效果更好。

希望读者把实战的经验教训发到 hm448@163.com 共同探讨，总结提高。

第五节　峰顶线的涨停机遇

上面讲了防守，下面讲讲进攻。因为做好了防守，才能做好进攻。有了正确的防守，才有正确的进攻。"峰顶线"上的涨停机遇，往往是从正确的防守中抓住的。

请看图 6-5 莱宝高科（002106）2009 年 5 月 15 日走势图。

为了讲述的方便，图 6-5 全部使用"自然峰顶线"，见图中 A、B、C、D、E、F、G、H、J 9 条水平线，图中标有 ↑ 箭头的价柱是"涨停价柱"。

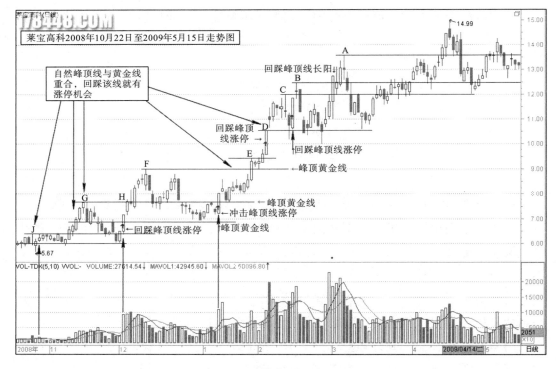

图 6-5

图中左侧起点 2008 年 10 月 22 日正是 A 股市场最糟糕的日子，当天大盘收于 1895 点，正在向 1664 点的底部砸去，而本例莱宝高科却已开始横盘，并在 J 点形成第一条"自然峰顶线"。涨停的故事就从左下角的 J 点开始。

第一个涨停位于 J 线右端，涨停价柱（带红箭头）的底部刚好"回踩峰顶线"，当即冲涨停；

第二个涨停位于 H 线右端，涨停价柱的底部离 H 峰顶线尚有一点距离，呈"回探峰顶线"之状，股价突然腾空起步，穿越 G 点峰顶线，以倍量黄金柱方式冲击涨停，涨停后回调，第三日的最低点刚好与 G 点峰顶线相切，形成精准峰顶黄金线；

第三个涨停位于 E 线右端，股价在 E 线横盘三日"咬住峰顶线"，第四日腾空起步，直达 D 点；

第四个涨停位于 D 线右侧，股价在 D 线上方呈 n 形横盘，第七日（2009 年 2 月 13 日）"回踩峰顶线"，再度冲涨停；

以上四个涨停的冲顶方式比较典型，归纳起来有如下特点：

第一个是"回踩峰顶线"，当即冲涨停；

第二个是"回探峰顶线"，腾空冲涨停；

第三个是"咬住峰顶线"，腾空冲涨停；

第四个是"回踩峰顶线"，腾空冲涨停。

它们的涨停都以峰顶线为"起跳板"，同时，每个"起跳板"的左侧都有黄金柱支撑，有的"起跳板"本身就是黄金线。

左有黄金柱的支撑，中有黄金线的跳板，右有回踩量线的动作，这就是"峰顶线上出涨停"的奥秘。

读者都知道，"股"是做出来的，价越高越过瘾。可是在股票市场上很少有人敢做"高位"的股票，主要是没有找到正确的方法，如果采用"量柱"＋"量线"的手法，我们事先看清了主力的动机和动手的时机，我们还怕"高位"吗？

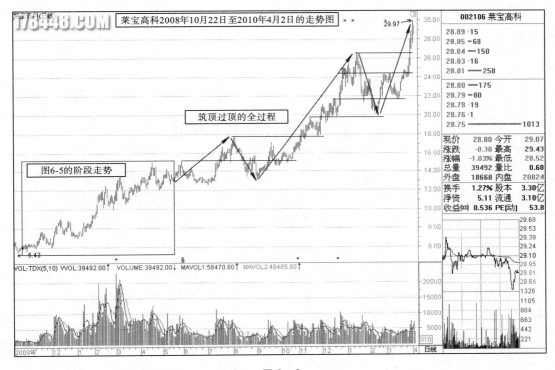

图 6-6

图6-6是莱宝高科2008年10月22日至2010年4月2日的全部走势，我们可以从中悟出主力"探顶、垫底、回踩、冲顶"的每个过程，可以悟出"攻、守、冲、防"的每个环节。小的时段如此，大的时段依然如此。这不就是一首完整而细腻，豪放而高亢的股市奏鸣曲吗？

让我们唱响股市奏鸣曲，向新的境界挺进吧。

第七章

谷底线： 探底与回升的生命线

第一节　谷底线的基本画法

从形态上看，"谷底"是相对于"峰顶"的某个波段的"最低点"，只要我们以这个"最低点"画水平线，就是"谷底线"。由于个股主力的性格不同，对于"谷底线"的取点稍有区别，在实战操作中，一般以"最低点"取点，然后根据股性的不同，适当调整为"实体低点"（收盘价）或"参照点"（左侧低点）。

请看图7-1四川路桥（600039）2010年2月25日留影。

图中有A~G共7个最低点，由于B、C和E、F的最近两个低点基本持平，所以图中只生成了5条谷底线。

A点：可以取"最低点"，也可以取"真底"即收盘价位，由于本图中没有左侧低点做"参照点"，所以取"真底"。因为"真底"的成交量大于"虚体低点"，其可靠性相对较高。

B点：取最低点，因为其左侧刚好有一根巨阴最低点与之形成精准线。

C点：取最低点，因为其左侧也刚好有根阳十字最低点与之形成精准线。

D点：取最低点，因为其左侧有若干价柱的重要点位与之形成精准线。

E点：取最低点，因为其右侧的F点的收盘价位刚好与之形成精准线。

由此可见，谷底线的画法有个窍门，就是尽量寻找与之能形成精准线的"最低点"或"实低点"画线，若不能画出精准线也不要勉强，以找到"平衡的感觉"为宜（如图中D线的画法），千万不要主观臆断。

凡是由多根谷底精准线构成的股票，均说明这只股票主力的"计划性"和"控盘力"非常强，我们要密切关注，随时注意主力的拉升（如上面讲到的四川路桥）；反之，则说明这只股票的主力计划性不强，控盘不稳，我们暂时没有必要在它身上花费精力（如下面将要讲到的中国建筑）。

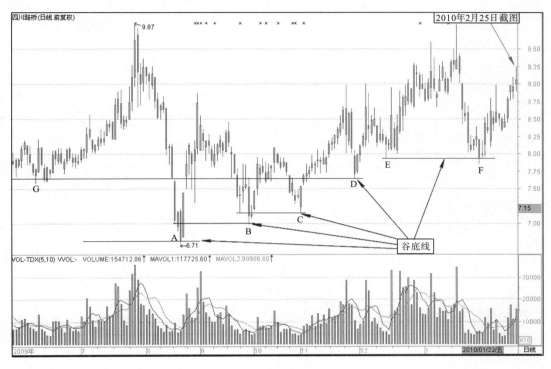

图 7-1

第二节 谷底线的三个功能

根据极点测向的原理，谷底线是主力在某阶段打压测试下降空间的杰作。因此，谷底线具有如下三大功能：

第一，支撑线的作用。谷底线是主力测试某阶段下方撑力的支撑线，往往采用休克手法，在谷底线所处位置会出现某阶段的低量柱，若这个低量柱被确认，就会出现上升行情。

第二，抬升线的作用。若某阶段的谷底线高于其左侧的谷底线，就会出现谷底逐步抬高的状况，若谷底线逐步抬高（如四川路桥的 A、B、C、D、E 线），则说明相应阶段的持股成本逐步抬高，后期将出现上涨行情。

第三，阻力线的作用。若某阶段的谷底线低于其左侧的谷底线，就会出现谷底逐步降低的状况，若谷底逐步降低，则说明相应阶段的套牢盘逐步增多，后期将出现下跌行情。

例如，与上例四川路桥同一天截图的中国建筑（601668）2010年2月25日留影（见图7-2）。

图7-2

图中有A、B、C、D、E共5个阶段性最低点，以这5个最低点画水平线，就自然形成了5条谷底线。这5条谷底线逐步走低，每次反弹，都在谷底线附近受阻回落，充分体现了"行情阻力线"的作用。

从以上两图的走势可以发现：

第一，四川路桥的谷底线多是精准线，非常有支撑力；而中国建筑的谷底线不是精准线，没有什么支撑力。

第二，四川路桥的谷底线对应的量柱都是低量柱，有爆发力；而中国建筑的谷底线对应的量柱却有高有低，没有爆发力。

第三，四川路桥的谷底线节奏鲜明，步步为营，信心十足；而中国建筑的谷底线松散无力，拖拖拉拉，可见主力没有控盘，信心不足。

第三节　谷底线的升势预测

从上述两只股票的对比中，我们应该能体会到"谷底线"的妙用了。下面就讲讲其预测功能。

谷底线形成之后，特别是精准谷底线形成之后，其支撑力非常人所能理解。因此，根据其支撑功能，我们可以预测其升势走向。

请看图 7－3 四川路桥 2010 年 2 月 25 日预测图。

图 7－3

请看图 7－3 中 A、B、C、D 处，4 根大大的阴价柱突然下跌，但是其对应的 4 根阴量柱却成倍缩小，显然这里暗藏契机。

A 柱缩量一倍，是典型的"长阴短柱"（长长的阴价柱，对应短短的阴量柱）；

B 量柱虽比 A 量柱略高，但其对应的阴价柱却更长；

C 量柱比价柱缩小两倍以上，这是典型的"长阴短柱"；

D 量柱为真底，与左侧谷底线无缝重合，其后两日的最低点再次与 D 柱真底无缝重合，一条谷底线精准横切 7 个端点，且有 7 根低量柱托底。这样的谷底线，其支撑力度极强，股价一旦回升，将势不可当。

对于谷底线的升势预测，应该先从该股最左侧的第一个真底开始，然后在第三或第五个突破真底谷底线（E）的回升力度来研判。

第一，关注触底回升的时间。触底回升的时间越短越好，一般 3～5 日为好，时间长了就失去了触底回升的意义，本例中四川路桥 D 柱所示触底 3 日即回升，是最好的。

第二，关注触底回升的阻力。触底回升的阻力以触及为好。阻力位以大阴柱上方的实体定位（有时以虚体定位），本例中 D 阴柱实体上方为第一阻力位，C 阴柱实体上方为第二阻力位，B 阴柱实体上方为第三阻力位，A 阴柱实体上方为本波段顶部。

第三，关注触底回升的节奏。该股从 D 柱真底谷底线回升时，第一天上试第一阻力位 D，第二天过第一阻力位 D；第三天上试第二阻力位 C，第四天过第二阻力位 C；第五天在第二阻力位 C 下蓄势，第六天即上试第三阻力位 B。一试一过，交叉运作，节奏感非常明显，说明主力做盘有张有弛，收放自如。第七第八第九天在第二阻力位下方蓄势三天，第十天就直指第三阻力位 B。然后三天咬住第三阻力线 B 做上下微调，给人"上攻乏力"的感觉。但是，最后这一天 F 柱的开盘价却透露了主力的"勃勃雄心"，因为这天的开盘价正好与其左侧的 5 个支撑点（含 B 点）形成精准支撑线，凡是有 3 个支撑点的精准线就有上攻动力，这里有 5 个支撑点了，其上攻动力将倍增无疑。

请注意：该股的触底回升节奏还有一个要点，它回升的节奏是先慢后快，从股性上看，由下至上，D：第一阻力位，是"股性初活状"；C：第二阻力位，是"股性灵活状"；B：第三阻力位，是"股性激活状"。逐步升级，必有好戏。该股接下来的走势，见图 7－4 四川路桥 2010 年 3 月 3 日走势图。我们在 F 柱预报该股的次日（2 月 26 日）开始，该股连续 3 个涨停板。

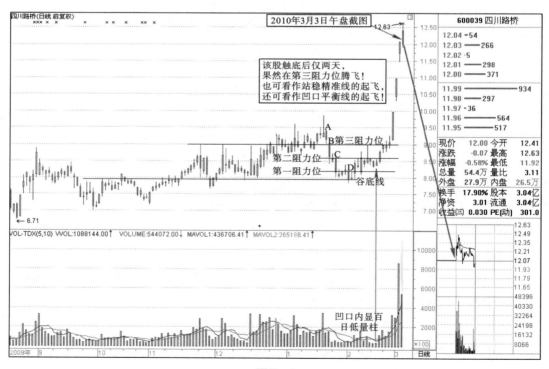

图 7－4

第四节 谷底线的跌势预测

看了上一节用谷底线预测四川路桥的升势，令人无不叫好，但是我们切切不可以认为谷底线只是预测升势的法宝，对于跌势的预测，谷底线还另有奇妙之处。

无数事实告诉我们，谷底线一旦形成，是不会轻易跌穿的，如果一旦有效跌穿，最好是出货待机。请看图 7-5 中国建筑 2010 年 3 月 5 日留影。

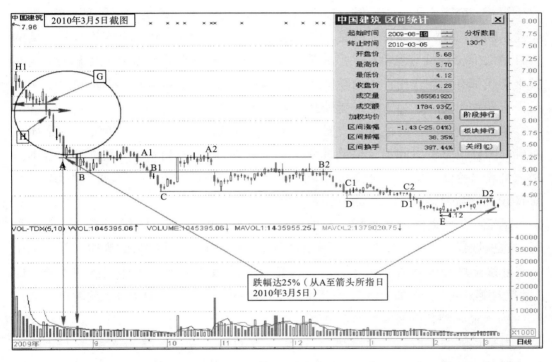

图 7-5

B 柱：大阴跌破 A 线，应该出货；即使没有出货，到 A1 处的中阴也应该出货了，否则，将承受连续 8 天的大跌；即使 A1 没有出货，到 B1 跌破 B 线也应出货。请看 A、B 两条谷底线，这两条线给我们提示了 4 次宝贵的出货机会。我们有理由不重视谷底线吗？

C 柱：从 C 到 D 是一大段可以出货的走势。首先，从 C 处开始的反弹，在 A 线受阻回落，然后多次在 B 受阻，C1 和 D1 是必须出货的关节，如果我们不能及时出货，将再度忍受绵绵阴跌的煎熬。

D 柱：从 D 到 D1 处积压了 20 天的套牢盘，即使在 E 线触底反弹，依然要在 D 线受压折回，然后消化 D 线的套牢盘后，才能向上。

【注：本文截图分析中国建筑时，有许多名人名博推荐该股，至本文截稿日 2010 年 3 月 5 日，该股果然在 D 线受阻，连续 3 天回落】

对于这样的跌势，我们能事先预测吗？能！

上述谷底线的阻力作用，刚好和峰谷线相反，它形成了一条谷峰线，左侧是谷底、右侧是峰顶，如 AA2、BB2、CC2、DD2 这四条谷峰线。我们知道"峰谷线"看涨，那么"谷峰线"看跌，因此，我们一旦发现走势中出现了"谷峰线"，即完全可以提前预测其跌势和跌幅。

谷底线预测跌势的三个要素：

第一，破下方平衡线示跌。在 A 线的左上方有一个"抵抗性下跌平台"，即以 G 柱左侧中阳线的底部画平衡线，也可以以 G 柱收盘价画平衡线，因为 G 柱左侧的首日最低价与 G 柱收盘价持平形成精准线，所以在这里画水平线是最可靠的。这两道平衡线都有预测作用，无论股价跌破哪道平衡线，都应该看跌。即使第一道平衡线没有看跌出货，在第二道平衡线也应该看跌出货。

第二，价量同步阴柱示跌。看 G 点对应的阴柱价量同步，是真跌；再看 H 点对应的阴柱也是价量同步，也是真跌；尤其是 H 点的开盘价与 G 点收盘价基本持平，且收盘价低于第二道平衡线，应该看跌出货。即使在 H 点当日没有看跌出货，次日开盘价与 H 点平开低走也应看跌出货。

第三，用谷底线测算跌幅。图中的第一谷底线是 H 线，该线为第一筹码密集区，这里堆积了大量套牢筹码。根据我们从大量案例中总结出来的规律，凡是在第一谷底线上堆积大量筹码的下跌，其首轮下跌的幅度一般应该有一倍的跌幅，即"钟摆对等原理"。例如，从 H 线开始的下跌幅度，应该等于 H 到 H1 的幅度，若以 HH1 为半径画圆，圆底刚好对应 A 线。

根据量学的"股数不变定律"，H 线上方的筹码应该搬移到 A 线下方才能止跌，但是从盘面上看，H 线上方的筹码没有搬移到 A 线下方，所以还要下跌，这时就可以用"钟摆渐弱原理"来计算，从 A 线的下跌必须要有 25% ~ 50% 的跌幅来消化这里的筹码，也就是说，如果我们在这里不及时看跌出货，将要承受 25% ~ 50% 跌幅的折磨。请看图中的"区间统计"数据，从 A 点（2009 年 8 月 19 日）至 2010 年 3 月 5 日，跌幅刚好为 25.04%（实际振幅为 38.35%）。

有位读者告诉我，他看到某只股票跌去一倍之后大胆抄底，结果一进去又大跌 50%，尝到了"地板价下还有地板价"的苦头。现在用量学眼光来看，那只股票从顶部跌下来之后，谷底线上方的筹码根本没有搬移下来，所以它必然要继续下跌，直到谷底线上方的筹码搬移下来，形成百日低量柱或百日低量群之后，才有可能上涨。

这位读者的经历非常宝贵，读者可以结合其他股票的走势，算算这种跌幅是否可靠。就我们调研的情况来看，这种跌幅的计算方法非常有效。

第五节　谷底线的横势预测

股市的走向只有三个形态，一是"上涨"，一是"下跌"，一是"横盘"。横盘是多数个股寻找方向的过渡，它们横着横着，方向就明朗了，有的向上突破，有的向下突破，因此，对"横势"的研判，有时比研究涨停还重要。

横势的预测比涨势和跌势都难。难就难在它模糊，难在它没有方向。其实，世界上没有绝对的横势，毛主席说过："不是东风压倒西风，就是西风压倒东风。"任何横势都有方向，只是其方向隐蔽，动作温和，需要我们从蛛丝马迹中辨别其方向。许多投资者在学习技术的过程中，往往只注重形态，不注重分析；只会仿照葫芦画瓢，不会透过现象看本质，这样的学习方法和学习态度是不利于看透横势的。形态只是现象，规律才是本质。抓住了规律才能运用自如。

请看图7-6中天城投（000540）2010年3月5日的截图。

A柱：是向上跳空的黄金柱，按照规律（见《股市天经》之一《量柱擒涨停》一书）应该在其前一日跳空处画一水平线作为黄金线。哈哈！见证奇迹的时候到了，以A点画出的这条黄金线，居然与相隔6个月后的A1无缝重合了，A的最高价和A1的最低价都是14.55元。这就是说，A黄金线与A1谷底线共享一条"精准谷底黄金线"。此处按下不表，再看图中另外两处横势。

C2至C处：我们给它画了个方框，也就是人们常说的"箱体"。在这个箱体内的走势基本上是横盘，但是，从它第二、第三小波的波顶逐步缩矮可以发现，箱体内的走势是逐步向下的，到C柱时即完全丧失上攻能力，一根价柱下跌，股价即掉到另一个世界去了。

B框：这也是一个箱体，箱体内的横势比较均衡，第二、第三小波的波顶几乎持平，但是，以B1的收盘价和B处的最低价连线，形成的"实体谷底线"将箱体一分为二，仔细一看，箱体内三分之一是空的，重心在箱体上方，暗示着这个箱体下方有异常的撑力，所以，这个箱体内的横盘，实质是向上的。果然，B柱倍量拉升，冲出箱体，向另一个世界奔去。

事实验证了我们的判断：任何横势都有方向。不是向上就是向下，骑墙是不可能的。我们就要善于在横势中准确判断其未来方向，未雨绸缪，跟着主力的方向操作。

图 7-6

横盘时研判的方法：就是以谷底线为参照，将横盘处的高点连线，若连线向上则趋势向上，若连线向下则趋势向下；若横盘途中红肥绿瘦，趋势向上；若横盘途中绿肥红瘦，则趋势向下。操作上应以"拐点转向"原则为准，抓住契机，适时进出。本例中的 C 点就是出货点，B 点就是介入点。

按照阻力位的划分原则，该股目前的第三阻力位是 C 点的实体位即开盘价，以 C 点的开盘价画一水平线，见证奇迹的时候又出现了：C 点的开盘价和截图日的最低价无缝重合，都是 17.50 元。而这条水平线向左延伸，一线切合了 6 个端点，这是不可多得的精准线。从该股最右侧最后三日（截至 2010 年 3 月 5 日）的情况来看，该股是倍量拉升后的缩量一倍，价升量缩，明显异动，如果不是地产股，该股极有大幅拉升的可能。既然它是地产股，又是目前政策调控的重点，能有如此异动，恐怕不简单，让我们拭目以待吧。

第六节　谷底线涨停预测的四个要点

读者都知道，每只股票都有其谷底线，但是，并非有谷底线的股票都能出现涨停。那么，什么样的股票才能涨停呢？

综合上述分析，谷底线预测涨停有如下四个要点：

第一，谷底线之前有"长阴短柱"。前面讲过，"长阴短柱"是主力借势强力洗盘的"假跌"，目的是迅速挤出浮筹，为后面的拉升减轻阻力。上述四川路桥的A、B、C、D 4根"长阴短柱"就是典型的"假跌"。其"假跌"的特征就是缩量，主力不出货，向下打压出这么大的阴价柱是干什么的？吓唬人罢了。假跌必然对应真涨。时机一到，必然飙升。

第二，谷底线之底现"百日低量"。"百日低量"的出现，一方面显示主力不出货，一方面显示当前市场不愿出货，这是主力用休克疗法制造的。休克的目的就是试探市场对当前最低价的反应，大家都不愿出货时，价位肯定要提升。若连续提升价位而成交量不大，就是大幅拉升的前兆。本章第三节中所述的四川路桥，在其底部连续两次出现百日低量柱后市看涨；而第四节中讲述的中国建筑A、B、D、F四处都没有出现百日低量柱，唯有C处是低量柱但不足百日即拉升，无功而返，后市看跌。

第三，谷底线之后应"触底即升"。"触底即升"重在强调时效，即触底后应该尽快拉升，迅速解决战斗，在3～5日内应突破第一阻力位，然后在3～5日内突破第二阻力位，否则，时间一长，夜长梦多，变数增加，就难以迅速制造涨停了。凡是拖拖拉拉，缠缠绵绵者，多数会跌破谷底线，这样的案例很多，大家可以随意找来分析分析。

第四，阻力线之前应"蓄势突破"。四川路桥的拉升过程非常经典，读者应该多多体会其"阻力位前蓄势的动机"，一天触线，一天过线，步步为营，逐级突破，充分体现主力收放自如高度控盘的实力。有实力才有涨停。上例中的中国建筑在C线后第五天突然拉升，一口气冲过两个阻力位，元气大伤，让附近的套牢盘迅速解套，增加了主力拉升的负担，结果是连续10天受制于第二阻力线，上攻乏力，无功而返，只好再次暴跌回到起点。

这样的实例比比皆是，读者可以找来体会（另可参见清华大学出版社《涨停密码》之案例）。

第八章
平衡线： 多空共享的警戒线

"平衡"是我们这个世界生存发展的基础，也是股市生存发展的基石。股市中多空双方的搏斗是永恒的，但是双方的搏斗会在某个时段暂时"休止"，这个"休止"就是暂时的"平衡"，当我们把这些"休止符"用不同的方法连接起来，就形成了各种不同的平衡线。

本书介绍的"顶底平斜合精灯"即峰顶线、谷底线、平衡线、斜衡线、复合线、精准线、灯塔线等7种量线，本质上都是平衡线，只是因为它们比一般的平衡线更特殊、更适用，所以要分别讲解。

本章所讲的"平衡线"，特指从"量价穴位"上生长出来的水平的横线。

第一节 平衡线的取点原则

"要点平衡律"告诉我们，"要点"就是"重要的关节点"即"量价的关键穴位"，包括"真假高大王倍峰"即真底真顶、假阴假阳、高阴高阳、大阴大阳、王牌、倍阳、左峰等7个穴位。除了这些特殊的穴位之外，还有3个平衡点，即实点平衡、整点平衡、密点平衡。

"实点"就是价柱所处的"实际点位"；

"整点"就是价柱所处的"整数点位"；

"密点"就是价柱所处的"密集点位"。

取点步骤是：上行找实顶，下行找实底，实点靠整点，无点找密点。

请看图8-1中科合臣（600490）2009年6月29日至2010年4月1日走势图。该股自A点下跌以来，跌速和跌幅惊人，至2010年2月3日F点企稳反弹，我们

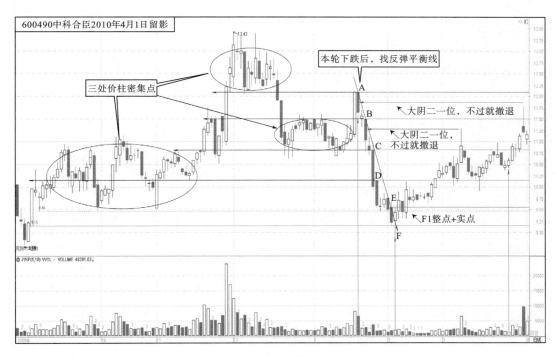

图 8－1

现在要规划反弹路线，首先就是要找到其"上行"的平衡点。

根据"上行找实顶"的原则，该股的"实点"就在 A、B、C、D、E 五根大阴柱的实体顶部，为什么选择"顶部"？因为这里是多空双方激烈拼搏的"起点"，多方要想反攻，必须突破这些顶部的封锁，所以我们以这些"顶部"的"实点"画出水平线，就成了该股的平衡线。

当你画出这些水平线后，你会惊奇地发现，每条水平线之间的空间和力度非常相似，即使其左侧早在几个月前形成的上升幅度和节奏，也和当前的下降幅度和节奏有惊人的相似之处。这就是平衡线的作用。

我们在运用"实点平衡"时，应结合"整点平衡"和"密点平衡"予以优化。"整点平衡原理"来自大众心理学，一般投资人不懂得什么平衡点，也不管什么平衡线，往往取"整数"作为自己的攻防参考，所以，"整数关口"往往成为主力研判和操作股票的重要参考。

所谓"整点平衡"，就是在预选点的附近发现"整数关口"时，往往可以采取"取整弃零"的方式。这里所说的"整数关口"特指尾数为 0 或 5 的数据。本例中 B 点刚好是 11.50 元，"实点"即"整点"；D 点的 10.15 元是"小整点"；E 点是 2 月 2 日，开盘价 9.55 元也是"小整点"；F 点收盘价是 9.44 元，不符合大众心理价位，所以把第一阻力位定在 F1 点 9.45 元（见虚线）比较合乎大众心理，而且左侧得到多个端点支撑。这就是"虚点靠整点"。

所谓"无点找密点"，就是在没有实点或整点的地方，在价柱密集处找其平衡点，如图 8-1 中的三个圆圈处，就是价柱密集处，它们分别处于 A 线、C 线、D 线的上方，刚好与这三条平衡线切合。本例中的"无点找密点"不太典型，我们将在有关章节中逐步介绍典型案例。

现在回头看看图 8-1 中的五条平衡线，几乎同时兼备了"实点平衡、密点平衡、整点平衡"三要素，其上下幅度和力度相对均衡，其左右跨度和力度相对协调，这样的平衡线才是合格的平衡线。

如果要找下跌平衡线，就是倒过来，"下行找大阳实底"，再找相邻的"整点"，或者再找相邻的"密点"。大家可以自己找例子画线验证。

从 F 柱往右看，当我们的平衡线画出后，行情先后在 D 线、C 线、B 线受阻回落，最高上探至 A 柱大阴二一位下方，冲高回落。为什么要回落？第一，大阴二一位是鬼门关，不过鬼门关，必然要下探；第二，A 柱下跌时，量柱没有达到缩量三一、二一的标准。所以，反弹只能到此为止。

第二节　平衡线的双重性格

从上面中科合臣的走势图可以看出，平衡线是多空双方交战的临时停火线，是多空双方曾经拼搏最为激烈的前沿阵地。这里有过你死我活的战斗，有过尔虞我诈的较量，它既是双方上一次休战的警戒线，又是下一次进攻的桥头堡。所以，找到了平衡线就找到了多空双方的攻防线，以平衡线为参照，进可以攻，退可以守，只要采取相应的措施，就能择机战胜对方。

也许你认为中科合臣是一个特例，那么我们随手再找一个例子。请看图 8-2 金杯汽车（600609）2009 年 9 月 17 日至 2010 年 3 月 26 日的走势图。

先看图 8-2 中间从 E 点开始的这一段急速下跌行情。

假设我们是在 F 点这天看到这只股票，我们有没有勇气介入呢？看过《股市天经》之一《量柱擒涨停》的朋友是敢于大胆介入的。因为其左侧的 F1 位置并列了两根精准线，并且形成平顶；F2 倍量过平顶，形成合力黄金柱，黄金柱的最佳平衡点就是 F1 的虚顶。我们以 F1 画水平线（见虚线），与 F 柱的最低点尚有一定空间，也就是说，F 点的"极点测向"已基本到位，向下的空间已被 F 线封锁，只要三日内不再跌破 F 线，F 线的实底就是真底，此处就是本轮下跌的终极平衡线，当然可以大胆介入。

那么，这一轮反弹将会上升到什么位置呢？我们不是神仙，只能根据行情的发展变化来研判其最近的反弹位置。根据"焦点定向"的规律，每轮下跌的大阴线的实体顶部就是多空双方力量转化的焦点，我们以图中的 A、B、C 三个大阴实顶画线，神奇现象出现了。

图 8-2

先看 A 线右侧：从 F 点开始连续上攻 11 天都被 A 线挡在下方，其阻力之大跃然图上；再看 A 线左侧，从 A1 处开始连续 8 天的下探都被 A 线托在上方；再看 A 线右侧，从 B2 开始连续 8 天的下探又被 A 线挺住，其撑力之强赫然在目。

再看 B 线：从 A3 开始的上攻，一到 B2 处就无力向上，连续 4 天刺破 B 线都无功而返，第五天的最高点刚好触及 B 线就回落，可见 B 线阻力之大；再看 B 线左侧，B1、B4、B5 三轮下跌都在 B 线毅然回升，可见其撑力之强。

再看 C 线：C1 处是支撑，C2 处是阻力，也是上抬下压，最后一日的 D3 才突破 C 线阻力。值得注意的是：最后一日 D3 的拉升，刚好在 D 线回头，如果能在 C 线止跌，D 线将成为下一个攻击目标。

就是这 A、B、C 三条线，将 2009 年 11 月 5 日到 2010 年 3 月 26 日，四个多月的走势刻画得一清二楚，它们既是阻力线，又是支撑线，既定降幅，又定升幅，每一天的行情几乎都在它们的掌控之中。

一条线同时具备撑力和阻力的双重性格，这就是平衡线的第一特性。它既是双方争斗的桥头堡，又是双方妥协的警戒线。只要我们看好它，用好它，炒股就是按部就班的爽事。正是从这种意义上讲，"平衡线"可以叫作"撑阻线"。

请注意：所有的平衡线都是天然的，我们切切不可人为规定。平衡线左侧走过的路程，平衡线右侧一定会相似重复，请看图 8－2 的左侧，从 F1 到 E2 的上升，与 E 到 F 的回落，是不是具有某种天然的相似？的确非常相似，只是重复的方式、斜率、节奏有所变化。正是这些变化，演绎出千变万化的行情。谁掌握了这些变化的规律和节奏，谁就能轻松驾驭股市。

第三节　平衡线的方向暗示

有人要问了：平衡线既是支撑线，又是阻力线，到底是上还是下，我们该如何研判其未来的发展方向呢？这个问题问得好！

其实，任何事物的发展都是有方向性的，毛泽东说过：不是东风压倒西风，就是西风压倒东风。股票的走向也不例外，"不是多方压倒空方，就是空方压倒多方"，关键在于我们如何发现其倾向性。

请看图 8－3 金杯汽车 2010 年 3 月 26 日发展方向暗示图。

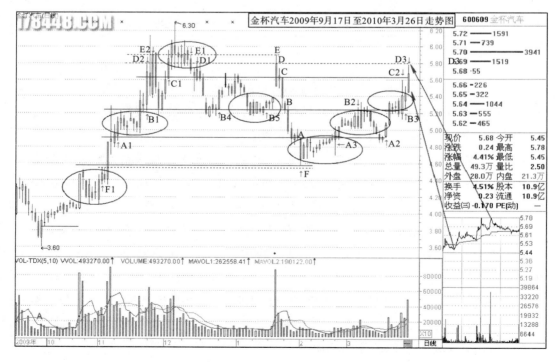

图 8－3

图 8-3 只是在图 8-2 的基础上加了几个圆圈，圆圈内都是该股的价柱密集区，价柱密集说明了什么？说明多空双方在这个价位争斗激烈，它们互相消化、互相转换，最后必然要选择下一步的方向。

这里有个重要细节必须注意：图 8-3 中这些圆圈所处的核心位置都不在平衡线上，除了 B5 圈之外，所有的圆圈都在平衡线的"夹缝"之间纠集着。正是这个纠集的方位，给我们提供了方向暗示。

请看 F1 圈：在 F 线的下方，红肥绿瘦，其未来发展方向是向上突破 F 线；

请看 B1 圈：在 B 线的下方，红肥绿瘦，其未来发展方向是向上突破 B 线；

再看 E1 圈：在 C 线的上方，绿肥红瘦，其未来发展方向是向下突破 C 线；

再看 B5 圈：在 C 线的下方，红肥绿瘦，其未来发展方向是向上突破 C 线；

再看 A3 圈：在 A 线的下方，红肥绿瘦，其未来发展方向是向上突破 A 线；

其他圆圈处，也无不暗示着其未来的发展方向。

根据过去的暗示，寻找未来的方向：

只要在平衡线下方有密集价柱群的，红肥绿瘦，走势向上；

只要在平衡线下方有密集价柱群的，绿肥红瘦，走势向下。

其规律是：最终的方向由最后一根价柱的方向决定，即多空双方的争斗结果由最后一根价柱决定，"多翻空则向下，空翻多则向上"。

规律是可以发现的。用平衡线的原理去看任何一只股票，每一根价柱的走向都是在撑力和阻力的对立平衡中运行着，都是在这两种力量互相抵消的夹缝中前进着，即使某一天受到外力的强力干扰脱离了原定走向，最终它还是要回到规律性的走势中来。如图 8-3 中的"B2 圈"本来应该向上的，由于受大盘影响向下了，短短三天内就重回升势，垂直突破 B 线，稍作休整就突破 C 线直达 D 线。

由此可见，平衡线的方向性隐藏在价柱集群的所处位置和阴阳对比之中，只要我们注意观察，就不难把握股票运行的方向。

第四节 平衡线的战术原则

平衡线的"撑阻性格"和"倾向暗示"，使之具有很强的预测性和操作性，据此可以制定出一般性"量线直观战术"（特殊战术将在特殊量线中介绍），这就是：

股价（或股指）由下而上时，碰线择机退出，穿线择机介入。

股价（或股指）由上而下时，碰线择机介入，穿线择机退出。

我们依然用金杯汽车的案例来看看这个战术原则的运用。

请看图8-4金杯汽车2010年3月26日截图，可看作该股战术原则示意图。

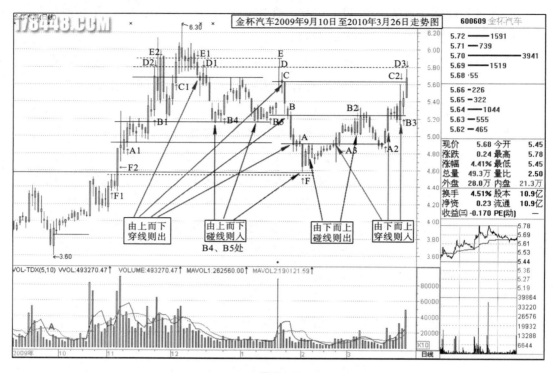

图8-4

图中凹口左半部分是下降趋势（简称左侧交易），右半部分是上升趋势（简称右侧交易），在这两种趋势中，"平衡线的战术原则"是截然不同的。

左侧交易：股价从上往下运行，应该"碰线即入，穿线即出"；

右侧交易：股价从下往上运行，应该"碰线即出，穿线即入"。

这里的"碰"就是"碰线被弹回"的意思，这里的平衡线就像一堵墙，股价就像一个皮球，它"碰"到"墙壁"就被弹回去了。

这里的"穿"就是"穿线而过去"的意思，这里的平衡线就像一张纸，股价就像一个指头，它"穿"过"纸张"就顺势加速了。

使用"平衡线的战术原则"，就要善于观察股价运行的"力度"和"斜度"，"力度"大，则有"穿"的可能；"斜度"大，则有"碰"的可能。

例如，B4和B5两处：下跌加速中突然横盘，斜度加大，必然"碰线弹回"；

再如，D1和BC三处：下跌缓冲后突然加速，力度加大，必然"穿线而过"。

"平衡线的战术原则"还有一个重要指标，就是要"衡量线间幅度"。"线间幅度"是指"上下两条平衡线之间的幅度"，若幅度在股价的2个点之内，介入和退出就没有意义了。因为第二条线的撑力和阻力，随时可能产生反作用，抵消你的利润空间。所以我们总结出如下经验与大家分享：

线间夹三，可以小干；

线间夹四，可以中试；

线间夹五，可以大补。

这就是利用平衡线的原理，在夹缝中寻求利润的战术。图 8-1 的中科合臣，几条平衡线之间的"夹缝"比较大，进可以攻，退可以守，就是打游击战的好股票，但它不是打阵地战的好股票。

"夹缝"是个好东西。毛泽东战术原则的核心就是在"夹缝"中寻找生存和发展的空间，从井冈山到西柏坡，从抗日战争到三大战役，无一不是在"夹缝"中获取的胜利。

说到底，平衡线就是发现"夹缝"的技术，就是在多空双方的"接合部"里获取利润的技术。这个"接合部"里充满了取胜的机遇，当然也布满了失败的陷阱。

让我们绕开陷阱去夺取胜利吧，成功一定属于"善于寻找夹缝的人"。

第九章

斜衡线：量价时空的坐标线

世界上的万物都是相对的，既然有平衡线，就必然有斜衡线。斜衡线是量学的独家发明，古今中外的股市理论从未有过，所以本章专门讲讲斜衡线。

斜衡线是取股价走势中最近的两个"重要穴位"经过第三点确认的射线。从表象上看，这条射线是量价与时空的坐标线，实质上它反映的是价格走向的斜度和力度；一定的斜度和力度，决定了一定的惯性和高度；一定的惯性和高度，则提供了预测的角度和精度。

斜衡线的预测精准度极高。从某种意义上讲，神奇的太极线、灯塔线、通道线，都是斜衡线的功劳。说到底，斜衡线是特定量柱生成的股价运行的动态时空平衡线。它有"普通斜衡线"和"高级斜衡线"两种。

第一节　普通斜衡线

所谓"普通斜衡线"，就是取股价走势中最近的两个"重要穴位"经过第三点确认的射线。例如，只要以下降途中的"大阴实顶"连线，就会生成"下行斜衡线"，参见图9-1金隅股份（601992）2011年12月23日收盘留影。

图9-1中有四条下行斜衡线，都是以下降途中最明显的大阴实顶连线。这里的"大阴"，没有数学上的绝对数值，而是与其左侧最近的价柱相比较而存在的较大的阴柱。

例如图中的A柱，比其左侧的阳柱大，所以A就是当前的大阴；图中的A2比其左侧的两个小阳都要大，所以A2就是当前的大阴；图中的A3比其左侧的阳柱要大，所以A3就是当前的大阴。只要将这些下降途中最近的两个大阴相连，得到C

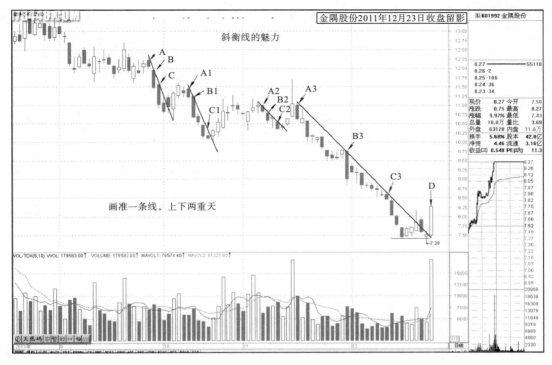

图 9－1

点的确认，下行斜衡线即成立。

　　下行斜衡线的规律是：下行斜衡线的末端，往往会形成与惯性相反的走势，即反弹，也就是量学的"极阴次阳"，一不小心就会出现涨停板 D（详见清华大学出版社《涨停密码》）。这就是量学读者常说的：画准一条线，上下两重天。

　　上行斜衡线的规律是：与"下行斜衡线"相对应，其效果与"下行斜衡线"刚好相反，"上行斜衡线"的末端，常常会出现与惯性相反的走势，即跌落，也就是量学的"极阳次阴"，一不小心就会出现跌停板。

　　请看图 9－2 万向德农（600371）2014 年 6 月 3 日收盘留影。图中有两条斜衡线，一条是以最近的两个大阳实顶的连线 A，一条是以最近的两个大阳实底的连线 B，以顶画线的反应早一天，以底画线的反应晚一天，其反向走势都是一样的效果。

　　躲过大跌的方法就是：对涨幅相对较大的股票，务必画好上行斜衡线，股价一旦跌穿斜衡线，就要大胆出货。特别要防"三高"（高位、高量、高价）。

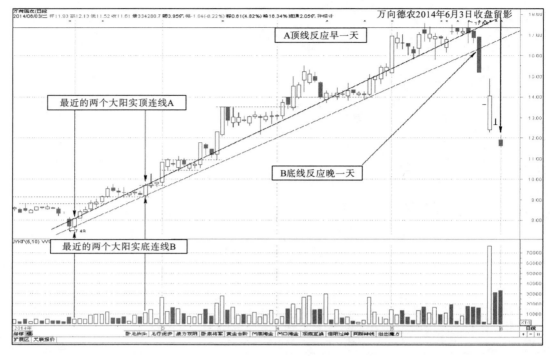

图 9 - 2

第二节 高级斜衡线

普通斜衡线的取点不要求与量柱对应，而高级斜衡线的取点则要求与量柱对应。见图 9 - 3 赞宇科技（002637）2012 年 9 月 24 日收盘留影。

图 9 - 3 中取点要求"价凸量凹"，即：

第一，要求找到下降途中两个最近的、最突出的大阴实顶①②连线；

第二，要求这两个大阴对应的量柱必须低于其左侧阳柱（或持平）；

第三，要求这两个最近的大阴实顶连续必须经第三个切点确认③。

这样取点的要求，实际上是取"长阴短柱"，目的就是找到反弹的预期目标位。这条线画好后，其原趋势的末端 B 处，精准踩线爆发一个涨停板。王子在其涨停日发布预报，此后该股果然反弹至①号水平线附近开始回调，回调至②号水平线附近再度拉出两个涨停板。可见"价凸量凹"取点的重要性。

这种高质量的斜衡线，量学称之为高级斜衡线，又叫"一剑封喉线"。

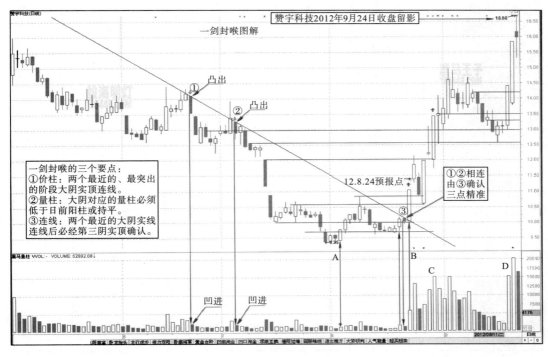

图 9 - 3

"一剑封喉线"可以帮助我们提前发现即将涨停的股票。例如，王子于 2014 年 5 月 19 日发布了"一剑三缩"涨停趋势预报，至 2014 年 6 月 3 日，两市连续 11 个交易日都是"一剑三缩"股票独霸涨停榜。

什么是"一剑三缩"股票，就是有"一剑封喉线"，加上"比昨日缩量三分之一"或"比昨日缩量二分之一"或"缩量为百日低量柱"的股票。

请看图 9 - 4 齐心文具（002301）2014 年 5 月 19 日收盘留影。

图中 AB 线，为"一剑封喉线"，取点画线基本符合"价凸量凹"的要求。

再看 C 柱：极阴次阳过半阴，有反弹欲望，但受封喉线压制而回落；

再看 D 柱：比昨日缩量二分之一，成百日低量柱后反弹，受压回落；

再看 E 柱：比昨日缩量二分之一，再成百日低量柱，距封喉线很近；

再看 F 柱：处于封喉线与 C 柱实顶平衡线的夹角，踩着 C 柱的实顶开盘，在封喉线下横盘近半日，午后过线拉升，直奔涨停。

这就是"一剑三缩"股票的基本形态。值得注意的是，A 和 B 所对应的量柱缩量不明显，称之为"价凸量凹"有点勉强，可以预见其近期反弹高度将受到 B 点水平线的限制，很难达到 A 点水平线的高度。

图 9 - 4

果然，此后 10 个交易日都在 B 线上下徘徊，若连续 3 日站到 B 线上方，才有攻击 A 线的可能。

第三节　阴阳太极线

"阴阳太极线"又称"股市太极线"，简称"太极线"。

所谓"太极线"就是量价阴阳的时空平衡线。股市的普遍规律就是量价阴阳在一定时空之间的动态平衡。太极线就是根据量价阴阳所形成的"穴位"的连线，将最近的量价阴阳力量和力道刻画出来，具有神奇的量价时空预测功能。因此，选择适当的"穴位"就是画好太极线的基础。

请看图 9 - 5 浪潮软件（600756）2013 年 10 月 18 日收盘留影。

浪潮软件是王子 2013 年 9 月 30 日（图中 E 点）在北京电视台国庆期间做讲座的 9 只股票留影之一（节后 5 个交易日内这 9 只股票共获得 13 个涨停板）。当时为什么要讲解浪潮软件这只股票呢？

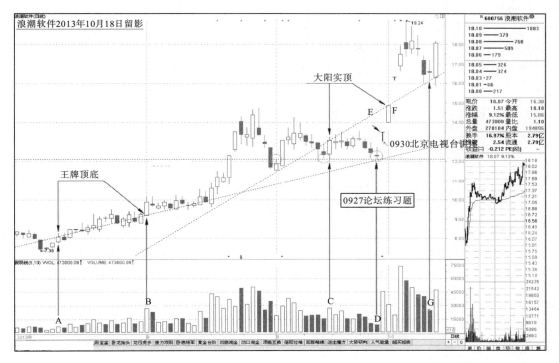

图 9-5

请看图中较为平缓的那条斜衡线，是取 A 和 B 这两个王牌柱对应价柱的顶底连线，即 AB 太极线，也叫"初速太极线"，它比较平缓。当股价运行到 D 柱时（即2013 年 9 月 27 日），D 柱缩为百低，其最低点与左侧两个极点形成精准平衡线，它同时也踩着 AB 太极线，平斜二龙交叉，线上企稳，反弹在即。于是，王子当天即在明灯论坛发了一份作业，让大家预判其后走势。上过特训班的不少学员都知道这里应该有反弹。因为 D 柱的最低价位刚好与其左侧的两个低点精准重合，形成了一条精准平衡线；同时 AB 斜衡线刚好与 D 柱最低点平衡线相交，形成了"平斜二龙交叉"，根据量学的"平斜叉上看涨"原理，我们在此提前发布预报，次日果然爆发涨停，并且紧接着连续两个涨停。

再看图中较为陡峭的那条斜衡线，是取 C 和 F 这两个大阳柱的实顶连线，即CF 太极线，也叫"变速太极线"。当股价运行到 G 点时，最低点精准踩着 CF 太极线，其前一日的最低点也是精准踩着 CF 太极线，所以可以据此预判 G 柱次日将依托 CF 太极线向上，果然，G 柱次日精准骑着 CF 太极线开盘，稍作回调即上涨 9.12%。

第四节　个股或外盘的穴位选取

对于个股的"穴位选取"，应该遵循如下顺序：

第一，首选倍阳柱顶底太极线（主要是用其实底）；

第二，次选王牌柱顶底太极线（主要是用其实顶）；

第三，参选大阴大阳顶底太极线（主要是用其实顶）；

第四，待选极阴极阳顶底太极线（主要是用其实底）。

上例图9－5中，"初速线"的选点，A和B都是倍阳柱，同时又是王牌柱，所以选A和B是非常合格的；"变速线"的选点，C是小倍阳，F是四倍阳，同时C和F的价柱都是当时的大阳，身兼数职的价柱是很宝贵的，所以上例中的两条太极线都起到了很好的预报作用。

对于大盘或外盘的"穴位选取"，应该和个股相反，即首选"大阴大阳"或"极阴极阳"；次选"王牌柱"顶底穴位；待选"倍阳柱"顶底穴位。因为大盘或外盘很少出现"倍阳"，所以"大阴大阳""极阴极阳"和"王牌柱"就是主要目标。

请看图9－6恒生指数2013年9月19日午盘留影。

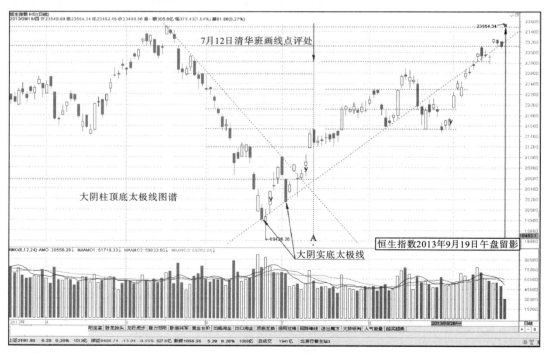

图9－6

　　王子于 2013 年 7 月 12 日在清华特训班讲解太极线时，有同学现场要求给香港恒生指数画太极线，于是便有了图 9－6。图中以 A 点为界，分为左右两个部分。左半部分是 7 月 12 日之前的走势，王子以当前可见的两个最明显的大阴实底画出了太极线，因为当时没有大阳，也没有王牌，所以只能根据当时的行情选择大阴实底画线。这条大阴实底太极线画好之后，两个多月的走势都在这条太极线的调控之中。两月后的清华特训班上，同学们看到这幅图时，无不惊叹太极线的神奇，爆发出热烈的掌声和欢笑声。

　　总之，太极线是一种非常管用的股市时空坐标线，其动态平衡效果非常精确地刻画着股价或指数的运行角度和力度。王子从 2014 年 3 月 8 日开始，用太极线预测上证指数次日的走向和幅度，创造了连续 25 个交易日精准兑现预报值的神奇效果。

　　参见图 9－7 上证指数 2014 年 4 月 16 日连续 25 个交易日精准兑现预报值留影。

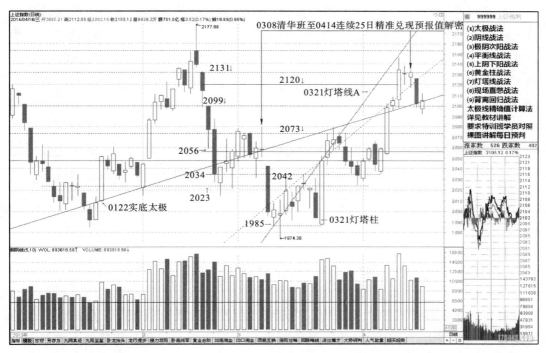

图 9－7

　　太极线一旦形成，其每天的对应值是可以计算出来的，具体的预判方法和计算方法，详见 www.178448.com "股海明灯论坛" 之 "周末讲座" 专栏。

　　太极线的取点、画线、研判是一个完整的科学体系，它是股市动态力学的综合体现。关于太极选牛、太极骑牛、太极判市等高级技法，由于本书篇幅所限，不能展开细说，有兴趣的读者可以到 "股海明灯论坛" 查阅相关帖子。北大特训班高级课程将有更深入、精彩的探讨。

第十章
峰谷线：顶底互换的进攻线

只要打开看盘软件，屏幕上都会呈现出参差不齐的价柱图，它们组合成高高低低的山峦，横看成岭侧成峰，远近高低各不同。只要我们指点江山，激扬文字，给这些"峰顶"和"谷底"画出水平线，就有了峰顶线与谷底线，当峰顶线与谷底线无缝重合成一条线时，这条线就具有了峰顶线与谷底线的双重品质，我们就叫它峰谷线。

峰谷线又叫顶底线，它是峰顶线和谷底线自然重合而成的一种合成量线。峰谷线是量学的独创名词，全球独一无二。这种合成量线属于"量线七元素"的独特元素，我们把它作为一种特殊的量线单独讲解，是因为它和它的姊妹线谷峰线是一对特殊的攻防线。

第一节　峰谷线的隐蔽性

峰谷线是一种特殊的合成量线，它是峰顶线与谷底线自然重合而成的，它最稀有，但最具攻击力。它好比一个人的脚踩着一个人的头，其意图就是向上攀登。因此，凡是具有峰谷线的股票，往往涨势迅猛，屡创新高。笨拙的主力不会做峰谷线，狡猾的主力却往往把峰谷线隐藏起来，让你很难发现。

请看图10-1凤凰光学（600071）2009年6月29日至2010年3月26日走势图。

图10-1中的A、B、C、D为峰顶线，就是取某阶段价柱的最高点"峰顶"，以"峰顶"为"点"画出的水平线。在我们的价柱图上，往往有"孤峰"，有"群峰"，凡是有"群峰"的股票，最好是取两个以上的"峰顶"画水平线，这样的"群峰峰顶线"的参考价值最高。图中的B线就切合了两个峰顶。

图 10 - 1

图 10 - 1 中的 E、F、G、H 为谷底线，就是取某阶段价柱的最低点"谷底"，以"谷底"为"点"画出的水平线。在我们的价柱图上，往往有"孤谷"，也有"群谷"，凡是有"群谷"的股票，最好是取两个以上的"谷底"画水平线，这样的"群谷谷底线"的参考价值最高。图中的 H 线就切合了三个谷底。

初看起来，这 8 条量线各司其职，互不重合，所以我们很难发现峰谷线。但是，如果我们仔细观察一下，图中的 D 为峰，K 为谷，即使中间隔着两座小峰 C 和 J，而 DK 的连线顶底重合，所以它是"峰谷线"。

再看 G 点：与左峰的 J 连线，J 为顶，G 为底，也是顶底重合的，所以它也是藏着的峰谷线。

顶底重合就是"顶底互换"，前面的左峰成了后面的右底，众人的持股成本共同抬高，新的一轮攻击就要从峰谷线开始了。

第二节 峰谷线的攻击性

读者都知道，一般的平衡线一旦生成，即具有"压力和支撑"的双重性格。当股价在其上方时，该线即成支撑线；当股价在其下方时，该线即成压力线。注意：

平衡线的支撑和压力是动态的、变化的，它们切合的端点越多，可靠性越大。像图10-1中的B线、C线，就分别压制了两次向上的攻击，并对当时股价的反弹形成了巨大的压力。

但是峰谷线却与众不同，图10-1中的股票有了DK线和JG线两条峰谷线，走势格外兴奋，DK线的撑力促使股价从K点起飞，冲过C线的压力，直达B点；JG线的撑力促使股价从G点起步，冲过B线的压力，直达A点。其上攻幅度令人刮目相看。

从涨幅上看，图中所有量线的涨幅大致相当，唯独这两条峰谷线所在的涨幅却是其他线段的两倍以上，其攻击性之强，幅度之大，非同一般。如果我们及时发现了这两条隐藏的峰谷线，在K、G点附近介入，比在任何点位介入都划算。

由此可见，一般的平衡线具有"压力和支撑"的双重性格，而峰谷线却只有"向上的攻击"性格，图10-1中的B线、C线、D线都被几次"双向穿透"，而DK线和JG线因为升格为峰谷线，却从来不被跌破。正因为如此，"峰谷线"是主力"攻守冲防"的战略线，有实力的主力，往往在峰谷线上大做文章，我们前面讲的汉钟精机、东华科技、西安饮食等股票都能说明这个问题。而没有峰谷线的股票，无论其题材多么好，无论其收益多么高，其走势总是不尽如人意。请看图10-2湘电股份（600416）2009年6月19日至2010年3月26日的走势图。

图10-2

这是一只兼备"高净值、新能源、低碳经济、低市盈率"等众多概念的股票，大家可以打开自己的电脑，把这只股票的走势图调出来看看，即使你绞尽脑汁也难以找到一根有用的量线，更难以找到峰谷线，全篇只有横冲直撞，满目均是起落无常。图中表现出来的就是"无章法、无计划、无目标"的瞎闹腾，我们称这样的股票为"三无股票"。

这样的"三无股票"，谁遇上谁倒霉，成天都在提心吊胆之中，所以它们不是我们提倡的操作对象（除非它在 24 元或 25 元附近做出峰谷线）。我们提倡寻找和发现有峰谷线的股票，只要抓住它，你可以放心大胆地睡大觉。因为有峰谷线的股票往往具有战略性，可以够你享受 3~6 个月的"轿中乐趣"。

第三节　峰谷线的战略性

峰谷线股票的战略性是由量柱奠定的。翻看所有的"峰谷线股票"，其"谷底"总有一根倍量柱与之相随，为什么？

第一是因为峰谷线不能破，一破就不是峰谷线了，所以主力要不惜一切地维护它；

第二是因为"谷底"突然拉升可以迅速脱离成本区，摆脱跟风者，主力也会不顾一切地拉上去；

第三就是《股市天经》之一《量柱擒涨停》讲过的，倍量柱是主力"实力和雄心的温度计"，"雄心"就是"战略"。

"峰谷线股票"的"第一峰谷线"即表明了自己的"倍增"战略目标，然后在其后的走势中，还可适时调整其战略方针，提高其战略目标。请看图 10-3 新疆城建（600545）2009 年 7 月 7 日至 2010 年 3 月 26 日走势图。

这是一只具有多重峰谷线的股票。笔者最初是在 2009 年 10 月 26 日周一（J柱）盘前预报的，至 3 月 26 日（图中最右价柱）涨幅已翻番。

图 10-3 中的 C、D、E 三条峰顶线现已升级为峰谷线，对应着 EK 线、DH 线、CG 线等峰谷线，而且是一级接一级的"接力峰谷线"。其中最隐蔽的是 EK 峰谷线，它当时的起步价位是 5.61 元，按照峰谷线的"倍增计算法"，其第一目标价应该是 5.61 元×2＝11.22 元，刚好是图中 F 点倍量柱前一日（2010 年 2 月 12 日）的起步价位（高出 4 分钱）。

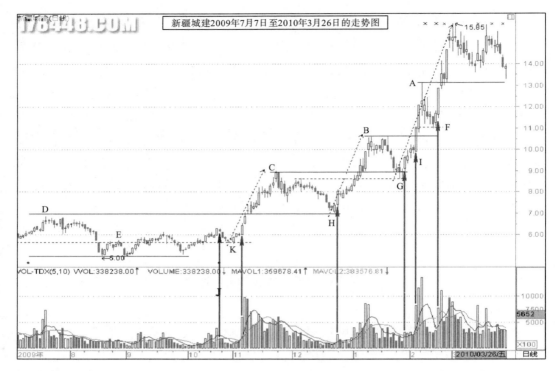

图 10-3

图 10-3 中的 DH 峰谷线很有创意，请看 KH 柱间的量柱群，是 L 形量柱群，而上方对应的价柱群是 M 形，是典型的"价柱群上凸，量柱群下凹"，已经箭在弦上，这时的 H 柱倍量拉升，正好完成了峰顶线向峰谷线的升华。H 柱的起步价是 7.26 元，该股的第二目标位应该是 7.26 元×2＝14.52 元。后经验证，2010 年 2 月 25 日涨停，收盘价是 14.64 元（相差 0.12 元）。

尽管该股自 3 月 2 日开始回落，但是，只要它近期不跌破 A 线（峰顶线），A 线就升级为峰谷线，就有上攻 18 元的可能。但如果不能突破 A 柱上方的 15.85 元平顶线，本轮行情就将结束。

第四节　峰谷线的战术性

每逢重大的节假日，王子总要做一次选股练习发到网上，供大家参考。2020 年 2 月 2 日和 2 月 3 日王子在"股海明灯论坛"178448.com 和微信公众号"盘前预报 123"上发表了"春节选股练习 8 组 24 股"。

一个月后，截至 3 月 12 日统计，共获得 100 个涨停板。请看王子 0312 收评：

"王子0202春节选股练习'8组24股'，今天又有振德医疗和未名医药涨停，经管理员仔细清点，截至今天，这8组24股共收获100个涨停板。我不信，要他们仔细清点两遍，结果，依然是100个涨停板。其中，有两只票获得12个板，比我预计的'其中有三只十板以上的龙票'少了一只，但它正在蓄势之中，可能过几天它就成'龙票'了；另有三只票吃了'零鸡蛋'。事实再次证明，按照量学建构选出的股票，其涨势必有后劲。"

两个月后，截至4月23日，未名医药逆市涨停，总共获得16个板。它就是我3月12日说的10个板以上的龙票之一。请看图10-4未名医药2020年4月23日留影。

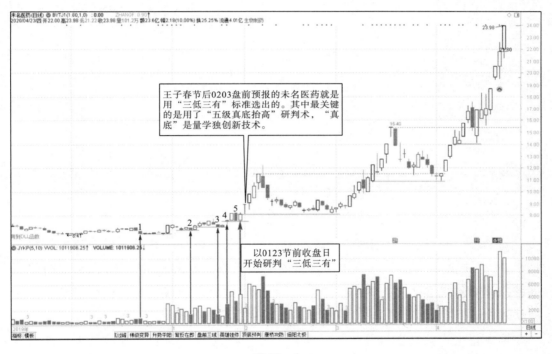

图 10-4

有人问我：王子老师0203预报的未名医药，至今收获16个涨停板。这票为什么这么牛？这票是用什么方法选出来的？

王子答曰：王子春节后0203盘前预报的未名医药就是用"三低三有"标准选出的。其中最关键的是用了"五级真底抬高"研判术，"真底"是量学独创新技术。五级真底，相当于五级黄金梯。

图10-4中是0123春节前最后一个交易日，其左侧量柱价柱形成标准的"三低三有"建构，最精华的是12345五级真底抬高。也可用黄金梯的画法找到五级金阶。有金阶，是核心。金阶的级数以三级为基本标准，五级为最好标准，级数间隔

以逐步缩小为佳。

以上是选股方法，下面看跟主力的方法，如图10-5未名医药2020年5月15日留影所示。

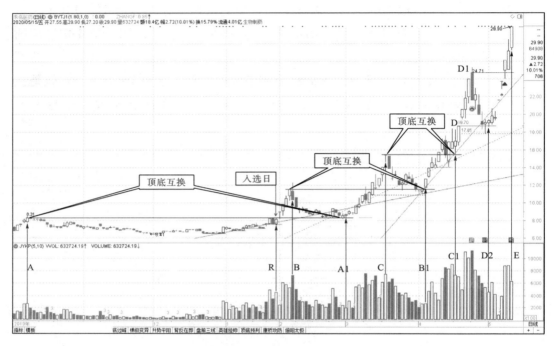

图 10-5

"过峰保顶"就是利用峰谷线跟随主力的战法。该股在R柱入选，其左侧峰顶柱是A，A柱即当时的战略高点。凡是能突破战略高点的，叫作"过峰"；过峰后回踩左峰峰顶线不破的，叫作"保顶"；凡是能过峰保顶成功的，就会展开新一轮战略进攻。

第一轮：从R柱次日开始，二连板过峰，在接近4个板的B柱回调，然后在A1柱精准回踩A线，这就是一次完美的"过峰保顶"；

第二轮：从A1到C，是过峰，其中有6个板，冲高后回调至B1，不破B峰，这是第二轮完美的"过峰保顶"；

第三轮：从B1开始，3个板过C峰，然后回调至C1，C1柱缩量创新高，确认不破C峰，这是第三轮"过峰保顶"；

第四轮：从C1柱次日开始，3个板至D1，连续5日回调，至D2不破D峰，3日后三连板过D1峰，这是第四轮完美的"过峰保顶"。

至2020年5月15日周五，该股创下20个涨停板，该满足了。

这就是"过峰保顶"战略战术的经典。

"过峰"是战略，"保顶"是战术，极阴次阳、缩量次阳、长腿踩线等是确认"保顶"后的最佳战术。

附：一般峰顶线、谷底线的操作策略

有峰谷线的股票当然好，可是太少，我们经常碰到的就是有峰顶线和谷底线的股票，对于这样的股票，可以采取如下直观操作策略：

顶、底线逐步抬高，则趋势向上，应择机介入；

顶、底线逐步走低，则趋势向下，应择机退出；

顶、底线重合为峰谷线，则可能进入主升段，应积极参与；

顶、底线重合为谷峰线，则可能进入主降段，应主动回避。

具体到"线"的操作就是"顶触底看跌，底触顶看涨"。我们可以寻找类似的股票做做作业，锻炼自己的识股能力。

第十一章

精准线：稀有且金贵的 "擒庄绳"

"精准线"一词是量学的独创，全球独一无二。

凡是读过《量柱擒涨停》的读者，往往对黄金柱最感兴趣；相信读过《量线捉涨停》之后，你将会对精准线情有独钟。因为精准线与黄金柱相比，它更加直观、更加有效、更加好用。

从形式上看，精准线有两种。一种是"水平精准线"，一种是"倾斜精准线"（即"斜衡线"）。"倾斜精准线"详见"斜衡线"一章的讲述，这里单讲"水平精准线"。以下凡是涉及精准线的地方，专指"水平精准线"。

第一节　精准线的稀有性

"精准线"特指某个阶段内两个或两个以上"同向且同等"的价位或点位（允许误差 1 分钱左右）重合在一条水平线上的量线。

这里的"同向"指"相同的方向"；"同价"指"相同的价位"。

股市上"同一方向"和"同一价位"的线条是非常稀有的，其要求之高，条件之严，非一般量线能比，因而其功能也非一般量线能比。有的股票在几年的行情中也很难出现一条精准线，而有的股票在几天或几周之内就能出现一条精准线，其中奥秘值得深究。

请看图 11－1 海鸟发展（600634）2009 年 6 月 10 日至 2010 年 4 月 1 日走势图。

为了从图 11－1 中找到精准线，我们试验过多次，结果一无所获。我们只好用平衡线的方法，画出了 A、B、C、D、E、F、G、H 8 条顶线和底线。这些走势，杂乱无章，起伏无常，像做贼似的，缩头缩脑，蹑手蹑脚。

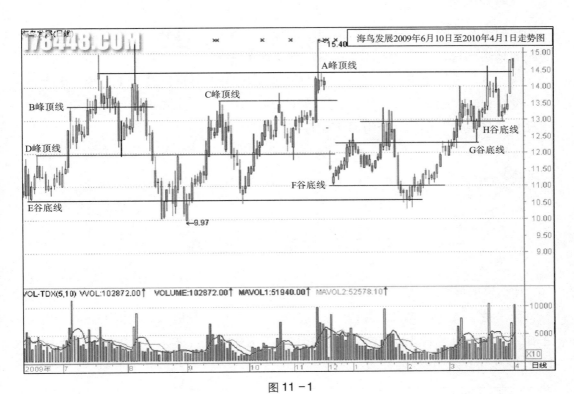

图 11 - 1

再看图 11 - 2 飞乐股份（600654）2009 年 9 月 7 日至 2010 年 4 月 1 日走势图。

图 11 - 2

我们曾经试图用各种方法给图11-2画出精准线，结果还是失败了，只好用顶底线的画法给它画了A、B、C、D、E、F 6条水平线。

从"这一段"走势图中看来，这样的走势没有主心骨，没有主旋律，七上八下，没有章法，凌乱不堪，没有生气。可以说，凡是没有"精准线"的股票，就好比没有"精气神"的人，空有其表，难有作为。

【注：以上两只股票"这一段"的走势不代表其后突破F线后的走势。下文另有讲述】

第二节　精准线的计划性

什么样的股票才有作为呢？

有"精准线"的股票大有作为。同样是飞乐股份这只股票，在图11-2的走势之前，有一段相当不错的走势。请看图11-3飞乐股份（600654）2008年10月17日至2009年6月26日走势图。

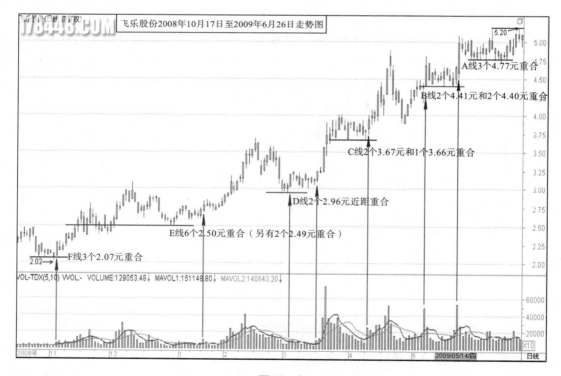

图 11-3

图中有 A、B、C、D、E、F 6 条水平线，因为它们都是由两个或两个以上"同向且同价"的点位重合而成的水平线，所以就升华为 6 条精准线。

先看左下角的 F 线抬起的第一波：10 月 28 日最低价 2.07 元，10 月 30 日最低价 2.07 元，11 月 4 日的收盘价 2.07 元，三点一线，无缝重合成一条精准线，抬着股价一路攀升 1 个月。

再看第二波：股价一回落到 E 线就出现 6 个 2.50 元重合，这条"精准线"又抬着股价再次攀升，涨幅高达 40%。

第三波：股价一回落到 D 线，又有 2 个 2.96 元重合的精准线支持股价再创新高。

第四波：股价一回落到 C 线，又有 2 个 3.67 元无缝重合为精准线，抬着股价又创新高。

第五波：股价一回落到 B 线，又被 2 个 4.40 元无缝重合的精准线抬起，股价突然回升。

每一波回落都在上一次的精准线上方被另一精准线抬起，其节奏之鲜明，其步伐之协调，其计划之周密，令人叹为观止，如果只有一次两次这样的动作，我们可以认为这是巧合，可是该股却三番五次重复同样的动作，三番五次重复同样的精准，这就是精心图谋了。这种计划性和协调性，鬼斧神工地集中在精准线上，令人拍案叫绝，无不称奇。

这就是精准线的计划性，是主力充分控盘后的绝佳走势。这也暴露出主力"斤斤计较"的贪婪本质，连一分钱都算计得清清楚楚。

无论多么狡猾的主力，只要他们有动作，我们就能从中找到他们的意图。这里的"精准线"就是我们发现主力意图的"擒庄绳"，只要握住了这条绳子，自然就把住了主力的脉搏。试看，我们在任何一条精准线上介入，都能舒舒服服坐一回轿子，被主力抬到无限风光处。

第三节　精准线的爆发性

庄家的贪婪和吝啬绝非常人可以理解，主力的凶狠和强悍也绝非常人可以理解，他们在关键时候的关键动作，往往令常人瞠目结舌，目瞪口呆。还是这个飞乐股份，还是这个庄家或主力，在图 11－3 的 A 精准线上，出人意料地玩了一把登峰造极的游戏。

请看 A 线：

6 月 4 日最低价 4.77 元。

6 月 5 日最低价 4.77 元。

6 月 19 日最低价 4.77 元。

三点一线，无缝重合的精准线又抬着股价一路飙升，从 4.77 元一路飙升至 8.10 元，涨幅接近一倍。如果从 F 线的 2.07 元算起，涨幅高达 400%。

请看图 11－4 飞乐股份 2008 年 12 月 12 日至 2009 年 8 月 5 日走势图。

图 11－4

如果说前面的 E、D、C、B 4 条精准线只是蓄势，那么 A 线就是爆发，而且爆发得惊心动魄。

从 E 线到 B 线，一般人看到的是双倍拉升，不会再有什么作为了；主力却不这么看，他们的计划往往是"极端利润"，这就好比写小说，写得你动情了不行，还要写得你动心；动心了还不行，还要让你动作，或潸然泪下，或号啕痛哭，或捶胸顿足，或跳楼上吊……这才是做股票。做得让你骂自己蠢，骂自己笨，骂自己不是人。所以说，做股票是一门艺术，一门登峰造极的艺术，一门叠床架屋的艺术，一门让你翻身落马还要赞美"那是好马"的艺术。如果你手中搂紧了"精准线"这条"擒庄绳"，你就参与了股票的艺术创造，你就是庄家，你就是主力。

为什么精准线能有如此魅力？我们怎样才能参与这激动人心的艺术创造呢？请听我细细道来。

第四节 精准线的方向性

"方向"是股市运行的核心问题。"精准线"在把握股票运行方向时，特别敏感。请看图 11－5 中国化学（601117）2010 年 1 月 7 日至 3 月 31 日走势图。

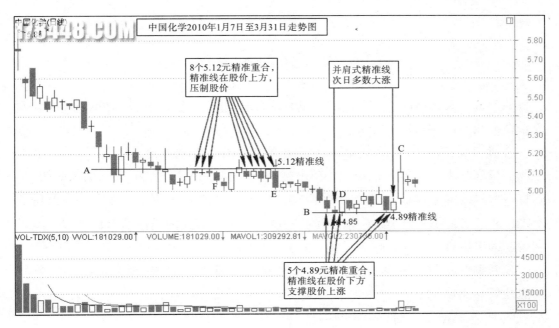

图 11－5

这是一只至 2010 年 3 月 31 日运行才 55 天的次新股，就在这 55 天中，出现了两条精准线。这两条精准线在方向的研判上非常典型：以价柱与精准线的位置为准，线下看跌，线上看涨。

A 线在上，后市看跌。A 线上重合了 8 个 5.12 元，是标准的精准线。这 8 个精准点位分布在精准线的左右两侧，左三右五。左侧的前两个 5.12 元就已形成精准线，第三个 5.12 元更是暗示"看跌"，所以第四天 F 点大跌。

再看 F 点右侧：5 个 5.12 元重合在 A 线下方，每次都是触 A 线精准点止住，"线下则看跌"，所以 E 点再次大跌。

B 线在下，后市看涨。B 线最前面（左侧）的两个 4.89 元即形成精准线，第三日（D 点）开盘价是 4.89 元，虽有下探，最终大涨。

再看 B 线右边的两个 4.89 元，蜻蜓点水似的接触了 B 线，因为精准线的强大支撑力，C 点即大涨，从 4.93 元上涨到 5.19 元，涨幅最高接近涨停位，可见"线上看涨"的威力。值得注意的是，虽然 C 点的大涨穿过了 A 线，最终还是被"A 线在上"的压力给打压下来，再次显示了"线下看跌"的威力。

C 点的大涨留下的上影线，是主力"极点测向"，只要探明上方压力不大，该股不久将向 A 线上方挺进。冲过"上精准线"的方式必然是中到大阳，这和《量柱擒涨停》中的"凹口平衡线"一样，在我们前面的所有案例中都能看到"中到大阳过上线"的例子，此处不再赘述。

第五节　精准线的复合性

从形式上看，精准线有单一的，也有复合的。单一精准线的撑力比较弱小，而复合精准线的撑力却极为强大。

所谓"复合精准线"，就是精准线与其他量线"无缝重合，化为一体"，这就形成了精准峰顶线、精准谷底线、精准峰谷线、精准黄金线、精准黄金顶底线等，它将多种量线的力量集合起来，常常走出令人仰止的行情。图 11 - 4 中飞乐股份的 A 线，就是峰谷线＋黄金线＋精准线的三位一体复合而成的精准黄金峰谷线，所以它后面的走势直冲云天。

我们再看另一只股票。这是笔者 2009 年 10 月 20 日盘前预报过的华天科技（002185），2010 年 3 月 18 日早盘又一次点评过它。请看图 11 - 6 华天科技 2009 年 7 月 15 日至 2010 年 4 月 2 日走势图。

图 11 - 6 中有 A、B、C、D、E、F 6 条量线，除了 A 线，都是标准的精准线。我们先看 A 线，其左侧的两个最高点的股价分别是：

1 月 11 日最高价是 12.18 元；

1 月 12 日最高价是 12.17 元。

两点并肩，相差 1 分钱，形成"次精准线"，尽管这两个价位相差一分钱，对股价的压制却异常强大，根据"线在上则下"的规律，该股从 A 点飞流直下，所以我们不能小看"线在上则下"的规律。

除了 A 线之外，其他 5 条线均遵循"线在下则上"的规律，步步高升，登高望远，好一派牛国风光。为什么这么风光？奥秘就在"复合"二字上。

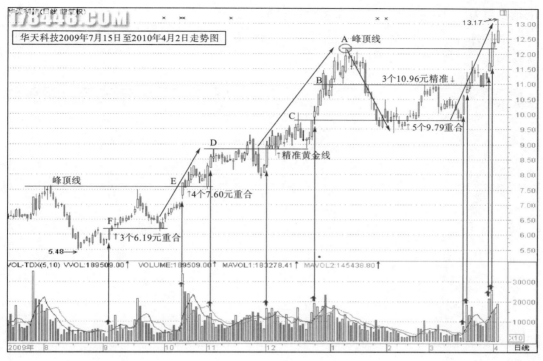

图 11-6

请看 F 线:这是凹间峰谷线,当第三个 6.19 元重合时,复合型精准峰谷线诞生,股价即一路红光,在第八日(10 月 20 日)直冲涨停。这个涨停冲过了 E 线的压力,验证了我们说的"冲线必有中到大阳"。

再看 E 线:又是峰谷线,当第四个 7.60 元与 E 线重合时,股价立刻拔地而起,又是"中到大阳"。

其他几条线,也都是这样,每当股价即将跌破精准线时,总有一根倍量柱旱地拔葱,将精准线转化为复合"精准黄金线",正如《量柱擒涨停》所讲的,有了黄金线的支撑,打压时可以凶神恶煞,拉升时可以优哉游哉,主动权完全掌握在主力手上,想洗谁就洗谁,就是奸诈狡猾的副庄或机构,也难逃甩下马背的厄运。而我们只要拽住"精准线"这一条"擒庄绳",就可以轻松跟紧主力步伐,逍遥享受飙升的乐趣。

第六节　精准线的规律性

看完上面的讲述,相信大家对精准线一定非常感兴趣,我就看到论坛上有许多"猜精准线"的帖子。王子在此规劝诸位,精准线不是猜出来的,也并非重合的点位越多越好，更不要找到"数点重合"就欣喜若狂。

请看图 11－7 中科英华（600110）2009 年 7 月 13 日至 2010 年 4 月 2 日走势图。

图 11－7

图中的这条水平线，横贯 2009 年 7 月 13 日至 2010 年 4 月 2 日，长达 8 个多月时间，其中有 8 个 7.45 元，3 个 7.46 元，3 个 7.44 元共计 14 个点重合，应该说是一条很好的精准线了，其实不然，这不是我们所说的精准线，这是在 8 个月的走势中"碰巧"撞到一起了，是"巧合"不是"谋合"。我们要的是"谋合的精准线"。

在所有的量线中，精准线是非常特殊的，其特殊就在于它是某些人"刻意蓄谋制造"的，可以说是某种计划和计谋的综合体现。《孙子兵法》曰"上兵伐谋"，"谋"才是精准线的核心。"谋合"必须具备三个条件，即找到"谋合"的规律性。从上面的案例中，我们可以发现精准线有如下三大"预谋"：

第一，精准线一般诞生在阶段性的"最低点"或"最高点"，它符合"极点测向律"的要求。"极点测向"的主角是庄家或主力，所以，精准线是庄家或主力精心策划的有预谋的攻防线。凡是遇到特殊的"精准线组合"，涨停或涨不停的股票就要诞生了。

第二，精准线都是由"同向且同价"的两个以上的价柱连成的，"相同的方向"和"相同的价位"形成"焦点"，符合"焦点定向律"，谁有能力在茫茫股海制造如此精准的"焦点"？只有庄家或主力。所以，"精准线"是庄家或主力预谋的操盘线。

第三，精准线生成的地方，往往都是阶段性的拐点，不是向上拐就是向下拐，它符合"拐点转向律"的要求，谁能扭转股价运行的方向？还是只有庄家或主力。所以，精准线又是庄家或主力的目标线。

由此可见，精准线是庄家或主力计划和计谋的集中体现。

从规律上讲，它既是"极点测向律"的娇子，又是"焦点定向律"的精华，也是"拐点转向律"的宠儿，所以它金贵，它值得我们去发掘。

无数事实证明：没有"精准线"的股票，不是好股票；具有"精准线"的股票，定有好庄家。从这种意义上讲，只要我们找到了"精准线"，就是找到了"精庄家"。

让我们睁开双眼去发现庄家的"谋合"吧。一旦"擒庄绳"在手，你就是庄家的东家，你就是主力的主帅。

第十二章

灯塔线：趋势与趋幅的导航线

第一节 灯塔线的基本原理

先看图 12-1 上证指数 2009 年 9 月 4 日截 0709 灯塔线效果图：

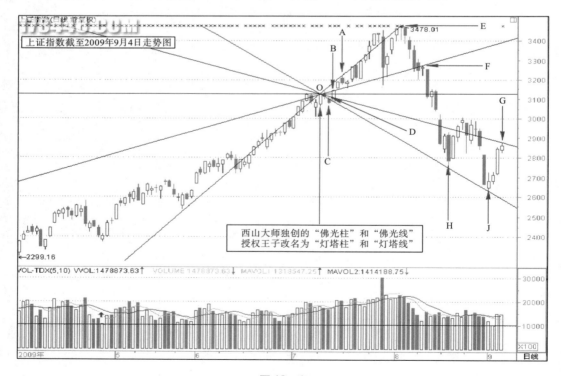

图 12-1

图 12-1 是上证指数截至 2009 年 9 月 4 日的走势图（由于该线源于 7 月 9 日的基柱，所以称之为 0709 灯塔线）。该灯塔线由基柱 O 点形成"佛光柱"和"佛光线"，其光芒四射的魅力，若佛光普照；其博大精深的境界，如佛象万千。图中每个阶段的高点、低点、拐点都被灯塔线刻画得一清二楚，凡看懂此图者无不击掌叫绝。

这是西山大师应用周易八卦原理和王子共同研发出来的"股市佛光柱"和"股市佛光线"，隐喻为"股市福光柱"和"股市福光线"。为了回避迷信和玄学，经西山大师同意，王子去掉了其玄奥的名字，将它易名为"灯塔柱"和"灯塔线"，意在与"股海明灯"的宗旨切合，即"指路明灯"。

"灯塔线"继承和发扬了周易八卦的阴阳转换规律，形象直观地展示了股市运行的周期和轨迹，当初王子在研发制定出"股市灯塔线"之后，真有"三月不知肉味"的感觉。因为用它测试任何股票的走势，几乎十测九准，其乐无穷。在此，王子要特别感谢西山大师，感谢他多年的技术栽培，感谢他将自己独创的"佛光柱"和"佛光线"独家授权王子奉献给广大的股民朋友。

图的中心点是 O 点（2009 年 7 月 9 日周四收盘价即实顶），以 O 点画水平线，即确立了"灯塔柱"和"发光点"，它发出的每一束光线，都紧紧地约束和规范着大盘的每一个重要点位。请看：

A 点：是 7 月 16 日（周四）的最高点，以 O 点和 A 点连线，最高点刚好指到 8 月 4 日（周二）的最高点 3478 点（图中 E 点），精准无误。

B 点：是 7 月 14 日（周二）的收盘点，以 O 点与 B 点连线，刚好制约住 8 月 11 日（周二）的反弹最高点（图中 F 点），分毫不差。

C 点：是 7 月 13 日（周一）的开盘点，以 O 点与 C 点连线，刚好制约住 8 月 19 日和 9 月 1 日的两个最低点（图中 H 点和 J 点），精准无误。

D 点：是 7 月 13 日（周一）的最高点，以 O 点与 D 点连线，刚好制约住 9 月 4 日即当日的最高点（图中 G 点），完全吻合。关于这个点位，王子在当日（2009 年 9 月 4 日）早盘结束前，在"股海明灯"网站上做了截图说明。收盘后再次验证了灯塔线的神奇效果。

以上这些点位的连线，是在基柱后第五天即 7 月 16 日完成的，现在的截图是 9 月 4 日，将近两个月的时段，构建了一幅明确的股市导航图，结合量柱定位原理，走势步步吻合，柱线互为佐证。于是，王子才有了预报的底气。

第二节　灯塔线的精准预测

图 12 - 1 的"灯塔线"真的有那么神奇吗？

请看图 12 - 2 上证指数 2009 年 9 月 4 日灯塔线叠加 2009 年 3 月 3 日通道线效果图。

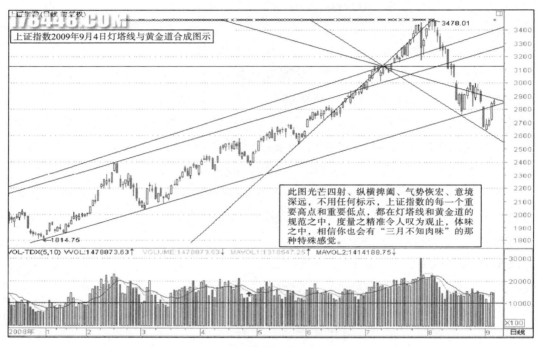

图 12 - 2

图 12 - 2 是将图 12 - 1 缩小后与"0303 通道"叠加之后的图像。这一叠加，更加神奇的效果展现在我们眼前：此图光芒四射、纵横捭阖、气势恢宏、意境深远，不用任何标示，上证指数的每一个重要高点和重要低点，都在灯塔线和通道线的规范之中。

请看图中最右侧的这根小红价柱，这就是 2009 年 9 月 4 日大盘的走势：

下方，正好受到黄金道的支撑；

上方，刚刚触及灯塔线的阻力。

再看图中每一个重要点位的升降横斜、抑扬顿挫，都在阻力和撑力的临界点上，仿佛一只无形的巨手在调控着每一天的行情和走势。这个无形的巨手是什么？是科学，是规律，是不以人的意志为转移的天然轮回。其度量之精准，令人叹为观止，体味者都有心旷神怡、通体透亮的感觉。相信你也会和我们一样，有"三月不知肉味"的特殊滋味。

"灯塔线"，多么神奇，多么富有活力的股市导航图啊。

第三节 灯塔线的长效机制

有人提问："你这灯塔线从 7 月 9 日生成以来，到 9 月 4 日不足两个月，还不能说明它有什么神奇。"

笔者让他跟踪股海明灯论坛，从 2009 年 7 月 9 日到 2010 年 3 月 9 日，整整 8 个月，笔者每隔三天左右就要在股海明灯论坛发表一幅灯塔线的当日留影，有开盘留影，也有午盘留影，更多是收盘留影。

请看图 12－3 上证指数 2010 年 3 月 9 日午盘留影。

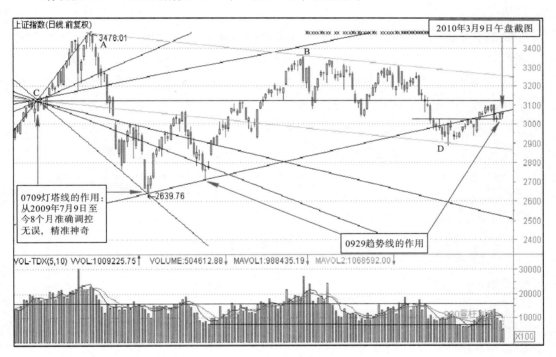

图 12－3

图 12－3 从左到右，0709 灯塔线整整历时 8 个月，几乎精准刻画着每一天每一段的行情。这就是灯塔线的魅力，这不是我们有什么测顶量底的法宝，是中国科学文化博大精深的内涵赋予了我们这么一个机会。

过去成功的预测不能代表今后成功的预测。我们将尽心尽力去继续我们的盘前预报，我们要走出一条适合中国人的简单明白的股市黄金道。

相信看懂了此图的读者对大盘未来的走势自会心中有数，若有不明白的地方，让我们共同探讨其中的奥秘吧。"股海明灯论坛"就是我们共同交流的课堂，本书就是揭示"量线规律"的入门教材，相信大家能跟随我们的叙述，去掌握这种简单而神奇的技术。

说穿了，这门技术就是"一把直尺测天下"的技术。只要会使用量线的朋友，都能轻松掌握它、运用它，经过实践总结，还会发扬光大它。

第四节　灯塔线的有效射程

有人问："灯塔线"的有效射程是多远呢？一般来说，6个月内的效果最好，超过6个月应该加上"辅助线"，以提高预测效果。然后寻找新的支撑点，形成新的灯塔线。

我们这次的灯塔线始于2009年7月9日的收盘位，到2010年4月2日大盘的最低点为3141点，刚好触及"2009年0929地线"，"0929地线"就是辅助线。

从2009年7月9日至2010年4月2日，大盘在灯塔线的指引下准确无误地运行了9个月，这9个月当中，受灯塔线导航的精准度明显集中在6个月内，另外3个月的精准度来自"地线"和辅线。

请看图12-4上证指数2009年6月11日至2010年4月2日走势图。

图12-4

　　由于计算机屏幕的限制，为了让读者能看清每根价柱在灯塔线上的位置，我们只能给大家展示从 2009 年 6 月 11 日至 2010 年 4 月 2 日的走势图。从图 12-4 大家可以看到这 9 个月的行情中，在灯塔线上精准重合的点位（图中圆圈处）和比较接近的点位占 80% 以上，结合我们盘前预报的调整点位，精准率达到 90% 以上。据 2010 年前三个月的统计，60 天的盘前预报只有 5 次失误，其中有两次是王子的误判。

　　这 9 个月当中，表示"精准预测"的"圆圈"，在 6 个月之内的密集度明显高于 6 个月之后；而 6 个月之后的精准度"圆圈"，明显向地线和辅线靠拢。这就告诉我们，新的"灯塔线"就要出现了，这和黄金柱的接力一样，灯塔柱也需要接力。

　　"接力"是人类进步的阶梯，也是股市进步的阶梯，揭开股市的奥秘，需要一代又一代人的接力，股市天经的完善，也需要我们大家互相帮助，共同进入理想的胜利境界。

　　新的"灯塔线"如何取点？如何画线？请看下一节。

第五节　灯塔线的取点与画线

　　前面讲解的是上证指数 2009 年 7 月 9 日至 2010 年 4 月 2 日的走势，经历了 9 个月之后，灯塔线的有效射程已经超过了 3 个月，为了较为准确地规划其后面的走势，必须寻找新的灯塔线。

　　要想找到新的灯塔线，必须经历"选柱、取点、画线"三个环节。灯塔线的标准画法是：

　　第一，选好基柱。灯塔线的基柱必须是黄金柱，黄金柱的质量决定灯塔线的质量。因此，我们所选的基柱，最好是上升途中的价升量缩的黄金柱。

　　根据这两个标准，我们选取 2010 年 2 月 25 日的黄金柱来做灯塔柱。

　　请看图 12-5 上证指数 2010 年 2 月 25 日灯塔线（截至 5 月 6 日）留影。

　　第二，确定零轴。基柱上有收盘价（实顶）和最高价（虚顶）两个价位，到底取哪个价位好呢？这就要根据当时的走势来确定，一般原则是"先取实，后找虚，顺势来确定"。

　　根据当时的行情，我们取基柱 0225 的实顶为"O 点"画水平线，与基柱的竖线形成一个标准的十字架。这个十字架正好将盘面切分为四个部分。

图 12 - 5

第三，画出射线。必须遵循"灯塔线取点画线十六字原则"即"**顺势取点，虚实辩证，依点靠线，自然通透**"。

"顺势取点"是基础，就是依次取基柱后第三日、第二日、第一日价柱的实顶或实底。

"虚实辩证"是灵魂，就是根据当前的走势来选择"顶底"或"虚实"，其辩证如下：

若走势强劲，则取"实顶"；

若走势稳健，则取"实底"；

若走势超强，则取"虚顶"；

若走势虚弱，则取"虚底"。

本例中的取点和画线如下：

A 点：取 O 点与基柱后第三日（0302）实顶 3089 点连线；

B 点：取 O 点与基柱后第三日（0302）实底 3073 点连线；

C 点：取 O 点与基柱后第二日（0301）虚底 3054 点连线；

D 点：取 O 点与基柱后第一日（0226）实底 3051 点连线。

以上的取点，O、A、B、D 都是"取实"，只有 C 点是"取虚"。C 点为什么要取虚底？因为 O 点后面第二日的实底太高，不能"均分"O 与 D 的夹角，所以要取其"虚底"，以协调二者之间的关系。这就是量线的虚实辩证。其要求是"依点靠线，自然通透"。总之，灯塔线的取点和画线就是"先取实，后找虚，要让光线射出去"。参见图12-6上证指数2010年2月25日灯塔线生成后至2010年6月11日的走势图。

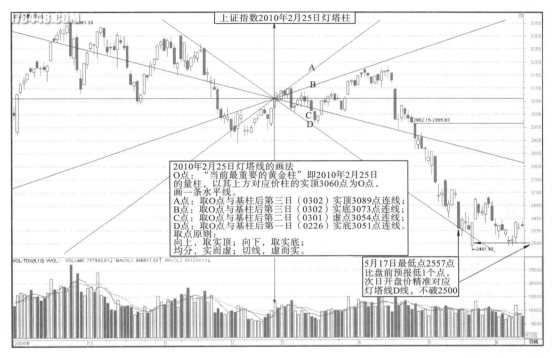

图 12-6

由此可见，灯塔线就是股市导航线。因为灯塔线的选点和画线一般在基柱后的3~5日内即可生成，也就是说，一旦生成了可靠的灯塔线，在基柱后的3~5日即可预测其后3~6个月左右的大致走向和走势。

第六节　灯塔线的简化处理

当我们学会了灯塔线的标准画法之后，可以只画一两条线，就能精确观测一只股票的走向和走势。

请看图12-7山水文化（600234）2014年4月21日灯塔线（截至7月2日）留影。

图 12 - 7

　　按照上述"选柱、取点、画线"的方法，我们首先选山水文化 0421 为基柱（O 柱）；然后取基柱后第三日 0430 的实顶与基柱实顶连线画出 A 线；最后取基柱后第三日 0430 的实底与基柱实顶连续画出 B 线。只要有了这两条线，就能大致准确地预报和预测该股今后的走向和走势。

　　请看图中该股两个多月的走势，都在 AB 线之间向上发展，王子于 5 月 7 日（C 柱）预报并预测其目标位将达到 19.16 元，实际最高达到 19.19 元。

　　再看图 12 - 8 上证指数 2020 年 5 月 6 日灯塔线的取点画线。

　　以 0506 大阳为灯塔线的基柱，以基柱实顶与基柱后第三日的实顶连线为灯塔线 A 线；以基柱实顶与基柱后第二日的实底连线为灯塔线 B 线；以基柱实顶与基柱后第一日的实顶连线为灯塔线 C 线；以基柱实顶与基柱后第一日的实底连线为灯塔线 D 线。

　　灯塔线 D 线次日当值对应第一防线 2794 ~ 2784 区间，若反弹不过 2838 则可能继续下跌；过了 2838 就是突破鬼门关，控仓可参战。

　　请看图 12 - 9 上证指数 2020 年 5 月 6 日生成的灯塔线（截至 7 月 3 日）留影。

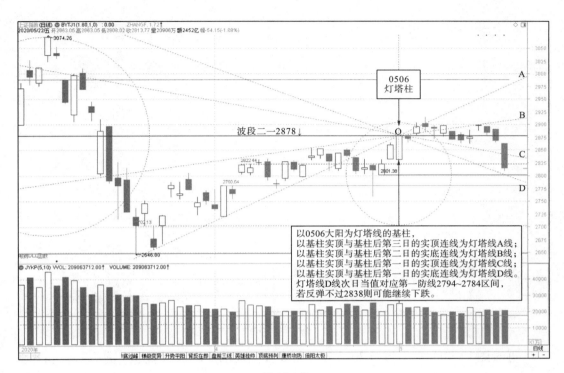

图 12 - 8

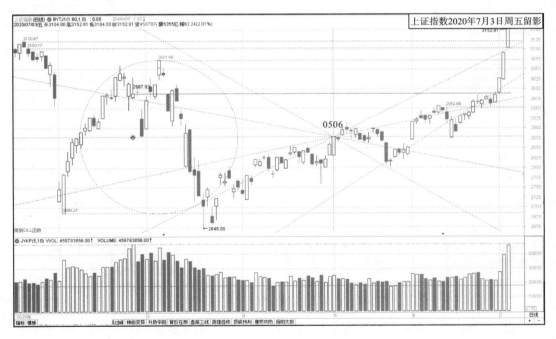

图 12 - 9

再看图 12 - 10 创业板指 2020 年 5 月 6 日生成的灯塔线（截至 7 月 3 日）留影。

图 12 - 10

再看图 12 - 11 中小板指 2020 年 5 月 6 日生成的灯塔线（截至 7 月 3 日）留影。

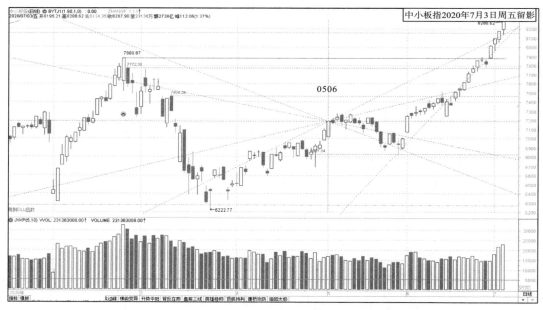

图 12 - 11

总之，灯塔线的取点与画线、研判与对策，是一个完整的系统工程，由于本书篇幅有限，难以展开全面叙述，更多内容如"四区四诀"只好放在"股海明灯论坛"的周末图文讲座里讲解，有兴趣的读者可以到 www.178448.com "股海明灯论坛"查阅。清华北大量学特训班的高级课程中均有现场实盘讲解。

第十三章
通道线： 趋向与趋幅的回归线

所谓"通道线"，就是以"量线"为基础，取其相应趋势中的极点、焦点、拐点画出平行线而形成的"双轨线"。"通道线"不在量线的"七大元素"之中，因为它只是量线的衍生线条，且取点画线较为复杂，一般读者可以跳过这一章，量学达人可以研读这一章。

由于平行线的取点遵循了"极点测向"的原理，就把股价运行的"极点"限定在"双轨"之内，所以，一般股价运行到上轨，就要向下回归；股价运行到下轨，就要向上回归；即使某段时间脱离了轨道，最终还是要回到通道之中。

关于"趋势线"和"通道线"的基本内容，在《量柱擒涨停》中已有讲解，下面结合读者关心的问题，做一些深层次的探讨。

第一节　通道线与无形之手

股市上经常听到有人说"无形之手调控着股市"，有人甚至把这"无形之手"误解为"主力"和"管理层"，这是错误的。真正的"无形之手"就是"趋势"，就是"由趋势主导的通道"。

对于"通道"的认识：

从方向上看，有"上升通道"和"下降通道"；

从级别上看，有"长期通道"和"短期通道"；

从境界上看，有"太极通道"和"无极通道"。

请看图 13－1 上证指数 2009 年 7 月 10 日的截图。

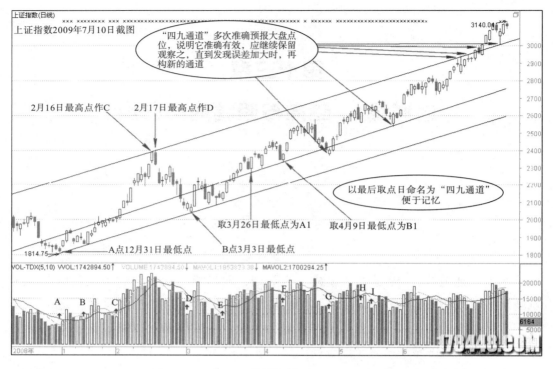

图 13－1

这里借用了《量柱擒涨停》的图片，大家可以对照图片在自己的电脑上作图画线。遵循"极点测向"原理，我们选点的方法如下：

A 点：是 2008 年 12 月 31 日的最低点。

B 点：是 2009 年 3 月 3 日的最低点。

AB 两点连线，就是"0303 通道"的"地线"，也称"下轨"。AB 间最高点是 2009 年 2 月 16 日，以此为 C 点与 AB 点画平行线，就构成了我们的"0303 通道"。【注：《量柱擒涨停》一书原称之为"三三通道"，现在改为"月份代码"加"日期代码"结合命名；同此，《量柱擒涨停》一书中的"四九通道"应改称为"0409 通道"】

这个"0303 通道"成立后，股价在 6 月 30 日"越轨"，然后走出了一轮波澜壮阔的上攻行情，似乎脱离了"0303 通道"的约束。但是，请看图 13－2 上证指数 2009 年 3 月 3 日至 10 月 29 日走势图。

股市上流行着一句话，"从哪里来，到哪里去"；马克思认为，事物的发展是螺旋式循环上升的，其核心观点就是"回归与循环"。

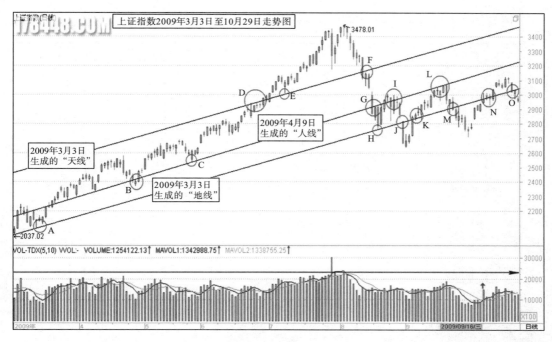

图 13 - 2

如图 13 - 2 所示，上证指数从 D 圈最后一根阳价柱"越轨"，这是短期行为，这种短期行为形成的"短期通道"必然受到"长期通道"的影响和制约，然后从最高点 3478 点开始向"0303 通道"回归，并且是大幅度回归，然后紧紧围绕"0303 通道"的趋势继续运行，图中的"圆圈"处，就是"0303 通道"多次精准调控走势的节点。这种调控力量，往往被人们惊呼为"无形之手左右股市"，其实，这是我们每个参与者共同创造的"无形之手"。

只要我们正确地理解了"通道"，正确地使用了"通道"，我们就能借助"无形之手"去创造正确的预测。我们在"股海明灯论坛"的预测为什么如此准确，就是遵循了"通道"这"无形之手"的指引。

第二节　通道线与量价时空

股价和股指在通道内的运行是有规律的。同样是上面的这个通道，随着时空的转换，其速度和斜度也在发生变化，多方力量消融的时候，就是空方力量聚集的时候，此消彼长，此起彼落，循环往复，以至无穷。

同样是上面的这个"0303 通道"，我们把它放到新的时空环境下，其"通道"的力量就显得更加有力了。

请看图 13 - 3 上证指数 2009 年 6 月 1 日至 2010 年 4 月 7 日走势图。

图 13 - 3

图 13 - 3 中标有 "0303 地线" 和 "0409 人线" 的两条线，是图 13 - 2 中相应线条的延伸。当指数运行到 B 点即 2009 年 11 月 24 日的时候，触 "0409 人线" 而大幅回落，标志着旧的上升趋势结束，新的下降趋势开始。这时，我们就要画出新的 "下降通道"。为了找到这一轮下降趋势的节奏和速率，我们采取了如下取点和画线：

A 点：2009 年 8 月 4 日的最高点。

B 点：2009 年 11 月 24 日的最高点。

我们以 AB 连线，形成 "1124 趋势线"，然后，分别以下降途中最大的阴线底部（C、D、E 三个点）画平行线，这就构成了本轮下跌的三级通道。

读者应该还记得：我们在讲 "谷底线反攻" 时，要求在左侧下降大阴线的顶部画平衡线，这里要求在左侧下降大阴线的底部画平行线。其道理是一样的，即 "上攻找顶，下降找底"。

先看 C 线：从 C1 开始，C2、C3、C4 都与 C 线精准重合。

再看 D 线：从 D1 开始，D2、D3、D4 也和 D 线精准重合。

这就是我们曾经强调过的 "倾斜精准线" 即 "斜衡线"。

由于有 "通道线" 的约束，股指可高可低，价柱可长可短，但是它们的极点和要点，总是在"通道线"的调控之内。正是这些长短相间、高低参差的点位，构成了股市运行的"空间斜率"，也就形成了特有的"运行节奏"。而这些"斜率"和"节奏"，是水平线难以刻画的。

股价的运行，是由方向、幅度和斜度三要素决定的。"幅度"是"股价的位置"；"斜度"是"时空的速率"，为什么有的股票走得慢条斯理，有的股票走得突飞猛进，就是"速率"在起作用。

"速率"是"时空"的体现。从本质上讲，"水平线"只能刻画"股价的静态位置"，而"倾斜线"却能刻画"时空的动态过程"，只有这二者有机结合，才能将股市的"量价时空"四大要素融合起来，从而准确研判股价运行的方向和幅度，准确把握股价运行的方位和循环周期。现在回头看看王子在"股海明灯论坛"的精准盘前预报，都不是王子的功劳，而是"量价时空"的科学结晶。

第三节 通道线与太极通道

科学是可以互证的，正确的通道线同样可以互证。

图 13－3 的"1124 通道"形成之时，王子只是把它作为短期通道来看的，万万没有想到的是，当王子把走势图缩小时，惊人的神奇出现了。

请看图 13－4 上证指数 2006 年 11 月 16 日至 2010 年 4 月 7 日走势图。

谁能想到：2009 年的"1124 通道"会与 2007 年 5 月 30 日的最高点 4275 点精准重合，并且与 2007 年 6 月 20 日的 4312 点精准重合。再看 2009 年"0409 人线"，其延长线的最低点居然与 2008 年的最低点 1664 点几乎重合。

为了研判这个通道是否正确，王子用西山大师的"太极通道"予以验证。

读者都知道，"上升通道"都是以"最近的两个最低点连线"而成的。

读者也知道，"下降通道"都是以"最近的两个最高点连线"而成的。

而"太极通道"与它们截然不同，它是"以某个大波段左侧最具代表性的高点和右侧最具代表性的低点连线而成"，或者以"量价对应穴位"取点，所以"太极通道"具有"阴阳平衡、盈亏转化、量价协调"的特殊功能，是股市动态平衡原理的具体体现。

请看这里的"太极通道"采用了"最高点"和"最低点"的双向平衡，以"极阴"对"极阳"，把"极点测向律"应用到了极致，所以"太极通道"的稳定性和准确性非常高。

图 13-4

重要提示：传统理论把证券走势图称为时线、日线、周线、月线，线形思维使然；其实，天气预报看的是"天象"，股市预报看的是"股象"，如果以"线"命名，就把眼光限制在"线"上看不到"股象"了。量学理论则以时象、日象、周象、月象命名，眼光一下子就提升了。

请看图 13-5 上证指数 2006 年 2 月 17 日至 2010 年 4 月 8 日周象图。

从图 13-5 中可以看到：

A 点：取 2006 年 7 月 7 日最高点；

B 点：取 2008 年 7 月 4 日最低点；

C 点：取 2006 年 8 月 25 日最低点。

AB 点连线，与 C 点画平行线，即成"0704 太极通道"。

从"0704 太极通道"可以明显看出：

股指从 2006 年底的 D 点开始发飙，2007 年的疯涨脱离了正常的轨道；

物极必反，2008 年的疯跌又回归到正常的轨道；

矫枉过正，在 E 点再次脱离正常轨道，向下堕落；

回归正轨，股指在 2009 年 5 月与"0704 太极通道"不谋而合。

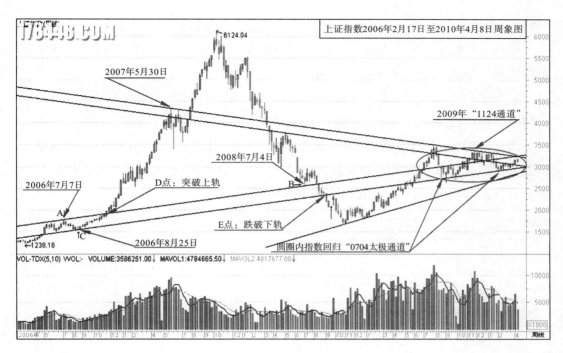

图 13－5

看似毫无规律的股指，其实完全合乎规律，它就像乒乓球一样几经弹跳，其幅度和斜率逐步趋缓，直到在 2010 年 2 月进入"0704 太极通道"之后，逐步趋于正常。

这就是"太极通道"的魅力。它稳定，准确，犹如一位太极大师，不紧不慢，不慌不忙，我行我素，稳若泰山。

事实说明，股市的运行是有规律的，股市的"无形之手"不是"主力"，也不是"管理层"，而是千千万万参与股市的人共同的杰作。我们只有端正认识，遵循规律，按照股市的科学发展观认识股市，才能从"股市的羔羊"变成"股市的主人"。

第四节　通道线与三个原则

客观是量线的生命，精准是量线的灵魂。所以，我们给任何通道画线，必须遵循如下三个原则：

第一，"通道"的"地线"即"趋势线"，必须遵循"极点测向律"，以自然的最高点或最低点画线，不能带有任何"随意性"。

第二，"通道"的"天线"即"平行线"，必须遵循"拐点转向律"，选取

"地线"所在阶段内最有代表性的最高点或最低点，要排除"猜测性"。

第三，"通道"的"人线"，即"太极线"，必须遵循"焦点定向律"，选取当前阶段最重要的穴位，要排除"主观性"。

为了测试"太极通道线"的预测功能，本书第1版的责任编辑鼓励王子发表了一幅股市预测图如下（见图13-6"上证指数1995年7月31日至2010年4月30日月线走势图"），该图预测未来一年左右的重要底部在2530～2540左右。根据目前期指资金量逐步加大和"跌要跌透的原则"，一旦跌破此点位，将向整数位2500靠拢，甚至有跌破的危险（图13-6，仅供参考）。

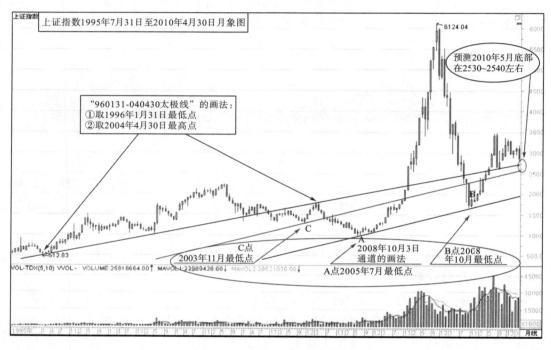

图 13-6

修订版附注：

《量线捉涨停》一书于2010年4月30日截稿，当时的责任编辑汪灜先生要求王子用量柱量线预测一下大盘一年后的走势。这可难为王子了。因为王子在股海明灯论坛可以随便预测，连续四年来精准多于失误，即使预测错了，论坛的同人也会原谅。这次是要黑字印在白纸上，由四川人民出版社出版发行，一旦预测错了，岂不玷污了出版社的美誉，况且，这是一家以股票投资类图书享誉全国的出版社。

俗话说"丑媳妇也得见公婆"，王子这个"丑媳妇"只好硬着头皮"见公婆"了，于是，王子在《量线捉涨停》一书第1版中发布了这幅预测图。当时的截图时间是2010年4月30日。打开当时的走势图来看2011年4月25日的收盘效果，整整 12 根月象价柱摆在我们面前，除了两根稍有偏离之外，其他全部兑现，并且有 8 处精准重合。

请看一年后的 2011 年 4 月 25 日周一大盘月象图留影（见图 13－7 上证指数 2011 年 4 月 25 日月象图）。

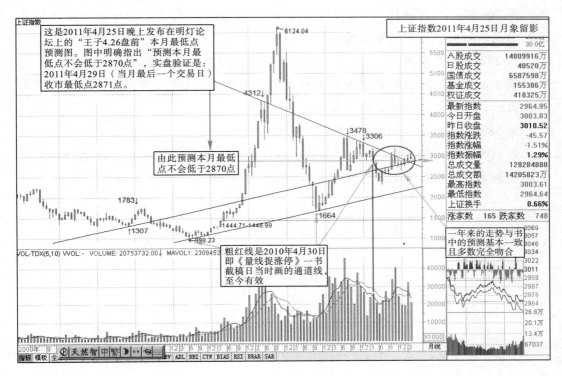

图 13－7

大家发现没有，图 13－7 中的这个通道线的画法，与通常的通道线画法完全不一样。其上轨的取点画线，采用的是"太极线"的原理。因为"太极通道"的选点画线比较特殊，涉及"量价穴位"和"阴阳平衡"的对应调整，本章篇幅有限，不可能详细讲解，有兴趣的读者可以在"股海明灯论坛"的"周末讲座"专栏查询。

部分读者留言如下：

第 31 楼"无熊不牛"：王子！跨世纪的奇人，股市将因你而精彩！

第 96 楼"绅士"：用老师的理论武装头脑，看盘真的轻松！谢谢老师！

第 101 楼"小力高手"留言：不管什么线，我对王子老师反弹时找阴线实顶为压力位的准确度深感佩服，我用得很顺手，准确率十有八九，对于短线逃跑保证资金安全起到了很好的作用。

第 135 楼 "小小骨民"：神奇量柱，撑起散户的胆；精妙量线，测出庄家的谋。

第 163 楼 "克拉力明"：在变数万千的股市，能够如此精准预测，确实是量学理论的重要贡献，谢谢王子老师。

第 257 楼 "快乐星哥"：老师不是神，老师有点神！十年磨一剑，出手就显神！

第 264 楼 "何时涨停"：能够如此精准预测，确实是老师的量学理论给我们最大的启发和对股票市场的最大贡献！

第 272 楼 "静则生动"：大家说得对！这是量学理论的科学力量。

第 278 楼 "helencao"：实在是太神奇了！王子老师的量柱量线将会给我们带来革命性的转变！这真的是一场革命！

第 380 楼 "竹君"：仔细学习了王子的预测图，确实是股市高人啊！

第 405 楼 "奇思妙想"：祝贺王子老师《量线》出版一周年！敬佩老师预测未来一年的走势这么精准无误，独一无二！认识您是我们的福气。

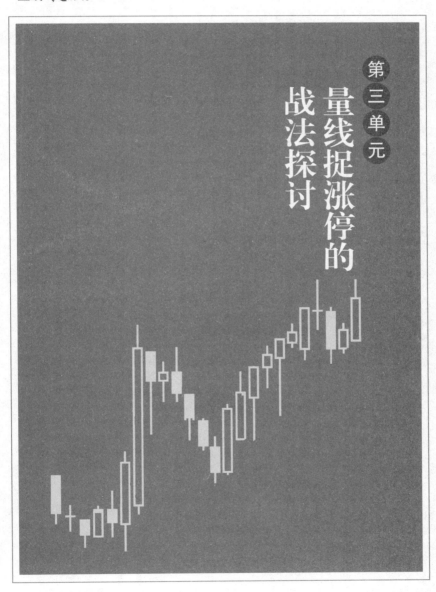

第十四章
—— 抓重点战法：找准一根线，涨停在眼前 ——

初学量学的读者有一个通病：就是感觉量学的每个知识点都很好，很过瘾，恨不得一下子将所学的量学知识全部用上来看盘选股，结果，这也好，那也好，全用上来都不好。

要解决这个通病，只有一个方法，就是"抓重点"。毛主席告诉我们：当有许多矛盾出现的时候，就要抓住当前的主要矛盾和矛盾的主要方面。注意，毛主席强调的"当前"二字非常重要。我们看盘选股，最重要的是从"当前"入手，找到与"当前"最重要、最关键的几个要点，或者是与"当前"最相关、最直接的量柱、量线或助涨基因，有时，甚至只要"找到一根柱""找准一条线"就足够了。请看下面的案例：

2010 年 3 月 18 日周四王子在盘前预报时让大家谈谈长电科技为什么涨停，有好多战友谈得非常好，"雪狼湖""金尺王""短线炒股"都谈得非常好，尤其是"至阴至柔"的《一根线用活了就是绝活》，讲出了量线捉涨停的极致。

说心里话，长电科技是一只令人望而生畏的股票。王子在 2009 年 11 月 17 日盘中交流时，曾经点评过它，认为"这是一只类似江钻股份的牛股"，现在看来，它没有辜负王子的期望。请看它从 2009 年 6 月 26 日至 2010 年 3 月 18 日的走势（见图 14 -1）。

图中有 A、B、C、D、E 五条顶底线。从顶底线来看，每个阶段的幅度几乎一模一样，每个阶段的斜率几乎一模一样，可见该股主力的操盘节奏非常强，是个造牛的主。

第一波，从 A 点（2009 年 9 月 29 日）的 4.88 元一路飙升至 E1 点（2010 年 1 月 18 日）的 10.22 元，涨幅翻了一番多。

第二波，从 E1 点次日（2010 年 1 月 19 日）直线回落，直到 C 点（2 月 9 日）企稳，跌幅超过 30% 。

图 14－1

第三波，C点的第二日（2月11日）主力采用休克疗法测底，呈现百日低量柱，次日（2月12日）即倍量拉升，然后又休克一日（2月22日），第三日（2月23日）再度倍量拉升，三天内两根倍量柱夹一根低量柱，呈典型的"双重接力黄金柱"。

按照"双重接力黄金柱"的走法，该股应该从C1点直冲到E点，但是，它却在C1点拐头向下，虽有再度向上的动作，却在D点做了个M头，给人上攻乏力，势必向下的感觉。

如果单纯从量柱的角度看，长电科技能在3月17日涨停显得比较牵强，因为它当前的位置离其双重黄金柱（212量柱和223量柱）较远，且最近有一个M头，下降压力较大，其走势非常像强弩之末。

但是，如果我们从量线的角度看，用3月16日的最低点8.60元画水平线，其左侧至少有3个8.60元与之重合，是典型的精准线，说明主力的计划非常明确，随时有拉升的可能。

果然，该股3月17日顺大势拉至涨停，今天（3月18日）逆大势再度涨停。再次验证了量柱量线的双重威力。

这个例子告诉我们，单纯从量柱出发很难发现的涨停先兆，用量线来考量一下，就能轻松捉到涨停了。量柱量线双结合，擒拿涨停如观火。就是要求我们看盘时不要钻牛角尖，而是要换位思考。要想提前发现这样的涨停牛股，有三个要点：

首先，要找出近期走势的精准线，将精准线的当值记录在案，以备急用。

其次，要提前研判近期底部是否有黄金柱支撑，若有黄金柱支撑的谷底，就是黄金底，如果主力做出强弩之末的态势，我们就能发现他们假压真攻的意图。

最后，要注意将精准线的股价运用到盘中分时线上，一旦触线即拉升，就是对精准线的确认，也就是介入的良机。

量学首创的"精准线"，有其独特的预测功能，在论坛上发布后，许多人趋之若鹜，但是，许多人为了找精准线而找精准线，有的甚至是为了凑精准线而凑价位点，一旦找到某个精准线就大叫涨停在望。这就违背了王子的初衷。王子在精准线的讲解里再三强调，精准线的"多点重合"应该是"多点谋合"，绝不是"多点凑合"；不是"形式上的重合"，而是"内容上的吻合"。

望大家在实践中体会"抓重点"的真味。

第十五章
___ 平衡线战法： 密集成交区， 找出平衡线 ___

"平衡线"是画出来的，为什么说要"找"出来呢？

其实，"平衡线"的画出，是可以因时因股设计的，也就是根据"目标股"的"当前方向"和"当前位置"，"找到最佳区域"进行画线设计。下降时有下降的设计，反弹时有反弹的设计。前面讲过，反弹时"以左侧最大阴柱顶部画平衡线的方法"，现在讲讲"以左侧价柱的成交密集区画平衡线的方法"。

大家知道，"成交密集区"是多空双方拼搏的主战场，当股价运行到"成交密集区"时，自然会受到当时密集筹码的抵抗，这个位置自然是"焦点（或要点）"，以这个位置画平衡线，符合"量学焦点定向律"的原则。

下面这只股票（见图 15－1）是网友"zhangjun1328"2008 年 4 月 25 日咨询的华升股份（600156），它当时处于反弹初期，我当时的回答如下：

第一，该股目前处于反弹初期，我们首先给该股画出原下降通道，看看它的股价处于什么位置，处于什么阶段。因为它当时已突破下降通道，来到第一成交密集区，我们就以左侧第一大阴柱的顶部，画出第一条线。然后逐次画出其他平衡线，以便规划我们的战略战术。

第二，画线的方法是：根据前期成交的价柱，找出成交密集区，把它们画出来；要求平衡线关联的价柱越多越好，平衡线穿过的实体价柱越多越好！参见图 15－1 华升股份（600156）2008 年 4 月 25 日走势图。

第三，根据股价走势，随时判断进出时机。有的股票在"密集线"下方徘徊很久而不肯向上，表示密集区压力重，我们可以考虑先卖出；有的股票一口气就能冲过平衡线，我们就要持股待涨。这都是要现场灵活处理的。

请看图 15－2 华夏银行（600015）2008 年 4 月 25 日走势图，现在碰到了压力，主力很可能收缩一下才能再次上攻。

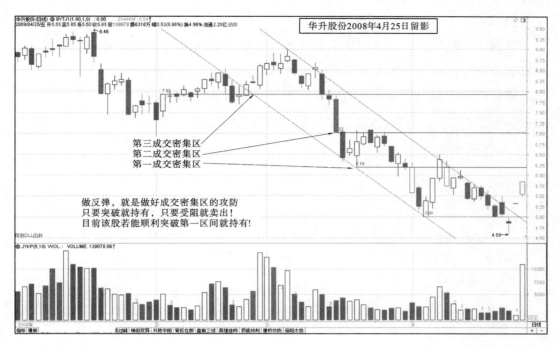

图 15-1

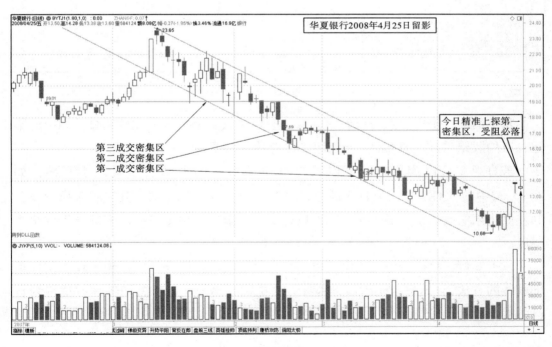

图 15-2

【收盘后记：华夏银行今日果然在上攻第一密集区受阻，掉头向下。平衡线就是这么神奇！它能帮助我们提前预知股票的走势，哪里有阻力，哪里有压力，一目

了然。】

第四，一般说来，只要你的平衡线画准了，冲过平衡线的股票都有上升动力，可以放心持有，等到股价上升到第二平衡线下方时，就要警惕了。

请看图 15－3 中海集运（601866）2008 年 4 月 25 日走势图。

图 15－3

从上面的三个走势图可以看出，有的股票"成交密集区"比较明显，如中海集运；有的股票"成交密集区"比较模糊，如华夏银行。

若直观上难以辨别时，可以以下行途中最大的大阴实顶画出水平线，如图 15－3 中的 A 柱，因为其向下跳空，根据"跳空补空"原则，其大阴实顶应该取其左侧小阳实底，也就是大阴虚顶。以这个大阴虚顶画出水平线，刚好处于成交密集区。

以上案例，仅供参考。大家可以结合自己的股票，结合"以左侧下跌大阴柱顶部画线的方法"，做好对比练习，哪种方法更贴近当前实际，就用哪种方法规划自己的战略战术。

第十六章
起涨点战法：抓住启动点，短线好赚钱

2009 年 7 月 15 日周三盘中交流时，笔者于 10：09 提醒大家关注中兵光电，稍后 10：13 提醒大家关注中金黄金，下午这两只股票均在 14：30 左右出人意料地火箭升空。盘后许多同学来信来电询问：这两只股票上午的表现很平常，你怎么能发现它们将要启动呢？

其实，启动点不是今天才发现的，应该是早在五天前就要发现其迹象并关注它。凡是跟踪王子盘前预报和盘中交流的朋友应该记得，笔者最近五天来的交流中就已经多次提醒大家关注这两只股票了。具体说来，发现启动点要掌握三个关键技术，一是看量柱，二是看量线，三是看盘口。

第一，从量柱上看。中金黄金 6 月 30 日的高量柱之后三天的股价均没有跌破其开盘价，更没有跌破其最低价，所以"0630 量柱"可以说是"栋梁之材"，至少是个"将军柱"，也有可能升华为"黄金柱"。从 7 月 7 日开始的六天下探，最低价均没有跌破"0630 量柱"的最低价，最终都收在"0630 量柱"的开盘价上方，这就说明"0630 量柱"的攻防线非常有效。至 7 月 14 日，收了一根最低量柱，而且其最低价刚好与"0630 量柱"的开盘价持平，透露出主力的计划非常严谨。记住：当主力在关键点位精打细算的时候，就是启动的先兆。

第二，从量线上看。图 16－1 是中金黄金（600489）斜顶启动点示意图。如果把中金黄金最近的两个高点连线，其下降通道线刚好与"0630 攻防线"形成收敛三角形，角顶指向 7 月 14 日、7 月 15 日、7 月 16 日这三天，所以笔者在 7 月 14 日的盘中交流时即指出："当心，中金黄金可能要动了。" 7 月 14 日没有触线，但是收了个低量柱，这就暗示主力的"休克疗法"已见成效，随时有启动的可能。所以今日一开盘，笔者就提示大家关注它的动作。

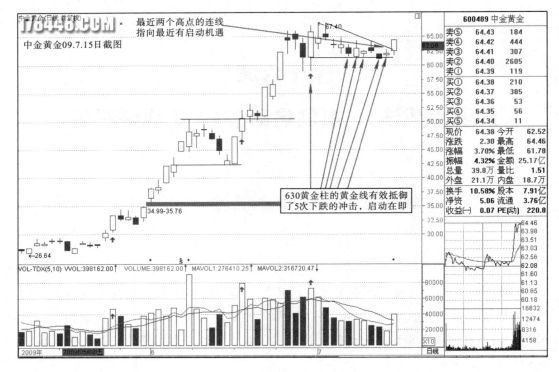

图 16－1

第三，从盘口上看。就是最关键的时机把握，从盘口上准确抓住启动点。2009年7月15日一开盘，中金黄金先上后下，大约有一元钱的振幅。笔者就注意观察它是否能跌破"0630攻防线"的61.40元，结果，它最低只打到61.78元，感觉这里是"假跌"，越发对它感兴趣了。下午开盘后，中金黄金即昂头向上，但是没有到达上午的最高点。按照"凹口淘金"的战术，这里不应该动手。而接下来的走势是与"人线"黏合横盘，下午的最低价一直没有跌破上午的最低价。感觉它今天要启动了。至14:31，底部地线位置陡然拉起一根倍量柱，笔者意识到这里将有好戏了，于是在14:32提醒大家"别错过好机会也"。

请看图16－2中金黄金2009年7月15日分时启动图。

综上所述，这三个技术的关联是：

第一，看量柱，选中目标个股（找股）；

第二，看量线，找准价格区间（找价）；

第三，看盘口，抓住启动时机（找时）。

只有三者互相依托，互相佐证，才能在股市中掌握主动，抓住良机。

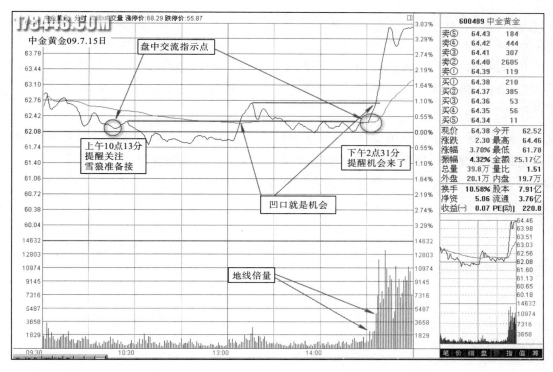

图 16－2

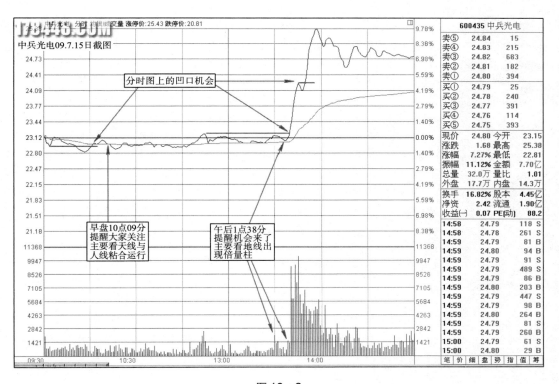

图 16－3

　　如果你认为这是一个特例，不足为信的话，笔者今天同时在盘中交流时提示的中兵光电和上面的中金黄金，其分时图上几乎一模一样，只是中兵光电的日线图多了几天拉升，而启动模式是一模一样的。这就是"斜顶启动模式"。与此相似，今天启动的太极集团、中恒集团、驰宏锌锗、锡业股份、安源股份都是这种"斜顶启动模式"。

　　对图16－3中兵光电2009年7月15日分时启动图，主要观察其分时地线出现倍量柱的情况。详见图中说明。希望大家结合实际，认真搞好学习实践活动。

　　还有一种"平顶启动模式"将在下次讲解。大家有什么不清楚的地方，欢迎在"股海明灯论坛"交流。

第十七章

一分钱战法： 大江有异常， 必然要异动

2009 年 8 月 26 日周三收盘后有人来信来电问笔者：你昨天晚间预报的大江股份，12 根低量柱躺在那儿一动不动的，你怎么知道它今天会有"异动"，而且今天开盘就涨停呢？

王子答曰："你说的'12 根低量柱躺在那儿一动不动'，就是它今天涨停的理由。"

请看图 17－1 大江股份（600695）2009 年 8 月 26 日周三收盘截图。

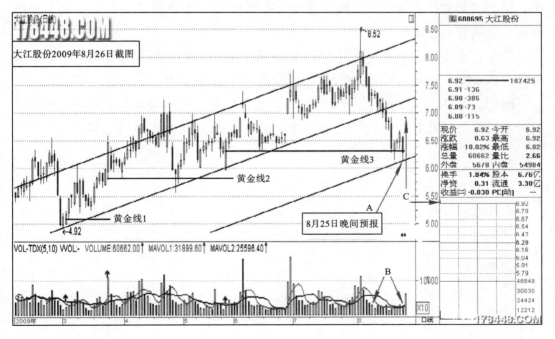

图 17－1

图 17-1 中最右侧的 C 点（一字板），是它今天开盘即封死涨停的标识。图中有 3 根水平横线，自下而上是"第一黄金线""第二黄金线""第三黄金线"。这三根黄金线非常牢靠，每次击穿后的收盘价都回到黄金线上方，可见主力是依托黄金线打劫的高手。但是，唯有最近的一次（A 处 8 月 25 日周二）击穿第三黄金线，收盘价却停留在黄金线的下方 1 分钱，而且是紧挨着黄金线，这就是我们常说的"一分钱战法"。

这种异常的情况引起了我的注意。仔细一看，竟发现了诸多异常：

（1）先看 A 价柱：击穿 3 号黄金线，收盘于黄金线下方低 1 分钱，符合"一分钱战法"的起势；

（2）再看 A 量柱：缩量长腿精准回踩上行通道线下轨，异动；

（3）再看 B 处：12 根低量柱形成了两组平量柱，夹在正中间的 8 月 18 日量柱是百日最低量柱，在"百日最低量柱"后面五天不涨反跌，异常；

（4）从 8 月 20 日开始的 3 根价柱步步高，实体步步大，这是"三阳开泰必涨"的定式，而 A 柱（8 月 25 日）却收了个大阴柱，显然是主力刻意为之；

（5）反观从 8.52 元下跌以来，连续 11 根阴柱，首跌缩量三一，接着两个缩量三一，直至缩为百低，已是跌无可跌，必然要涨。

既然有五个异常同时存在，一定有极大阴谋存在。再狡猾的狐狸也斗不过好猎手。根据"异常即有异动"的量学规律，笔者于 8 月 25 日周二（A 处）发布预报时说它"有异动的可能"。

哈哈，也许是这个主力看到了我们的预报，怕有人趁机搭车，于是来了个开盘涨停。放心吧，它第二天不会开盘就涨停的，定有机会上车。

附记：至 2009 年 9 月 15 日，大江股份异常活跃，先后出现 5 个涨停，成为当时的明星股，详见图 17-2 大江股份 2009 年 1 月 15 日至 9 月 15 日走势图。

图 17－2

第十八章
凹口线战法： 凹口抓涨停， 关键在平衡

2009 年 9 月 16 日周三的大盘如期下探到预报的 2963 点下方仅 3 个点的位置，说明主力操盘有节有度，尾盘逼出的量能与 10：39 时逼出的量能略有减少，但有不稳定的筹码抛售，看来第二天还有"抖米袋"的必要，只有抖干净了，才能往上走。所以 2965 点左右还有一番争夺。站稳了就能放心上攻。

周三预报进入"凹口淘金"的最佳时机，从涨停的个股来看，涨停榜前 29 名中，除了经纬纺机、德棉股份、歌尔声学、众合机电的凹口不太明显外，其余 25 只涨停股票，个个都是典型的"凹口淘金股票"。大家可以对照下面的涨停列表（见图 18 - 1），看看它们的走势图，结合《量柱擒涨停》的相关内容，看看能从中找到什么窍门。

我认为：要想凹口淘金，重在看准时机。时机就是爆发点。图 18 - 1 中有 25 只个股，都是凹口爆发涨停板，其共同特征是"底部缩量横盘，稳步温和攀升"。请看图 18 - 2 东方明珠（600637）2009 年 9 月 16 日走势图。

图中有 A、B、C、D、E、F 六个标志，其中有七个要点：

第一，先看 A 柱虚底黄金线，精准对应 D 柱实底，说明 D 柱找到了他平衡；

第二，再看 B 柱，长阴短柱，实顶可设凹口平衡线；

第三，再看 C 柱虚底，与 D 柱虚底精准重合，两次说明 D 柱找到了他平衡；

第四，再看 D 柱，两次找到他平衡，实顶过昨阴二一位，与其后两天形成黄金柱，也就形成了自平衡；

第五，再看 E 柱实顶线后，连续五日不破实顶，两次形成自平衡；

第六，再看 C 柱之后缩为百低，从 E 柱开始连续九天价升量平，形成碎阳慢升有好戏的建构，量群犹如卧龙伏底，一旦腾飞，必有惊人举动。

第七，看 F 点开盘即站到"凹口平衡线"上方，是第一介入信号。

▼	代码	名称	涨幅%	现价	最高	卖出价
1	600853	龙建股份	10.10	5.67	5.67	—
2	000666	经纬纺机	10.06	7.11	7.11	—
3	600986	科达股份	×10.06	7.22	7.22	—
4	000503	海虹控股	×10.06	9.96	9.96	9.96
5	002084	海鸥卫浴	10.05	11.06	11.06	11.06
6	002072	德棉股份	×10.04	10.52	10.52	—
7	600198	大唐电信	×10.04	11.51	11.51	—
8	000977	浪潮信息	×10.04	9.21	9.21	—
9	600171	上海贝岭	10.03	6.91	6.91	—
10	002161	远望谷	10.02	20.65	20.65	—
11	002276	万马电缆	10.01	29.78	29.78	—
12	002017	东信和平	10.01	12.20	12.20	—
13	002241	歌尔声学	×10.01	21.11	21.11	—
14	600547	山东黄金	×10.00	69.73	69.73	—
15	002080	中材科技	10.00	30.36	30.36	—
16	600703	三安光电	10.00	31.69	31.69	—
17	000925	众合机电	×9.99	25.43	25.43	—
18	600822	上海物贸	9.99	12.00	12.00	—
19	002281	光迅科技	9.99	30.61	30.61	—
20	000997	新 大 陆	×9.99	9.47	9.47	—
21	002156	通富微电	9.99	8.37	8.37	—
22	002139	拓邦电子	9.98	13.77	13.77	13.77
23	600241	时代万恒	9.98	12.89	12.89	—
24	600587	新华医疗	9.98	15.45	15.45	—
25	600233	大杨创世	9.98	13.34	13.34	—
26	000701	厦门信达	×9.98	8.82	8.82	—
27	600805	悦达投资	9.97	7.28	7.28	—
28	600637	广电信息	9.97	6.51	6.51	—
29	600602	广电电子	9.95	6.41	6.41	

178448.COM

图 18－1

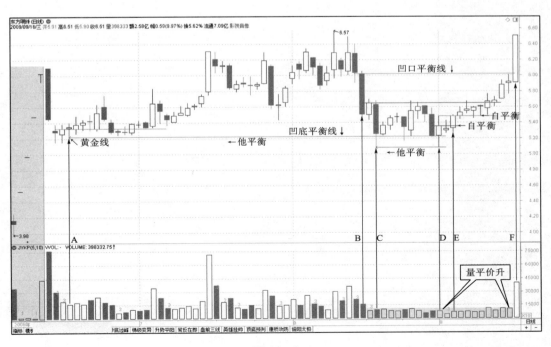

图 18－2

以上七个要点，点点都很重要。

第一是看量柱的组合。

第二是看量柱的比较。

第三是看下跌的底部。

第四是看爆发的位置。

第五是看爆发的时机。

作业：请大家结合上面的讲解，自己寻找符合上述条件的个股，并画图分析其即将出中到大阳的大致方位。

第十九章
斜勺子战法： 凹口有横斜， 尽量抓斜勺

涨停无定式，涨停有规律。"斜勺子战法"是量学"凹口淘金"中的一种特殊战法，最早于 2009 年发明，并在四川人民出版社首版《量线捉涨停》中讲解，它是规律性、实战性极强的一种量学战法，许多读者边学边用，收益颇丰，深受读者喜爱。

读者实践充分证明，真正的"擒拿涨停"，不是碰运气，而是凭规律。规律具有普遍意义，按照规律擒拿的涨停不是一只两只，而是一批两批，甚至是同一天时、同一地利、同一人和的股票，齐刷刷地涨停。

2009 年 9 月 17 日周四，是笔者发布"凹口淘金预报"的第三天，黑马团队继昨日擒拿两个涨停后，今日再擒三个涨停，参与"伏击涨停人民战争"的同学，今日大获全胜，擒了六个涨停！真是六六大顺！

9 月 16 日是凹口淘金预警的第二天，大盘涨幅榜首页的 29 只股票有 25 只是典型的"凹口淘金图形"。

9 月 17 日是凹口淘金预警的第三天，大盘涨幅榜首页的 29 只股票个个都是经典的"凹口淘金图形"。当天群里有同学问："为什么别人抓的凹口股票都能涨停，我抓的凹口股票却不涨停呢？"对此，结合量学交流群的讨论，谈谈"什么样的凹口容易涨停"。

请看群里的讨论（大山即黑马王子）：

雪狼 11:04:07　您昨天点评的浪潮信息又涨停了！它的凹口好漂亮呀。

大山 11:11:55　说说看，东百集团能不能冲过凹口呢？

雪狼 11:15:33　这只股不会轻易冲过凹口的，第一点：这个凹口形成得太漂亮，就是因为前期下跌太快，所以上方的套牢盘没有机会出来；第二点：上方的筹码都太集中了，想一下冲过去，那主力要大伤体力，除非主力拉高后再作调整接

货。可能会在此处来个急拉。

大山11:17:35　对！其凹口平衡线刚好处于前期横盘的中轴线，所以冲过要有强大的实力，否则，要在这个平衡线下方把上方的筹码震荡出来才能过去。

雪狼11:17:54　是的，这就是战术！

大山11:18:36　所以，凹口淘金要选筹码稀薄的股票。

雪狼11:19:06　是的，也就是说前期的下跌过程是比较温柔的，对吧？

大山11:20:11　对！反而在横盘时突然掉下来的，这样的凹口不好过。

雪狼11:22:02　是的，人们被吓得都急着要逃生，这时的人心是很散的，不好把握的。

大山11:22:35　这里是横勺凹口，不好过；"斜勺凹口"才好过。

雪狼11:25:12　是的，横勺和斜勺的凹口是两种不同的结构，斜勺肯定比横勺好。

今天的事实说明雪狼的判断非常正确。

为什么"横勺凹口"难得过，"斜勺凹口"却能轻松过呢？这是由"横勺"和"斜勺"两种建构的力学原理所决定的。

一、"横勺凹口"的基本形态

图19-1是东百集团（600693）2009年9月17日周四走势图。这是我们当天群里讨论的一只股票，有许多同学对此股发表了自己的看法，我认为雪狼同学的意见非常好！

图中AB线，为标准的凹口平衡线，可以视为一把"勺柄"；

图中BCD组成的凹形，可以看成一个"勺凹"，二者连起来，就是一把"横躺的勺子"，我们称之为"横勺凹口"。

"横勺凹口"的特点是"左侧阻力重重"，请看AB平衡线勺柄的上方左侧，有许多筹码堆集，又厚实，又密集，股价若想冲破这里的阻力，需要很大的能量，要是四维消化不良，很难突破平衡线上方的阻力。

请看它当天启动时，量能明显缩小，主力攻击凹口平衡线B1左上方遇到抛压，股价不得不回落。

再看我们今日预报的三只股票：奥特迅（002227）、长电科技（600584）、通富微电（002156），为什么长电科技和通富微电涨停，而奥特迅却不能涨停呢？因为奥特迅是"横勺凹口"，而长电科技和通富微电都是"斜勺凹口"。现在告诉大家一个秘密：这天两市涨幅榜首页的29只股票全都是"斜勺凹口"股票。

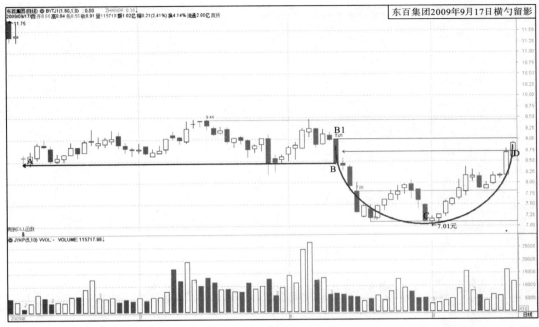

图 19 - 1

二、"斜勺凹口"的基本形态

什么是"斜勺凹口"？它为什么比"横勺凹口"好？

请看图 19 - 2 士兰微（600460）2009 年 9 月 17 日的走势图。

图中 AB 连线是"勺柄"，自左向右，斜行而上；CDG 凹形是"勺凹"，突然凹陷，触底而上；二者相连，仿佛一个朝上斜放的"勺子"。

这种"斜放的勺子"有两种基本形态：

一种是股价走势向上，走到某个位置后，形成"勺柄"，突然向下挖坑，形成"勺凹"，二者紧密相连，量学称之为"上行斜勺"（如图 19 - 2）；

一种是股价走势向下，走到某个位置后，形成"勺柄"，继续向下挖坑，形成"勺凹"，二者紧密结合，量学称之为"下行斜勺"（如图 19 - 6）。

为什么"斜勺"比"横勺"具有向上突破的能力呢？

第一，"横勺"的"勺柄"是"横躺"的，因此"勺柄"上的股价都是"并肩排列"的，"勺柄"越长，柄上形成的阻力越厚实，所以很难突破；

第二，"斜勺"的"勺柄"是"倾斜"的，因此"勺柄"上的股价都是"错位排列"的，"勺柄"越长，柄上形成的阻力越单薄，所以很好突破；

第三，"横勺"的力学建构是"横向"的，横到一定的位置，可能有上下两个方向的选择，所以"横勺"的方向难以确定；

图 19 - 2

第四，"斜勺"的力学建构是"斜向"的，斜到一定的位置，只有向上的一个方向的选择，所以"斜勺"的方向容易确定。

图 19-2 中，从 C 柱开始缩量下跌，到 D 柱探底成功，凹勺双平衡建构如下：

D 柱精准对应左侧 A2 大阳实底，缩量探底找到了他平衡；

D 柱后第四日，长腿再次精准回踩 A2 大阳实底（他平衡），并且缩量拉升到 D 柱大阴实顶（自平衡），形成一级黄金梯，隔一日涨停；

E 柱放量拉升，精准上探 C 柱实顶后回落，呈单枪侦察兵探顶建构；

E 柱次日，突然向下 3S，（即"缩量二一、缩量三一、缩为百低"）至 D2 再次回踩 A2 找到他平衡，且与左侧 D 柱真底精准对应，D2 柱缩量三一见底（他平衡）；

D2 柱次日连续拉升，做出二级黄金梯（自平衡），接着以 F 柱涨停板轻松突破 E 柱高量假阴实顶线，形成三级黄金梯，以 G 柱轻松跳空过左峰 C。

三、"斜勺凹口"的基因组合

士兰微在"勺凹"内的表现可圈可点，非常精彩，其伏击要点如下（见图 19-2）：

第一，首跌缩量＋长阴短柱。首跌缩量二一以上最好，缩量三一左右很好，缩量不足三一者不可信。该股 C 柱次日缩量二一，至 D 柱缩为百低。

第二，缩量探底＋双重平衡。从"勺柄"开始的下跌，必须缩量找底，最好是

"勺凹 3S 见底"。见底的重要标志就是找到"双平衡"。若以勺底为分界，其勺凹左侧以缩量下跌为主，多长阴短柱，找到他平衡，止跌；其勺凹右侧以增量上攻为主，多是黄金台阶，这样才能完成自平衡，回升。

第三，王牌筑底＋三级台阶。 D 柱已呈百日低量柱，至 D1 柱形成一级黄金柱即开始上攻，显得比较仓促，中途虽有 E 柱的"倍量"拉升，但在 C 柱实顶受阻，不得不回落，这是一次失败的上攻，只好再次找底；从 E 柱开始连续两天缩量三一至 D2 柱，再次回踩 A2 找到他平衡，重新搭建了三级黄金阶，这时才比较稳妥。量学讲究"单阳不是阳"，同样"单王不是王"，本例就是很好的证明，只有两个以上的王牌接力或合力，才是上攻的基础。

本例的 D2 可以看作一级金阶，次日是二级金阶，D3 才是三级金阶。有了三级金阶，才会有真正的上攻，否则，像 D1 处仅有一级金阶就贸然上攻，基础不牢，地动山摇，次日就大幅回落，幸好该股前面的双平衡探底筑底比较好，才保证了 D2 处的三级金阶逐步拉升。

这种勺凹内的三级金阶上攻，蓄备了强大的势能，具有强大的爆发力，凹口的那点筹码怎么挡得住向上的冲力呢？所以该股今日在 G 柱轻松涨停。

事实告诉我们，碰到具有"斜勺凹口"的股票，一旦有了"三级金阶"，可以称为"金斜勺"，你可以大胆地"擒拿"。

当王子发布"凹口淘金动员令"的第三天，在同一天以同一种涨停方式，29 只股票整整齐齐地列队等待大家的检验，等待大家验证《量柱擒涨停》中"凹口淘金"的奥秘，这是何等的壮观，这是何等的壮美啊！

附：2009 年 9 月 17 日伏击物联网股票的实盘对话：

白云 10:23:36:002058 威尔泰，斜勺，倍量加凹口对不对？又是物联，请高手们看看。

人无完人 10:27:10　对，要飞了！

大山 10:27:15　哇！威尔泰是谁先发现的？很规范的不错的斜勺哇！

白云 10:27:35　在王子老师的表里看到的。

大山 10:27:54　啊，好票！

艾艾 10:30:50　现在可以买不？

白云 10:31:29　我看到就买了，买得少。

图 19－3 即大山（黑马王子）2009 年 9 月 17 日 10:13:45 在明灯群发布的物联网股票信息。

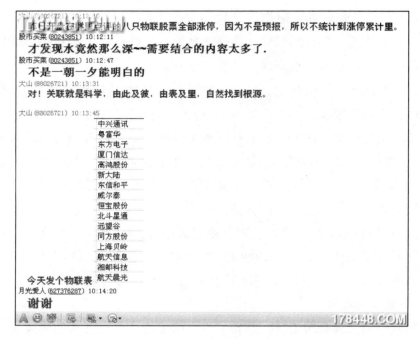

图 19－3

四、"上行斜勺"的伏击

请看与上例同一天即 2009 年 9 月 17 日涨停的中国医药（600056）的走势图（见图 19－4）。

对图 19－4，重点看"勺凹"的内部建构和伏击圈。

从 A 柱开始的首跌，缩量不够三一，埋下隐患；

跌至 B 柱，精准对应左侧 B1 百日低量柱，似乎找到了他平衡，开始了一轮上攻，攻至 C 柱，在 A 柱实底受阻，因为 A 柱首跌缩量不够，这里自然形成抛压，不得不回落进行二次找底（这一段明显不是"金斜勺"）；

跌至 D 柱（假阳真阴），精准对应左侧 D1，D1 下方即元帅柱，此处支撑显然强于 B1，主力还不满意，于 D 柱次日缩量克全阴，这是极阴次阳缩量克全阴走势，次日应该跳空向上，果然，D 柱后第二日跳空向上，放量拉升，形成第二级第三级金阶（这一段明显就是"金斜勺"）；

三级金阶到位后，主力还不放心，于 E 柱上探左侧大阴二一位，次日过左侧大阴二一位，也就是量学讲的"突破鬼门关，可以放心干"，这是最佳介入点，次日，F 柱涨停过左峰 A 实顶。

这种"凹中有凹"的建构，量学总结的战法是："一凹看，二凹干！若是金勺重仓干！"以上两例都说明这种战法是正确的。

图 19-4

再看一则最新案例。图 19-5 是宝莱特（300246）2020 年 6 月 15 日的留影。

一般上涨之后回调到位的股票都有类似建构。

图中 AB 为上升的"勺柄"，CE 为调整的"勺凹"。"勺凹"里的建构非常隐蔽，且非常精彩，充分体现了"勺内双平衡、勺底有王牌、勺含三金阶"的奥秘。

请看图 19-5 中的标注。

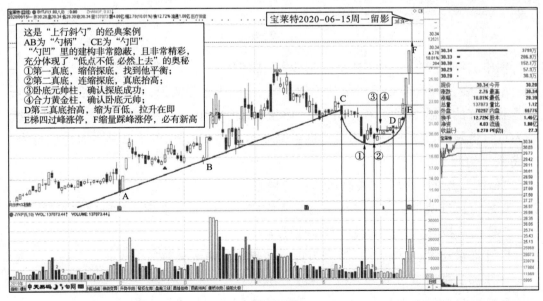

图 19-5

　　该股 2020 年 6 月 16 日周二果然再度缩量涨停，次日还有新高。大家可以对照此案例，找到更好的上涨回调后"勺含三级金阶"的股票。

　　由此可见，"上行斜勺"的伏击，关键是看"勺凹"内的建构。

五、"下行斜勺"的伏击

　　与"上行斜勺"相反，更多的"斜勺战法"来自"下行斜勺淘金"。请看图 19-6 广百股份（002187）2020 年 6 月 15 日走势图。

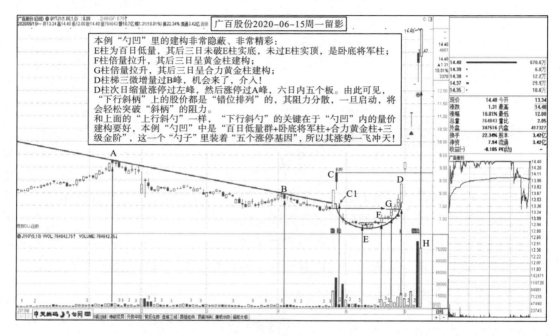

图 19-6

　　图中 AB 是"勺柄"，CD 是"勺凹"，二者组合为"下行斜勺"。

　　AB 连线，有点类似于"量学一剑封喉"，C 柱起涨两天，C1 柱缩量数倍跌停，这是非常好的首跌缩量信号，C1 次日放量大跌，次日再度缩量三二，再次日连续缩为百日低量群，至 E 柱缩为百日低量，显然，从 C1 开始的下跌是主力挖坑行为，形成了"勺凹"。

　　"勺凹"里的建构也非常隐蔽，非常精彩。

　　E 柱为百日低量，其后三日未破 E 柱实底，未过 E 柱实顶，呈卧底将军柱。

　　F 柱倍量拉升，其后三日呈黄金柱建构。

　　G 柱倍量拉升，其后三日呈合力黄金柱建构，确认金斜勺生成。

　　D 柱梯三微增量过 B 峰，机会来了，介入！

　　D 柱次日缩量涨停过左峰，然后涨停过 A 峰，六日内五个板。

由此可见，"下行斜柄"上的股价都是"错位排列"的，因其阻力分散，一旦启动，将会轻松突破"勺柄"的阻力。

和上面的"上行斜勺"一样，"下行斜勺"的关键在于"勺凹"内的量价建构要好，本例"勺凹"中是"百日低量群＋卧底将军柱＋合力黄金柱＋三级金阶"，这一个"勺凹"里装着一组涨停基因，所以其涨势一飞冲天，成为当前弱市中一只耀眼的明星！

小结：

第一，无论"上行斜勺"或"下行斜勺"，关键要看"勺凹内部建构"；

第二，"勺口"要突然凹陷，缩量三一、二一，缩至百低最好；

第三，"勺底"要有他平衡托底，"勺内"要有自平衡抬升；

第四，"勺内"第一次弹升往往是试探，要遵循"一凹等、二凹盯，三凹成金就紧跟"的原则，因此，"勺内"有三级金阶的"金斜勺"最好。

无数事实说明，涨停无定式，涨停有规律。有规律就有科学，胜利永远属于科学，科学就是简单，科学就是实用。

让我们张开双臂，去迎接更加壮美的"斜勺淘金"战役吧！

第二十章
缩放图战法： 缩图看大势， 放图找量柱

2009 年 9 月 24 日周四，黑马群中的学员结合《量柱擒涨停》一书，抓了三个涨停板。

第一个是"破了"同学早盘 9:41 时预报的"三日阴柱平量"股票苏常柴 A，午后斜刺上冲，直至涨停，预报与涨停的当日涨幅为 8%。

第二个是"人生弹指间"同学早盘 10:40 时预报的"黄金线上三平量"股票包钢稀土，尾盘封死涨停，预报与涨停的当日涨幅为 7%。

第三个是"黑马王子"午盘 13:03 时预报的"缩量一倍 + 增量一倍"股票湘邮科技，午后斜升至涨停，预报后与涨停的当日涨幅为 5%。

还有"股市精灵""雪狼""拈花微笑"等同学推荐的思达高科、沃尔核材、巢东股份也有不凡的表现。同学们结合《量柱擒涨停》纷纷发言，开始体会到量柱擒涨停的特殊滋味。这个特殊滋味太美了，这就是"无论大盘涨跌，我自擒拿涨停"。

由于当日黑马工作群里有三只"平量柱股票"逆市涨停，大家对平量柱都有一种奢望，纷纷寻找平量柱，大有人人抢涨停的气概。

对平量柱情有独钟可以理解，但我有一个忠告：平量柱是量柱组合中的珍稀品种，很珍贵，但不要单一化，一定要结合其前面量柱的高低和个股走势的斜率才能准确判断出它的涨停潜力，切切不可见平量就抓。

下面结合"红枫叶"同学的现场提问，讲讲其中的几个注意事项。

"红枫叶"同学的截图和提问如图 20 - 1 博盈投资（000760）2009 年 9 月 24 日留影。

"红枫叶"同学的这个问题提得非常好，非常及时，提问的方法更好，就是用截图加标注的方式提问，我们就能从图中迅速发现问题，解决问题。这种截图加标注的提问方式，希望推广到读者朋友中去。

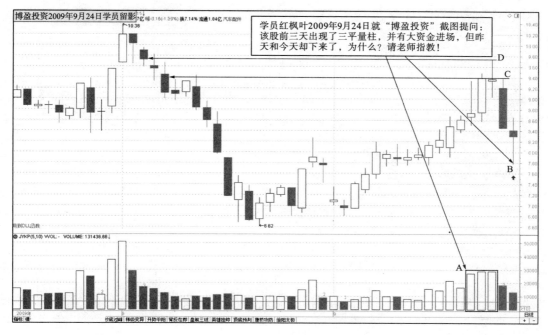

图 20－1

从他的截图中可以发现，"红枫叶"同学看盘的方法有点偏颇。A 处三平量，不错；B 处连跌两天，也对；但是，C 处遇大阴实顶，没有看到；D 处冲顶回落也没有看到。这就是偏颇。更重要的是，没有看到 A 处三平量所处的位置，正好是相对的高位。《量柱擒涨停》一书中讲过："低位平量柱，上攻猛如虎；高位平量柱，下跌快如兔。"这就是量学"位置决定性质"的辩证法。

为什么看图容易出现偏颇呢？这就是看图时忽视了量学的看盘方法。量学提倡的看盘方法是："缩图看势，放图看量。"这一点，"雪狼"同学在群里及时向大家做了说明。现在讲解如下。

一、缩图看势（一屏展示 128～166 根价柱为宜）

"缩图看势"，就是在看盘时，把该股的历史走势调出来，先看一年的走势，再看近期的走势，最后停留在"能看到价柱形态"的走势。

所谓"能看到价柱形态"，就是不断按"↓"键，当走势图缩小成"线条状"时，再按"↑"键，使之出现"第一幅蜡烛状"，这样，屏幕上一般能展示 128～166 根价柱（因为方屏电脑、宽屏电脑和软件显示的区别，最标准的应该是 128 根），也就是只能看到半年左右的价柱图。

如图 20－2 博盈投资 2009 年 9 月 24 日截图所示。

图 20-2

图 20-2 就是"缩图看势"的效果，这时再来看图中的"三平量"你会大吃一惊，这不是高位平量柱吗！

"缩图看势"是量学的一个绝招，它能准确告诉我们：当前的股价处于什么位置，当前的股价处于大局中的什么阶段。我们就会少犯"只见树木，不见森林"的错误。

二、放图看量（一屏展示28根价柱为宜）

"放图看量"，就是在看盘时，把该股的当前走势尽量放大，放大到能区别最相近的量柱组合状态，一般情况下放大到一屏展示28根价柱为宜（20 + 8 = 1 个月零8 个交易日）。也就是说，能刚好看清一个月零一周半的量柱价柱组合状态。如图20-3 实益达（002137）2010 年 3 月 23 日至 2010 年 4 月 30 日的走势图。

对照本节的三幅走势图来看，我们的心中就有数了。

图 20-1，"红枫叶"同学的图给人蒸蒸日上的感觉，大有冲过凹口的势头。

图 20-2，缩小后的图，给人重重压力的感觉，大有日薄西山的趋势。

图 20-3，放大展示 28 根价柱图，可以发现主力的"小动作"。

可见，同样的一只股票，用不同的价柱数量来看，就能看到不同的未来走势。

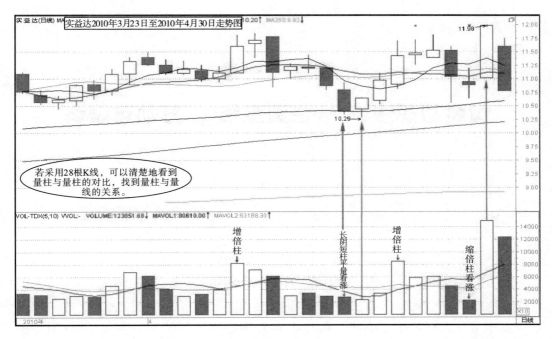

图 20－3

请大家今后务必注意"缩图看势，放图看量"的原则。

关于"苏常柴 A 平量涨停"与"博盈投资平量下跌"有什么内在原因？请看下一章的分析。

第二十一章
── 黄金劫战法： 守住黄金线， 打劫可赚钱 ──

"月季花开001"同学于2009年9月29日提问：

　　王子老师，如果按"价升量缩"去界定黄金柱，您在2009年9月24日讲座《平量柱"涨停三要素"》中的苏常柴A有误，因为图中的两根黄金柱A柱和C柱次日的量柱比黄金柱要高，为什么还要将A和C定为黄金柱呢？希望您给予回复指点，我现在正在抓紧时间看您的书！谢谢！

　　附9月24日讲座中的苏常柴A走势图（见图21-1）。

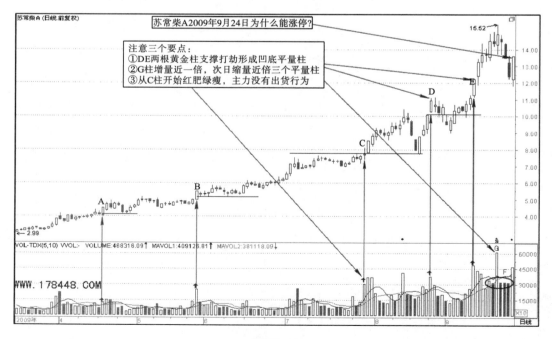

图 21-1

王子解答如下：

你提出的这个问题非常好！说明你读书认真，看图仔细。我们首先要提倡这种精益求精的读书作风。但是我要提醒你，你的读书方法有问题，《量柱擒涨停》中关于"黄金柱"的定义是：以基柱实顶线为准，基柱后三日的平均收盘价高于基柱实顶线，量柱呈价升量缩建构。你把"基柱后"理解成"基柱及其后"了，所以产生了误解。可能是你习惯了过去那种传统的"股市技巧"图书，一页只讲一个小技术；而我们的《量柱擒涨停》是一个完整的体系，每一讲是一个独立的整体，你应该把相关的内容前后结合起来看，才能体会到这一讲的全部内容。请你再看看《量柱擒涨停》第三个原则，"先者优先"，你的问题就迎刃而解了。

现在我想借你的这个案例，说说更深入的东西。

只要守住黄金线，参与打劫可赚钱。

为了讲述的方便，我们给图 21－1 加上两个标注和两条量线，便成为图 21－2 苏常柴 A（000570）2009 年 9 月 24 日截图。

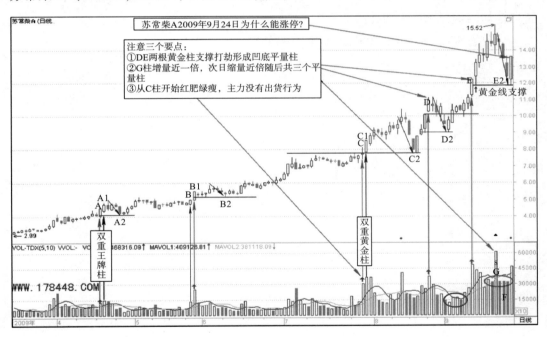

图 21－2

图中的 A 柱（2009 年 4 月 20 日）是倍量柱，次日的 A1 柱高于 A 柱，并且是本阶段的最高量柱，A1 后三日价升量缩，A1 就是典型的将军柱。

那么，A 柱是不是黄金柱呢？请看三个特点：

第一，A 柱右侧的 A1 柱是"将军柱"，因为 A1 是 A 柱次日，具有"合力王牌柱"的资格，所以 A 柱是黄金柱。

第二，A 柱右侧三日的量价组合具备"价升量缩的市场意义"，且这三根量柱逐步降低，所以 A 柱依然是黄金柱。

第三，根据"先者优先"的原则，当几个合格量柱同时出现时，应该首先确认符合条件的第一根量柱为黄金柱。所以 A 柱还是黄金柱。

黄金柱一旦确立，黄金柱后的黄金线往往成为庄家或主力打劫的临界线。根据打劫者回踩黄金线的位置，我们可以轻松研判出这个庄家的个性。踩头的是强庄、踩腰的是精庄、踩脚的是狡庄。

根据上述分析，你再看看 C 柱，是不是也具有这三个特点呢？

从图 21－2 可以看到，C 柱与 A 柱的建构几乎一模一样。而且，由于 C 柱与后面连续两日的平量柱所形成的"双重黄金柱"更有支撑力度，所以，庄家在 C 柱后面的打劫远远超过 A 柱后面的打劫。

再看，A2、B2、C2、D2、E2 都是打劫止跌的位置。

这里有一个窍门：黄金柱三日后并非是我们介入的良机（高手除外），但却是参与打劫的契机（新手也行）。

只要看准了黄金线，就能跟上主力的节奏。

第二十二章
三步棋战法： 量柱用线量， 活捉涨停王

2009年9月29日周二大盘再度收绿，而笔者上周周五预报并介入的江钻股份（000852）再度涨停，许多网友来信来电询问，这只股票是怎么选出来的呢？

下面结合这只股票的筛选，讲讲"看量柱、擒涨停"的三个步骤。

第一步，缩图（由小到大）

我们发现许多网友看盘时，喜欢把量柱和价柱图放得很大，这样看起来比较清楚方便，但是不利于"审视全盘"，往往会掉进"以偏概全"的误区。

缩图就是以"价柱呈蜡烛状"为准。先把走势图缩小成"线条"的时候，再按一下上箭头"↑"，这时的"蜡烛"一般是128～166根，由于看盘软件和电脑的不同，稍有出入也不要紧，以能看到"由线状到烛状的第一屏"为准。

第二步，找柱（由近及远）

找柱就是抓重点。盘面上有一百多根量柱，到底找谁呢？

只找能"独当一面"的、能"起死回生"的"将军柱"或"黄金柱"。找柱的方法是"从右向左找"，因为最右侧的量柱是离明天最近的，可以决定明天走势，这样就能由近及远、由表及里地提供参考。

请看图22-1江钻股份（000852）2009年9月29日收盘截图。

根据《量柱擒涨停》所讲的"黄金柱的取柱"方法，我们由近及远地发现了A、B、C、D四根黄金柱，且"第一屏"只有这四根黄金柱。我们分别给它做上标记（也可用箭头做标记），找柱的任务就完成了。

第三步，画线（由远及近）

这里讲的"画线"就是"画黄金线"。其重点是"取点"，《量柱擒涨停》有各种黄金线的取点方法，最基本的方法是"以黄金柱后三日最低位取点"，图22-1中江钻股份的A、B、C、D黄金柱后的黄金线是取基柱第二天的最低点画线。

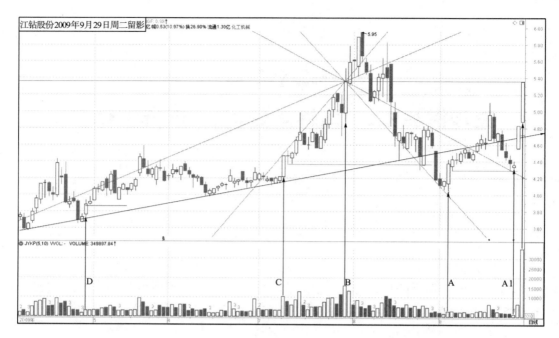

图 22 - 1

画线的线条通常应该从左至右，也就是由远及近，其长度以黄金柱后最低波段为宜。从图 22 - 1 可以看出，几乎每个波段的最低点都在黄金线上得到支撑，由远及近地看出黄金柱对近期走势的影响。

以上三个步骤，在实践中往往一气呵成，分分钟就能完成。关键时候只要找到 A 柱即可。

例如江钻股份就是在 A1 柱（2009 年 9 月 25 日周五）在盘中交流时，雪狼同学最先发现的。雪狼首先发现 A 黄金柱的黄金线支撑住了当时的大跌，然后发现当日成交量极度萎缩为百日低量柱，又发现 A1 柱左侧的周二、周三、周四是三根阴平量柱。这三个因素已足以说明该股跌到阶段底部，随时有爆发的可能。然后，又发现 C 柱的黄金线与 A1 柱的实顶线几乎处在一条线上，于是我们预报并介入该股，至今连续擒了两个涨停。预判该股可能要成为近期的牛股。为什么？

第一，该股 2009 年一直是低量盘升，其太极线上升角度在 25 度以上；

第二，9 月 29 日开盘即冲击涨停，可是主力不封死涨停，而是任其回落，主买与主卖的差距从一万手，逐步上升为九万手，尾盘才封死涨停，有天龙吸水的味道，可见主力有逆市收集筹码的动作；

第三，当日的换手率高达 26.9%，这样的高位换手，外盘与内盘却是 21.1 万比 13.9 万。可能有什么利好被主力提前知晓，我们只能从盘面上观察。让未来的走势验证吧。

若未来三天不跌破今日的最低点，该股将有一波不错的涨幅。让我们一起验证吧。如图 22－2 江钻股份 2009 年 2 月 27 日至 11 月 19 日走势图。该股果然成为 2009 年四季度的明星股（图中灯塔线详见相关章节）。

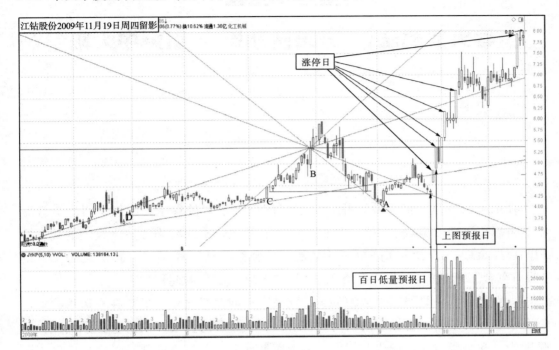

图 22－2

第二十三章
—— 导火索战法： 碎阳慢升长， 引爆中大阳 ——

在王子的《量柱擒涨停》里，关于"凹口淘金"的理论，已经讲得十分详细了。可以毫不夸张地说，"凹口淘金"是王子量柱理论的精华之一。我们的战友应用凹口淘金理论擒拿的涨停板不计其数。"金谷起柱"涨停法，其实就是王子的"凹口淘金"理论的应用，"金谷"，就是"金坑谷底"的简称。

一般地，当一只股票形成银谷，在突破凹口前左峰之后，还会在右边再次形成一个小金谷：这是主力做多的暂时休整。一旦金谷谷底形成，随时会猛烈爆发！这是因为，在金谷谷底的形成过程中，主力逐渐地吸收了空方的能量，空方已经无条件投降了。同时多方做多的量能在这个过程中进行了充分的叠加。这时如果主力在底部一旦连续增仓形成导火索，一旦条件成熟就会迅猛爆发！假如股票的大形态也是一个近似的"银坑金谷"的话，就会产生共振现象，这时爆发的最好方式就是涨停！

一、形态的共振

（1）长期的走势形成探底回升建构。

（2）中期或者近期的走势形成银谷和金坑。

（3）金坑筑底成功，且已经至少冲破了一个重要阻力位（比如阴实顶）。

二、量能的叠加

（1）在大形态中，形成谷底前的量能得到了充分的萎缩；形成谷底后的量能得到了充分的吸收；在右肩的量能进一步叠加。

（2）在小形态中，形成银谷谷底前量能得到了充分的萎缩；形成谷底后量能得到了充分的堆积；在形成金坑时量能得到了进一步叠加。

（3）金坑筑底成功后，主力温和增仓，股价已经或者将要冲破第一或者第二重要阻力位。

三、外部的环境

（1）有优秀的基本面支持或者有重组的预期。

（2）是近期的热点概念或板块。

（3）热点点燃导火索。

四、当日大盘最好不要太孬

假如大盘单边上攻，涨停的可能性陡增！

如图 23－1 远望谷（002161）2010 年 3 月 19 日截图。

预报案例：002161 远望谷。

预报时间：2010 年 3 月 15 日（E 柱）。

涨停时间：2010 年 3 月 17 日（E 柱次日）。

预报战友：短线炒股。

验证地址：http：//www.178448.com/thread－93528－1－1.html。

涨停分析：

（一）气候

（1）优秀的基本面（略，点击 F10 即可知）。

（2）导火索：图中两个黄框内的"碎阳慢升建构"形似"导火索"。

（3）热点：物联网被第一次写入"两会"政府工作报告。点火即涨。

（二）形态的共振与量能的叠加

（1）自 2008 年 6 月 10 日到 2009 年 7 月 14 日形成左峰 A，2009 年 9 月 16 日（B 柱后第二个涨停板）再次有效突破左峰 A。2009 年 9 月 21 日创新高后进行了为期半年的"现场直憋"。

（2）自 2010 年 1 月 20 日起到 2010 年 3 月 3 日形成银谷，之后股价回落形成金谷 D，量柱形成缩量柱，在 22.65 元处形成强力支撑（事实上，过 0309 最低点 D 作平行线即为主力操盘的精准线！）

（3）请看 3 月 10 日这天，主力原欲继续放量突破，但恰遇大盘不配合，因此主力聪明地连续缩量调整了四天，等待拉升的时机。3 月 15 日（E 柱），大盘继续大跌，但该股却企稳收阳，主力欲拉高的企图已经昭然若揭！3 月 16 日向下打压，其实是拉升前按照惯例再吓唬一下散户。

我们的好战友，短线炒股等同学，看到了这一现象后，果断于当日收盘后进行了盘前预报。

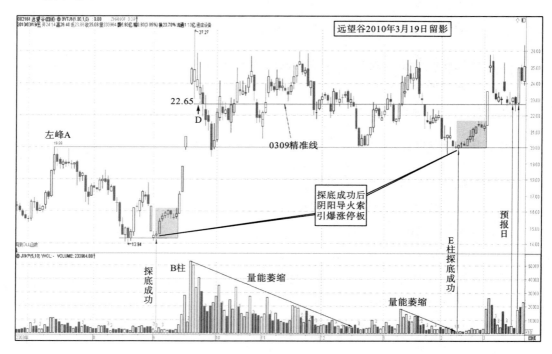

图 23-1

第二十四章
____ 黄金线战法： 回踩黄金线， 起跳在眼前 ____

2009 年 10 月 9 日，明灯论坛的同学们一口气擒拿了七个涨停板：有 "天开一路" 的中金黄金涨停、"路在脚下" 的罗平锌电涨停、"我股丰登" 的厦门信达涨停、"破了" 先生介入后即停牌的华邦制药今日开盘涨停，估计还有涨停结伴而行。而 "雪狼" 同学节前介入的中金岭南、老凤祥、黄河旋风三只股全部涨停！可谓大丰收。

从这些涨停股票的走势来看，有一个共同特点，这就是笔者当天盘前预报中金黄金和山东黄金时提醒大家注意的 "守稳黄金线，起跳在眼前"。注意：本文的标题中是 "回踩黄金线"，盘前预报的是 "守稳黄金线"，二者的意思基本一致。"回踩" 是 "从上往下踩"，"守稳" 是 "从左往右守"，其本质都是把 "黄金线" 作为 "起跳板" 进行的洗盘打压行为，目的是 "起跳"。所以下面的讲述重点侧重于一个方面，望大家举一反三。

下面请看 "雪狼" 同学 9 月 29 日盘中点评并介入的中金岭南（000060）2009年 10 月 9 日截图（见图 24－1）。

图中有 A、B、C、D 四个重要量柱，其中 A、B、D 为黄金柱，C 为将军柱。按照《量柱擒涨停》的画线方法，我们分别给它们画出黄金线，就成了现在的四级台阶。从左往右看，每条黄金线上都有一个圆圈，这六个圆圈就是我们要讲解的内容。

这六个圆圈告诉我们，每当股价跌到黄金线附近的时候，都会有一定的反弹。其反弹的高度和力度，与线条所在区间的量柱有一定关系，大家可以先自我揣摩一下，现在重点讲解 "黄金线→涨停起跳板" 的功能。

先看 A 柱：为 7 月 15 日黄金柱，简称 "0715 黄金柱"，其他以此类推。按照《量柱擒涨停》的画线方法，此处应该在 0715 黄金柱的最高价取点，我们为什么要以其最低价取点呢？这里就是本书第 26 章《跌恋花战法：预定黄金柱，提前测涨幅》要讲的内容。

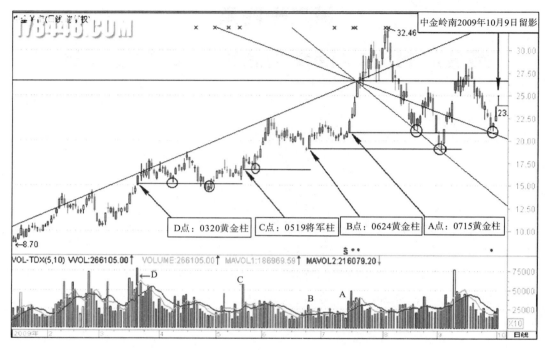

图 24 -1

现在简单告诉大家一个绝招：强悍的主力，往往定位偏上；保守的主力，往往定位偏下。当你在标准位置画好黄金线之后，若股价跌破黄金线而没有止跌，你就应该将黄金线适当下移，在最低点画线。

当我们在 A 柱的最低点画线之后，就会发现一个秘密：股价两次触线即反弹，只有第二次跌破 A 柱黄金线，却在 B 柱黄金线触线反弹。它们三次起跳的位置都在黄金线附近。这就叫"守稳黄金线，起跳在眼前"。

为什么在 A 柱黄金线不直接反弹上去，而要击穿 A 柱黄金线后，在 B 柱黄金线上正式展开反弹呢？这种战法叫作"守上击下"，这是狡猾的主力经常使用的一种保护自己，打击对手的战法。只要我们从这个主力多次踩脚反弹的习惯动作，就能在 A 线做好预判，特别是它击穿 A 线回踩 B 线时，我们就可跟进。

类似的股票比比皆是，像最近的中远航运、中国远洋、正邦科技、云铝股份等，都是这样的建构，大家可以先画线看看，体会其中的涨停奥秘，以便在今后的实战中，从容应对。

第二十五章

—— 鹰嘴镐战法： 若现鹰嘴镐， 可能创新高 ——

下面是"龙行天下"同学今天（2009 年 10 月 17 日）的一篇咨询帖子。

王子老师你好：

我是国庆节期间逛书店发现《量柱擒涨停》这本书的，买回来后如获至宝，反复看了几遍，认真研究学习，并对照书中的案例来实践。

在学习了《凹口淘金，十拿九稳》时，我关注的一只股票002156 通富微电在10 月 9 日时与书中的案例众合股份走势基本相同，按照"凹口取时"的"对称原则"，我在0814 最低价取点画平衡线，该平衡线横穿 0611、0916 大阳线，您在《量柱擒涨停》书中说："平衡线上左侧的凹口处有强壮阳线的个股，其右侧才有强壮的阳线，否则，它将在凹口平衡线受阻回调。"因此，我断定近两天有大阳线出现，我就关注该股票，果然，10 月 13 日我在盘中买入后该股即涨停。因有大阳线的支撑，目前价平量缩正在整理仍持有该股票。这是我看书后操作的第一只涨停股票。

10 月 16 日，我在盘中发现000997 新大陆分时图 10:31 时突破 9:33 时的 14.76元的高点，且成交量放大，按照老师书中"凹口淘金的分时介入法"，我在15.09元买入，该股在尾盘半小时封死涨停板。该股前期有很大的一波拉升，我介入的理由：一是该股是强势股，强者恒强。二是成交量红肥绿瘦，9 月 25 日、9 月 28 日、9 月 29 三天的调整也是量缩，表明主力没有出逃。三是10 月 12 日后三天没有跌破10 月 12 日的最低价，股价横盘，且 10 月 15 日缩倍量股价横盘，明显是主力洗盘。四是10 月 16 日又是倍量柱，后期关注是否能成将军柱决定买卖。这就是我买入该股的理由（见图 25 - 1 新大陆 2009 年 10 月 16 日截图）。

我想请王子老师对我以上股票的分析是否正确提出意见，以及请教一下针对目

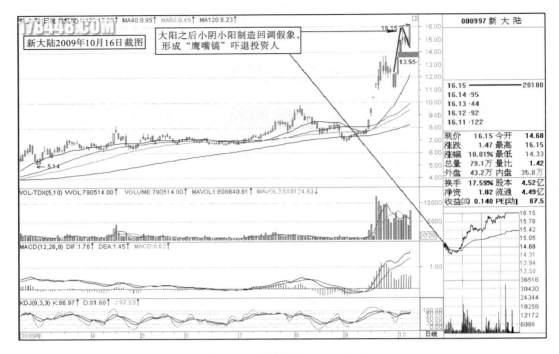

图 25-1

前这种类型的股票后期应如何操作。 （原文见 http：// www. 178448. com/thread -
32504 - 1 - 1. html）

王子点评：若见鹰嘴镐，可能创新高

你的来信非常清楚地讲明了你学习与实践的过程，特别是你的图示法非常直
观，让人一看就明白你的意图。

遵循凹口淘金的原理，你买入的第一只股票通富微电（002156），10 月 13 日
如期涨停，我替你高兴。该股从 14 日开始的三天调整，就是我们今天要讲的"鹰
嘴镐"。见图 25-2 通富微电 2009 年 10 月 16 日收盘截图。

淘金工人每人手上都有一把"鹰嘴镐"，它小巧玲珑，能挖能刨，一有发现，
就能轻易出手。主力也经常使用"鹰嘴镐"，就是在中到大阳之后，缩量调整，有
时是小阴小阳，有时是假阴假阳，造成高位滞涨或高位回调的假象，以吓退经验不
足的投资人。

你的通富微电从 14 日开始的这三天"小阴小阳"，就是在吓人，因为量能一天
比一天小，主力肯定没有出货，既然主力没有出货，他在干什么？肯定是洗劫其他
人的筹码，既然是洗劫，那么它将有突然上攻的可能，你要冷静观察，科学处理。

怎样处理呢？我的做法是：

第一，设好止损点。我一般是以最近的黄金线（该股是 1013 黄金线）为止损

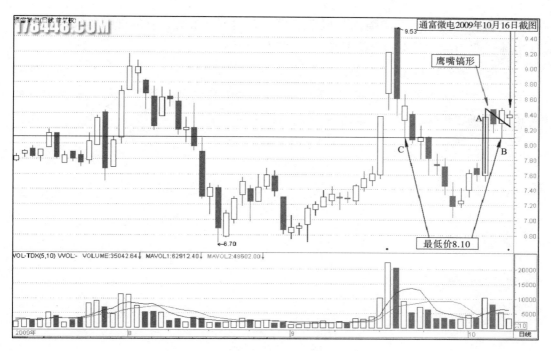

图 25 - 2 通富微电

点，只要不破 8.10 元（图中 B 点），就有上攻 16.20 元的可能。

第二，设好止赢点。我一般是以最近的筹码峰（该股是第一左峰的中点）为止赢点，该股的左峰中点在 8.90 元左右。

第三，随时做调整。上面的止损止赢点设好后，并不一定完全按此操作，如果有效站稳 8.90 元，我就把止赢点向上移动；反之，止损点也要相应调整。

【截稿验证：该股在 B 点下探 8.10 元之后，一路走高，2010 年 4 月 28 日最高价为 16.96 元。】

如果结合你买入的第二只股票来分析，这个"鹰嘴镐"的未来走势就更加清楚了。

如图 25 - 1 所示新大陆（000997）10 月 12 日涨停后连续三天小阴小阳逐步向下，给人高处不胜寒的感觉，许多人纷纷交出筹码，可是第四天（10 月 16 日）开盘就跌穿 1012 黄金线，仅仅十分钟后即放量拉升，尾盘半小时封死涨停板。你可能守住了，因为你讲的四个持股理由非常充分，可见你已读懂了《量柱擒涨停》的大部分内容，望你多多辅导后来者，让大家像你一样能轻松抓住涨停板。

我的这点雕虫小技，仅供参考。我在 10 月 14 日盘前预报时要求大家关注"小阴小阳调整的股票"，就是为今天的讲座收集实战资料，近几天与之类似的股票可以参看通产丽星、风神股份、银河动力，等等，它们都是中到大阳之后，以小阴小阳突然涨停的典型的"鹰嘴镐"股票。只是有的鹰嘴很短，有的鹰嘴稍长，我们要从中体会主力的"鹰嘴功"，不必拘泥"鹰嘴长短"。

【本文下面第17楼"缩量上涨"同学的读后感写道："王子老师的讲解，绝招不断啊，比如止损止赢点的设置，看似平常道来，实则高度浓缩，符合资金运行的规律，止损在破位之时，止赢在滞涨之位！谢谢！"】

第二十六章

____ 跌恋花战法： 预定黄金柱， 提前测涨幅 ____

一、题解 "跌恋花战法"

跌恋花，是不是蝶恋花？"蝶恋花"，多么浪漫的名字，多么熟悉的词句。这不是词牌名吗？怎么能和股市的战法连在一起呢？哈哈！量学这玩意儿就是有点意思。

我们这里的"跌恋花"，就是借用了词牌蝶恋花三个字，即把第一个字改成"跌"字，这就是"跌恋花战法"。

下面一则学员的咨询帖子，正好作为"跌恋花战法"的案例。请看这位学员2009 年 10 月 16 日的留言：

感谢老师的无私奉献！我是国庆期间逛书店买的《量柱擒涨停》。看了两遍，并在 10 月 13 日利用书中的凹口理论在 7.20 元买了 002259。虽说目前还没有涨停，但三天也接近 10% 了。希望老师给点评一下！谢谢！学员"涨停"。

（参见 http://www.178448.com/thread － 32334 － 1 － 1.html 第 191 楼）

王子点评：

这是一篇值得点评的帖子。因为它说得有鼻子有眼睛，让人一看就明白是怎么一回事，点评者就好点评。而有些读者的帖子，你怎么看也不知道他在说什么，所以也就难以点评。希望大家提问时向这篇帖子的作者学习。他的这个简单的帖子，至少有三个优点：

第一，说明"作者 10 月 13 日利用书中的凹口理论买了股票"，边学边用；

第二，说明"所买股票是 002259，价位是 7.20 元"，具体实在；

第三，说明"虽说目前还没有涨停，但三天也接近 10% 了"，尝到了甜头。

他说的这只股票，就是一只典型的"跌恋花"股票。

二、例解"跌恋花战法"

所谓"跌恋花战法"，就是在连续下"跌"的过程中，"恋恋"不忘"杠上开花"的战法。详见图 26－1 升达林业（002259）2009 年 10 月 16 日留影。

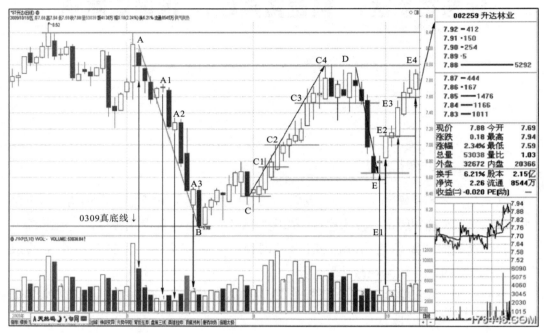

图 26－1

如图 26－1 所示：

该股从 A 点开始缩量下跌，并且是连续缩量三一下跌；跌至 A1：跌出百日低量柱，按说应该跌到位了吧？可它还要跌；跌至 A2：又跌出百日低量柱，应该跌到位了吧？可它又继续跌；跌至 A3：跌到缩量三一了，应该跌到位了吧？可它还要跌，一直跌到 B 柱，长阴短柱回踩左侧的 0309 真底，才现止跌。这种"跌跌不休"的缩量下"跌"，就是"跌恋花"的"跌"。

从 A 跌至 B，几乎都是缩量三一下跌，几乎都是长阴短柱下跌，几乎没有阴柱胜阳的地方，这种超级下跌，主力出逃没有？肯定没有！而是用极少的筹码引诱下跌，越跌量越小，可见该股主力只是假跌洗盘。

B 柱次日缩量长阳过阴半，开始了一轮反弹，至 B1 回落到 C，然后从 C 点展开了一轮以黄金柱为基础的反弹，从 C1 涨到 C2、涨到 C3、涨到 C4，犹如"杠上开花"，一直涨到 A 柱首跌的大阴实底。

哈哈！"缩量连跌"加"杠上开花"，这就是"跌恋花"。这里的下跌，只是为了制造上涨空间，玩一把"杠上开花"的游戏罢了。

三、详解"跌连花战法"

如果我们不知道"跌恋花战法"，错过了 C～C4 的"杠上开花"行情，能不能抓住 E 点后面的行情呢？站在 E 点的位置，我们陷入了沉思。

按照量学"首跌缩量三一二一"，则"反弹必达首跌位置"的基本原理，C4 柱精准抵达 A 柱首跌的大阴实底，说明这个主力攻防有度，股价不是直接抵达 A 峰，而是在 A 峰下方横盘五日后，又再度急速下跌，主力是不是想再玩一把"跌连花"的游戏呢？

如果我们知道了"跌恋花战法"，站在 E 点就会发现：从 D 点到 E 点的下跌，也是缩量三一连跌，也是长阴短柱连跌，只是跌幅没有 A～B 段这么深。这时我们发现，B、C、E 三处是"三级真底抬高"，相当于"三级黄金梯"抬高，正式的反攻即将从 E 点开始。请看图 26－1 右边行情：

E 点次日的 E1 柱是极阴次阳缩量长腿过阴半，量学原理告诉我们，凡是极阴次阳（单阳或连阳）过阴半的，都是即将反弹的前奏，本例左侧 B、C 两处正是如此展开的反弹，那么 E 柱次日的 E1 长腿单阳克阴半，其后市肯定会有 C 处那样的反弹。

果然，E2 跳空向上，收了一根中到大阳。这时，我们就可以预期将会复制左侧 C～C4 的反弹行情，那么，我们就可以 E2 柱为基柱，预定它可以成为黄金柱，来一波"杠上开花"的行情。

果然，E2 柱后第二日倍阳拉升，至 E3 柱确认 E2 为黄金柱；这时，我们又可以 E3 柱为预定黄金柱，期待出现又一波"杠上开花"。

果然，E3 柱后第三日价升量缩，又形成了黄金柱建构，果然"杠上开花"。

这位作者在 10 月 13 日 E3 柱预定黄金柱时介入，不早不晚，恰到好处，所以有连续三日 10% 的收益。

作者介入后的次日（10 月 14 日）是近期高量柱，15 日、16 日价升量缩，黄金柱的趋势基本形成，预计 19 日的收盘价不可能低于 14 日（因为降幅在 10% 以上），14 日（B 柱）就是"预定黄金柱"了。

四、"跌恋花战法"的五个要点

第一，首跌缩量三一二一是"跌恋花"的基础，连跌缩量三一二一是"跌恋花"的形式，因为连跌之中主力没有出货，只是假跌挖坑，其跌后反弹的第一目标位就是回升到首跌位 A。

第二，下跌之中或下跌之后必须出现"缩为百低"或"阶段最低"量柱，探到底部之后必须有一根或一组次阳过阴半确认探底成功，才能确认后面将有"杠上开花"行情出现，才能预定黄金柱 E2。

第三，黄金柱的确认（本例中的 E2 柱），不一定非要等到"三天之后"，而是可以提前预测到"第三日的最大跌幅也不可能低于确认柱时"，就可以提前预知了。曾有同学提问："等三天后介入是不是太晚了？"我说："那要根据实际情况来决定。如果第一第二天涨幅已达 11%，即使第三天跌停，也值得介入了。"这就是预定黄金柱的好处。

第四，回踩黄金线的确认（本例中的 E2 次日），也不一定非要等到"三天之后"，而是可以提前预测"第三日的最大跌幅不可能低于黄金线时"，也可以预定了。和上面的假设一样，只要前两天的涨幅在 11% 以上，就不必等到第三天来确认了。

第五，有效介入点的确认（本例中的 E3 柱），也不一定非要等到"三天之后"，而是可以结合其他要素综合研判，作者在 E3 柱介入，就是综合考虑了前面的涨幅和预计跌幅之后的行为，看似激进，其实非常理智。

事实说明他的介入是成功的。最大的成功是基于 E、C、B 这"三级真底抬高"，该股已进入反弹周期，所以才可大胆使用"预定黄金柱，提前测涨幅"的"跌恋花战法"，即使这三天没有擒到涨停，介入也是正确的。

如何"提前测涨幅"？既然 A 处开始假跌，那么，从 E 到 E4 的上涨幅度，应该等于从 C 到 C4 的涨幅，目前没有达到，但可以期待。如果一旦突破左峰 A 线，其上涨幅度应该是 AB 段的一倍。

验证图示见图 26－2 升达林业（002259）2010 年 4 月 12 日留影。

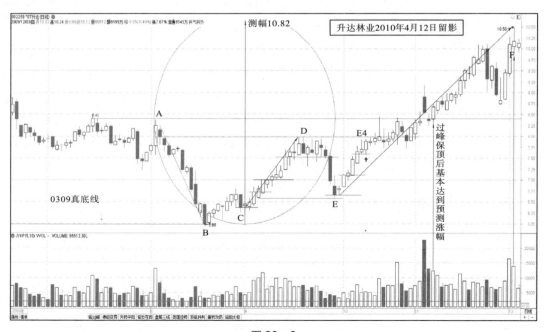

图 26－2

以上预测发布后，该股 12 月 2 日最高上探至 F 点 10.50 元，差 0.32 元抵达 AB 段翻番位。这只股票从 E 到 F 点，没有一个涨停板，但不到半年时间，涨幅翻番。

没有三九寒，哪有梅花香。没有缩量假跌，哪有预定涨幅。从这种意义上讲，量学选股重在选跌，跌得越好，才能涨得越好！这是量学"三不定律"早已定下来的规律。

"取法乎上，得乎其中"就是这个道理。预定黄金柱，也就是在探底回升时预定涨停板或中到大阳，这就是"取法乎上"，如果我们"取法乎下"，那就离"得乎其无"相差不远了。

第二十七章
___ 目标位战法： 介入宜提前， 测幅宜保守 ___

王子老师：

您好！

在书店无意中看到您的《量柱擒涨停》一书，觉得非常新颖、实用、简洁、明了，不像别的书那样难以揣摩。

根据书中的内容，我在 10 月 27 日涨停的位置大胆介入 002021 中捷股份，该股前日倍量柱对应的价柱一举突破了五个峰顶，今天该股一度放量上攻，分时走势上呈涨时放量，跌时缩量态势，下午受大盘影响，缓步走低，但量柱明显低于昨天，走势健康。若下星期一能量缩价升收阳，则是标准的黄金柱。左边五峰顶和右边的黄金柱。按老师书中的测幅理论，该股目标位应在 12 元以上。不知我的分析是否对头，望老师给予指导。谢谢老师。（lfanxin 同学 2009 年 10 月 28 日）

王子回复： 你的来信看了，很具体，很有悟性。这样的咨询邮件才好回复。

你介入的时机稍稍提前点就好了，至少应该在过第一左峰时介入，至少可以多赚五个点。

你的涨幅预测有点问题，就是以哪个基柱来测幅你没有把握好。从你的叙述来看，你好像是以你介入的 E 柱实顶 6.22 元来测幅的，这就错了。

关于"测幅"，本案例适合用倍阳柱来测幅，但不是任何一根倍阳柱都能测幅，必须是"以最初的、过峰的、倍阳黄金柱测幅"比较可靠。请看你的这个案例，见图 27 - 1 中捷股份 （002021） 2010 年 1 月 29 日留影。

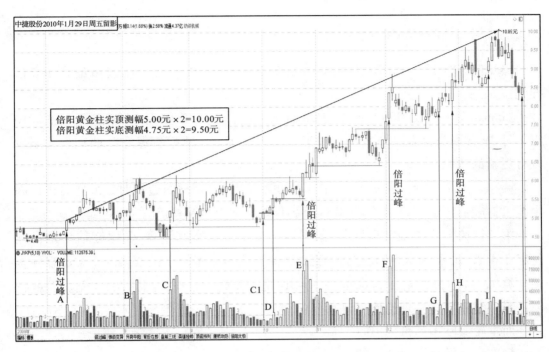

图 27 - 1

一、倍阳柱测幅的基柱

量学规定：倍阳柱测幅的标准是"最初的、过峰的黄金柱"。

图中有 A～I 共九根倍阳柱，按照"最初的、过峰的黄金柱"为标准来看，图中除了 F 柱，其余的八根都是"倍阳黄金柱"，能用这八根来测幅吗？显然不能；所以加上"过峰"的标准，就只有 A、E、F、H 这四根价柱了，用这四根来测幅也是不行的，所以用"最初的"来筛选，就只有 A 柱符合标准，它是"最初的"，也是"过峰的"，还是标准的"黄金柱"，所以，本例首先应该以 A 柱作为测幅的基柱，而不能用 E 柱。

当第一目标位达到了，再用 B 柱来测幅，以此类推，逐步测幅。

二、倍阳柱测幅的基值

测幅的基柱找到后，到底取该柱的哪个值来测幅呢？

量学规定：激进者可以用基柱的实顶值来测幅；稳健者应该以基柱的实底值来测幅。对于我们初学者来讲，测幅宜保守，那么，我们就应该以基柱的实底来测幅。所以，本例的两种测幅数据如下：

以倍阳黄金柱 A 的实顶测幅：5.00 元 ×2 = 10.00 元；

以倍阳黄金柱 A 的实底测幅：4.75 元 ×2 = 9.50 元。

三、倍阳柱测幅的保守

参见图 27 - 1。至 2010 年 1 月 20 日最高上探至 10. 05 元，上述激进型测幅精准到位。

"lfanxin" 同学是 2009 年 10 月 28 日来的信，王子于 10 月 31 日点评。在 2010 年 1 月 29 日回头再看这个案例，对于"介入宜提前，测幅宜保守"的观点大家应该有更新的认识。

第一，关于"介入宜提前"。在 C1 的跳空处、E 回踩黄金线时是最佳时机，因为 C1 的跳空是拐点，E 处回踩 B 柱黄金顶拐头向上也是拐点。

第二，关于"测幅宜保守"。如果以"A 黄金柱实底计算"，保守估计是目标位定在 4. 75 元 × 2 = 9. 50 元左右，到达 9 元左右也就可以了；如果以"A 黄金柱实顶计算"，目标价位定在 5. 00 元 × 2 = 10 元，我们保守点，到达 9. 50 元左右就行了，不一定非要达到理论值不可。

而本轮实际最高价为 10. 05 元。

精准！科学是不容怀疑的。

第二十八章

预警线战法： 靠线蓄势股， 逆势飞天虎

量学的"预警线战法"，就是将"盘前三线"的"上下二线"用预警方式设置到看盘软件中，一旦跌破下线或突破上线，电脑就会自动报警，我们就能及时出货或进货。

"预警线"的设置，可以用指数，也可以用价位，但为了达到预警效果，可以将数值提高或减少 1～5。例如正常的"进货预警线"应该是 10.10 元，我们可以预设为 10.11 元，用增减 1～5 分钱来提前预警。

一、盘中预警及时，躲过一场浩劫

对 2009 年 11 月 24 日的大跌，许多同学以 0730 量柱为参考刻度，准确地预测出今天大盘在发烧，并先后在 10:06 时及 10:50 时发出了 3340 出货预警（参见图 28－1 上证指数 2009 年 11 月 24 日分时图红箭头）。

下面是大家的盘中预警留言。

别有洞天 10:06:28 盘中留言：短线 3362 以上注意逢高减仓出局，而不是追高。尽力使自己冷静些，管住自己的手。

大山王子 10:15:10 盘中留言：关注大盘的量能，如果有超过 0730 量柱的迹象，还是出货为宜。

大道至简 10:25:24 盘中留言：10 点半可能形成今天高点！

钱多老师 10:50:33 盘中留言：今天上午的盘势有点类似 28 现象，非指标股早盘冲高之后很多进入回调状态，如果下午股指上升的时候，还没有起色，那就要小心点了。

下一个交易日将有什么样的走势呢？我个人认为，今天的大跌是由技术上的获利盘引导，由信息上的收缩论推动，由心理上的恐高盘加速造成的非理性暴跌，其下档支撑在3180左右。第二天的反弹不会很高，因为高了就可能诱发今日来不及出货的抛盘，打得太低也不可能，因为今天能出逃的不足1116上攻以来的十分之一。

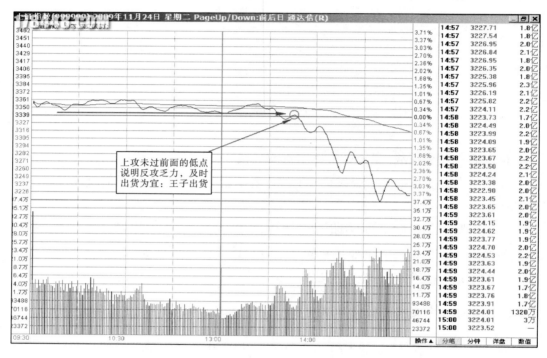

图28-1

我的操作策略是：当天在13:45成功出货，下午在尾盘又杀进七成仓位，也许这个做法不理智，但是它体现了我的操作计划和风格。我原来以为不会跌破人线的，既然跌破了人线，我当然要介入。明天想在3180左右满仓，择机出掉今天的获利盘。如果大盘不给我机会，我将顺势而为。

二、大跌之中大涨，靠线蓄势真牛

个股方面，2009年11月25日盘中点评的"冰冰"同学的友利控股很有特色，请大家调出它的图形看看，这是"在左峰水平线下主动调整"的典型，这样的个股就是"靠线蓄势"，不上不下，缩手缩脚，让人觉得"难以过关"，而它的量柱却透露了主力的动机是"蓄势向上"。

请看图28-2友利控股（000584）2009年11月25日留影。

图 28-2

如图所示，该股 B 柱是小倍阳，其左侧有 5 根逐步缩小的量柱，其对应的价柱紧靠 B1 线，B1 线应该是 8.88 元，为了预警可靠，我们将预警值上调 1 分钱，设为 8.89 元报警，在 B 柱成功伏击。B 柱右侧又有 7 根价柱紧靠 B2 线，B2 线的值是 9.51 元，为了预警可靠，我们将预警值也提高 1 分钱，设为 9.52 元报警，在 C 柱伏击成功。

为什么要提高 1 分钱？量学的"一分钱战法"讲过，精明的主力往往在关键位置用一分钱来测试市场撑阻，我们提高 1 分钱预警，就是顺应精明主力的习惯战法，比他保守一点，预警就可靠一点。若是刚好"靠线"设警，万一主力不上攻了，我们也就站岗了。

当然，预警值的设置要根据主力的操盘习惯、股票的单位价格、左侧的上下幅度来综合研判。

这种"靠线蓄势"与前期讲解的"踩线蓄势"正好相反。"靠"是向上"靠"，"踩"是向下"踩"，目的都是向上。为了区别二者，我们将"靠线蓄势"归入"兵临城下战法"，但其核心是"靠线"，我们将其所"靠"之"线"设置为"预警线"。

根据友利控股的走势，我们再看看当天的涨停股票，都有似曾相识的感觉。这样的图形，值得重点研究。

过去我们看过很多股票教材，它往往是就某一个案例讲一种技术，在此例中有效的不一定在彼例中有效，其可信度和实用性比较差。而我们的技术，要求能在"同一个时间，同一个空间，同一个形态"中冒出同样的"一批案例"，这才是科学研究的本色。

2009年11月24日大盘大跌115点，两市只有十多只个股涨停，可是就有七只个股和友利控股相同或相近，逆市涨停。这是在大跌之中大显身手的飞天虎。例如：

莲花味精：从1105的倍量柱到11月13日，6天"靠线蓄势"，然后一飞冲天；

长春燃气：从1030的倍量柱到11月16日，11天"靠线蓄势"，然后一飞冲天；

再看卫士通、信达地产、云南城投、大橡塑、安阳钢铁，都是如此蓄势而起。这样的股票应该都还有机会。

第二十九章

—— 百低柱战法：百日低量柱，筑底起宏图 ——

一、百日低量柱的意义

"百低柱"就是"百日低量柱"的简称。大家知道，"百日高量柱"往往是"战略性高点"，一旦突破"百日高量柱"，将有非常可观的行情；同样，"百日低量柱"往往是"战略性低点"，一旦找到"百日低量柱"，也将有非常可观的上升行情。

2009 年 9 月 1 日周二尽管有燃油涨价的利好刺激，尽管有煤炭石油板块的奋力拉升，大盘依旧按照我们圈定的行军路线前进，指数略涨，量柱缩小，基本上与我们预计的"0522 低量柱"持平（略高）。

这根量柱是不是近期的最低量柱呢？2009 年 9 月 2 日周三在群里的讨论非常热烈，已发到 9 月 2 日盘前预报下面的盘中交流里，值得大家认真回顾一下。这样的讨论，大家各抒己见，畅所欲言，没有攻击，没有讥讽，是和谐友好的交流，这样才能互相补充，互相促进，互相提高。即使盘中耽误了一点时间，没有在盘中点评个股，我想也是值得的！因为当天的行情还没有明确见底，有时间学习讨论，是一种收获，甚至比抓一个涨停更值。请看图 29 - 1 上证指数 2009 年 9 月 3 日留影。

图 29 - 1 是 2009 年 7 月 9 日灯塔线的主图，本章的重点不是灯塔线，重点是看图右边的字符 A、B、C、D 的标注。

A 柱，长阴长柱，与左侧 A1（0601 周一）的黄金柱实底精准重合，同时与灯塔线 D 线当日当值精准重合，这是回踩到底的重要标志。

B 柱，继续下跌，回踩 0527 元帅柱，尚未封零，收于灯塔线 D 线上方，呈缩量假阳真阴建构，但量柱高于左侧百日低量柱 C1 柱。

C 柱，精准回踩 A 柱大阴实底，量柱低于左侧百日低量柱 C1 柱，即成为最新百日低量柱，呈价升量缩建构。这样的价升量缩的百日低量柱，往往是可靠的转势柱，只要次日量柱不再低于 C 柱，即可确认将有可观的上升行情。

D 柱果然确认 C 柱为百日低量柱，后面必然筑底起宏图。

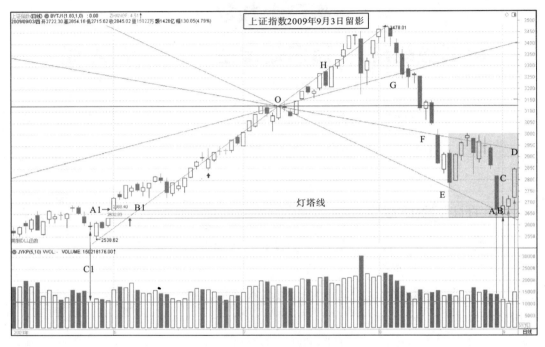

图 29－1

二、百日低量柱的确认

"百日低量柱"从字面上讲就是"百日以来的最低量柱"，根据低量柱的确认原则，最新的百日低量柱应该与距当前最近的低量柱相比。例如，距当前最近的低量柱就是 C1 柱，B 柱的量柱即使与 C1 柱持平，我们也不应该将它列为百日低量柱，因为，如果次日 C 柱继续缩量呢？只有待 D 柱放量上攻了，我们才能断定 C 柱是最低量柱。这个就近对比原则千万不能丢。正如"红枫叶"在盘中 14：49：31交流时说的：前段时间，王子老师曾经两次提出把 2009 年 2 月 16 日的"高量柱"作为阶段性行情的"顶部"去比较，结果，7 月 29 日那个特大的高量柱出现后，我们疏忽了，更被后面三天的涨势忽悠了。历史的教训应该牢记，实践证明量柱理论是科学的。这次以"0302 量柱"和"0316 量柱"探测底部，应该是科学的。在股市中我们一定要按量柱理论去指导一切，绝不能有半点含糊。

与之相佐证的是，我们从 8 月 21 日开始即天天提醒大家关注"近期创最低量柱的股票"，从 8 月 26 日推荐大江股份开始，连续五天的涨停榜都由"15 天来出现百日最低量柱的股票"霸占着。请看事实：

8 月 27 日周四两市涨停前 10 名，百低股占 9 只。

8 月 28 日周五两市涨停前 10 名，百低股占 8 只。

8 月 31 日周一两市涨停 6 只，百低股占 5 只。

9 月 1 日周二两市涨停 10 只，百低股占 9 只。

9 月 2 日周三两市涨停 12 只，百低股占 10 只。如果你继续查看当天的涨幅榜前列的其他股票，绝大多数都是"15 天来出现百日最低量柱的股票"。这个铁的事实告诉我们：第一，触底反弹日益临近了；第二，最近"抖米袋抖到家"的股票已逐步率先启动了。

这样的时候，需要冷静与沉着，要呆若木鸡，不到机会不动啄。

再告诉大家一个好消息：我们的《飞毛腿看盘软件》刚刚统计出 2009 年 9 月 2 日 594 只"15 天来出现百日低量柱的股票"，这就更证明了我们的判断。

我们说过，从 8 月 19 日算起（见图 29 - 1 中的 E 柱），大盘从高位跌落企稳应该有 12 个交易日的 N 形调整回升过程（见图 29 - 1 中有底纹处）。让我们冷静地观察这个"第 12 个交易日"的表现吧，我们不要慌，让别人去慌吧。

因为从 2 月 16 日到 3 月 3 日有过一轮同样高位探底找到百日低量柱，筑底起宏图的痛苦的 12 个交易日。此后从 2070 点一路攀升到 3478 点，这是一年中仅有的两次极为相似的高低震荡结构，我相信这次不会例外。

曙光会在最黑暗的时候出现。

以下是对于"从高位跌落后应有 12 个交易日 N 形调整"的验证：

雨后的雨 11:24:43：猛，大盘冲上 2800 了。

黑马王子 11:31:51：今天，12 天……第 12 天，应该再次应验吧，但愿下午不要走火。

股市精灵 11:32:55：好的！看机会进点了。

黑马王子 11:33:13：应该如此了。老天保佑哇，我提心吊胆地度过了这 12 天，7 月 31 日《股市天经》之一、之二截稿时对顶底的预测，搅得我睡不着觉，生怕出了问题，这书就卖不出去了哇……

股市精灵 11:35:24：哈哈……老师您要有信心的嘛。

股市买菜 11:35:50：呵呵……老师有压力了哦。

艾艾 11:36:23：老师真可爱！

药香依旧 11:36:38：我在不停地数呢，像圣旨一样的等这 12 天呢。

黑马王子 11:37:11：下跌 12 天，调整 12 天，是"用前量柱对后量柱"的预测，过去都是在论坛上预测，错了无所谓，这次是在书上预测，当然担心哦。老天爷真好！让我每次都预测准了……

股市精灵 11:37:35：神奇之处，简单直观。

黑马王子 11:37:40：今天给老天爷敬酒……

股市精灵 11:38:05：老师晚上得多喝点了。

黑马王子 11:39:44：昨晚预报时说的"曙光就在最黑暗的时候出现"，我是说给自己听的哦，自我安慰还是要的哦……我掉泪了……但愿下午别走火哦……

股市精灵 11:40:03：看样子不会的！老师太感人了！伟大……

黑马王子 11:41:37：帮我祈祷吧，大盘下午千万别走火哦……

芝麻开花 11:42:42：让我们祈祷吧，支持王子老师。

黑马王子 11:44:45：这次在书上的预测，我是下了很大决心的哦，用量柱的方法，可以不看均线、不看 K 线，只看量柱，多么简单，就像天然码一样简单，任何人都可以消停地拿量柱温度计测量后市、踏准节奏……

红枫叶 11:47:54：科学就是科学，按量柱理论预测成功是必然的。

黑马王子 11:48:00：我们盘前推荐的个股为什么天天有涨停，许多高手都看不明白，因为我们走的路子和他们完全不一样，是独树一帜的，是独辟蹊径的，是紧跟主力的，当然使用 K 线和均线的高手看不懂……

夏雨清风 12:01:18：祝贺老师的量柱理论，再次得到实践的验证。

黑马王子 12:09:01：谢谢大家。大家都知道，有些机构拉升个股时是不管均线、K 线的，经常是突然袭击的方式，在均线和 K 线上很难找到他们的踪迹，但是量柱却把他们的行为量得死死的，想遮也遮不住哦，想瞒也瞒不了……

三、百低与百高的结合

前面讲过，"百低"和"百高"都是"战略柱"，"百低"是"战略性低点"的标志，"百高"是"战略性高点"的标志。如果将这两根战略柱结合起来，会是什么效果呢？答：这都是"战略性介入、战略性持股"的机会。特别是对于没有时间看盘的投资人，往往只要抓住了这两个"战略性机会"，你就可以放心持股，安心上班了。请看图 29-2 凯撒文化（002425）2020 年 7 月 3 日留影。

如图 29-2 所示：

A 柱，百日高量柱，次日缩量二一下跌，视为假跌，此后一路缩量下跌，均视为假跌。从战略上看，该股一旦反弹，第一目标位即 A 柱实顶。

B 柱，百日低量柱，此后微增量反弹，至 C 柱再现百低，可视为触底，C 柱后面的下跌无量，可视为百低挖坑行为，B~C 之间随时可以介入。

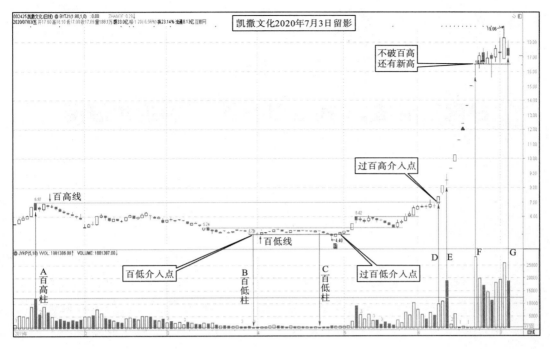

图 29-2

D 柱，小倍阳过百日高量 A 柱实顶，与 A 柱相比，明显缩量，即可确认突破百高，从战略上看，该股将进入反弹周期，第二目标位即 A 柱实顶一倍。

例如：A 柱实顶为 6.97 元 ×2 = 13.94 元。实际价位超过理论价位。

由此可见，百日低量柱和百日高量柱都是战略建仓或补仓的位置。这两个位置一旦看准选准，上班族可以骑上去安心上班，"不见九阴不撒手"，享受牛股飙升的乐趣。

【注："九阴"即"量学九阴真经"的简称，并非有些人望文生义的"九根阴柱"，内容详见清华大学出版社《涨停密码》书中的讲解。】

第三十章

日底线战法： 找准日底线， 惊盘也悠闲

所谓"日底线"，就是每日"盘前三线"的下线。为了保证实战的可靠性，我们对"底线"的设置往往向下多取一线，就是"从最坏处着想，朝最好处努力"。向下多取一级，就是"从最坏处着想"，一旦守住了下线，也就可以"朝最好处努力"。

一、分时看量柱，急跌必急涨

2009 年 12 月 4 日周五的盘势紧张而惊悚，却如期"站稳日底线，有望三千三"。可惜的是当天网站流量太大，在最惊悚的时刻，网站堵塞，盘中交流发不成，只好在群里交流。

盘中大跌时明灯群里有人问王子："老师，怎么不大呼上当呀？"

王子答曰："哈哈，没有上当，只是上瘾了。"

为什么"上瘾"？请看 2009 年 12 月 4 日大盘的分时图（见图 30－1）。

图中注①是 11：17 时大盘疯狂杀跌开始的绿柱，这时的绿柱增高，放量杀跌，许多筹码夺路而逃，可是这里的下杀太急，从第二波开始量柱明显减少。

图中注②是跌到最低点 13：16 时的绿柱，这时的绿柱明显低于①处，这是无量杀跌，根据量柱温度计的原理，无量杀跌，必然上涨！

图中注③是最重要的，这条最宽的横线，是我们盘前预报时预测的三三地线今日的当值，即 3240 点日底线，大盘如此恐怖地杀跌，到日底线下方仅仅半个小时，绿柱缩短，指数向上，形成大大的喇叭口，这种典型的诱空技法，在量柱温度计下被测量得清清楚楚，明明白白。我们在看日线图时如此重视喇叭口，在看分时图时也应重视喇叭口哦！

看懂了上述三点，谁能不"上瘾"？量柱和指数的互动，充分展示了主力盘中

洗盘的伎俩，正如股市明灯群有个同学说的，"今天让主力赚大了"。的确如此。如果记住我们盘前预报的两句话"站稳日底线，有望三千三"，大家就不会这么紧张了。

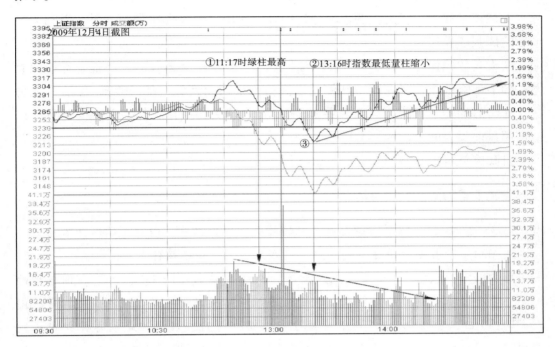

图30－1

二、如何才能处变不惊

第一，遵守时效原则。以盘前预测的关键点位为参照，确认站稳或突破的时间一般应定为30分钟，我们在论坛上曾经多次强调过这个观点：无论向上或向下，30分钟为有效（特殊情况用80分钟）。

第二，遵守方向原则。以量柱和指数的互动点为参照，确认上升或下跌的趋势一般应采取量柱温度计的刻度和指向来定夺，量柱与指数的背离，必然产生趋势的背离，即下跌时应看涨，上升时应看跌。

第三，遵守主导原则。就是在上面的第一原则和第二原则产生矛盾时，以当时的主导趋势来决定方向。"当时的主导趋势"就是当时的量波主导趋势，急跌极阴必然返阳，急涨极阳必然返阴，这就是动态平衡规律。

以2009年12月4日的盘势为例，13:16时为疯狂杀跌的最低点，这个最低点在3240基准线下已满30分钟，按照时效原则应该看跌；但是，就在这个30分钟的最后时刻，量柱与指数产生了明显背离，趋势看涨，这时我们就要以"主导原则"来操作，这时的持股或抄底就是正确的了。这就是"一线定大势，盘惊我不惊"。

要想用好这一招，最重要的是预先确立正确的点位。事实说明，我们当天盘前预测的3240点非常准确；然后要确认发展的方向，特别是在盘中大跌时要能从量柱与指数的互动，看出盘面的苗头，从而做出正确的判断。

上述三个原则，在过往的盘面分析中经常应用。今天再次强调一下，以利大家今后的研判或操作。

这天我的操作是：在上午3300点时抛了大连圣亚（600593），其他证券股没有抛；到下午临近收盘时在即将涨停的次高位抛出西南证券（600369），然后买入另一只即将启动的期货股票高新发展（000628）。这天的操作不算完美，但是我是严格按照盘前预报的点位和方案操作的。

自我感觉可以及格吧。欢迎高手指点。

三、王子与战友们的对话

第36楼"ttxy"留言：今天主力的操作手法堪称经典，但有量柱温计不怕。

王子曰：量柱是股市运动的基石，站在基石上，你还怕什么？

第50楼"其瓦额"留言：王子大师分析得真精彩！10:00左右，我们深圳的同学，今天没有看到"股海明灯"网站，我们担心网站的安危！在深证成指分时图上，10:30白、黄线分开，10:58白线上行，黄线下行，我认为是蓝筹掩护中小股票出逃，我也杀出了部分筹码，13:30我看到底部已经探明，立即回补杀出的筹码，做了一个T+0。

王子曰：你是高手，今天敢于抄底的都是高手。

第51楼"大漠孤烟"留言：老师对量柱的研究对实战真是非常有用，股市上很多方法都可以做假，可以骗人，但是成交量是无法骗的，老师抓住的是精髓，量柱就是资金的写照。该方法值得我们去用心观察实践。大盘今天出现的如此明显的二八现象，在以往的股市上也少见，今天可以看出主力玩弄大盘于股掌之间，说明我们还是个政策市，完全要按市场规律来还有很长的路要走。

王子曰：你到底是金融专家，可以看出"股市上很多指标都可以做假，可以骗人，但是成交量是无法骗人的"。我们就是要从不可骗人的量柱去洞察可以骗人的把戏，我们就能处变不惊了。

第79楼"szcall"留言：老师的理论，非常牛，我以前接触的理论为：下跌时不用放量，致使我错误地操作多次。

王子曰：随着时间的推移，你将会发现更多伪理论，我就是这些伪理论的受害者，最终摆脱了伪理论，向实实在在的量柱靠拢，就是向实实在在的利润靠拢。

第120楼"晕股者"留言：老师好，今天的10日线在收盘后是3240.17，但盘中动态 10 日线应该为 3231.63。

王子曰：这个问题提得非常好！均线的异动太大，而量柱的异动很小，昨天的预报是根据三三地线测定的平衡线在 3240 左右，一线定位，不能因为今天的动态指标改变昨天的预测，否则，昨天的预测就没有意义了。

第 165 楼"金慧"留言：非常精彩，大道至简！

王子曰：对！至简的才是实用的。今天只要盯住 3240 一线即可悠闲自在！

第 251 楼"子牙 5"留言：老师对大盘的分析太精彩了！以前看了几十本书就有许多的不明白，还有许多是当时明白，过后就不明白。现在读了老师的书，当时明白，过后明白，实盘也明白。思考了老师对 12 月 4 日大盘的分析，觉得以前许多的不明白，现在竟然有了不少的明白。

第 269 楼"L721836"留言：王子老师精辟论述、精彩语言：摆脱伪理论，向实实在在的量柱靠拢，就是向实实在在的利润靠拢。我等当铭记在心，深刻理解，坚持实践，深入体会！

第 275 楼"longzi_ Wg"留言：哇，老师，量柱理论还可用到分时图上啊，第一次见哦。

第 276 楼"zzsong2007"留言：分析得很好啊，看来炒股的"进出有据"才能"处变不惊"啊，努力学习中！

第 299 楼"yrgen"留言："向实实在在的量柱靠拢，就是向实实在在的利润靠拢！"说得太好了！

第 318 楼北京"高大鹏"留言：王子说的"权重股蠢蠢欲动"，果然兑现。4 日一些中小盘个股庄家在进入拉升前借权重拉抬顺势急跌洗盘，手法堪称经典。前期部分低迷且调整到位的小盘个股将借大盘之势一搏云天。主力的阴谋阳谋在量柱理论面前无所遁形。向王子大师致敬！量柱理论登峰造极！

第 450 楼"老老老"留言：看老师的操作，犹如观其形，辨其意，审其时，度其势，动于阴末，止于阳极。其心如山之不动，其性如水之无常。以无法为法，法法相济。服了！

第三十一章

___ 精准线战法： 回踩精准线， 起飞在眼前 ___

一、关注一个神秘的点位

哈哈！2009 年 12 月 23 日周三的大盘，被王子唤醒了一会儿（开个玩笑），但还是半睡半醒，蒙眬惺忪。大盘还是要脸的，但就是不晓得怎么要脸。就像毛泽东说的推驴子上山，非得在后面猛抽它一下。谁来抽？肯定是主力资金。但是，现在的主力资金在干什么呢？从最近打新的情况和盘面的情况来看，它们响应号召打新去了！反正行情这样了，抽出资金打新，免得挨跌，赌得一把是一把，总比放在股市缩水强。那么，后面的戏怎么唱，就得看打新资金解冻的时机了。目前的市况，是个股分化的关键时刻，如果我们踏准了，正好换股迎新春。

24 日就是洋人的圣诞节前的最后一个交易日，也是 3050 止跌以来的第二个交易日，中国人会怎么看怎么想，那都是崇洋者的把式，也是趁机造机发财的把式，我个人认为，稍稍发红的可能性大，如果要打压，能在 3039 稳住就是假打，那么向上到 3108 就是阿弥陀佛，如果主力发点善心，站到 3123 就得歌功颂德了。

为什么强调 3039 点？我在当天的盘中交流时曾经强调过：只要不跌破 3039 点就是多方的胜利。为什么？看下文你就知道了。我现在依然强调 3039 点的重要性。

2009 年 12 月 24 日周四，大盘真的醒过来了！王子一声吼，大盘往上走，本来想写"大盘往上抖"的，怕这个"抖"字不吉利，换成"走"字，哈哈！昨天说过，推驴子上坡，是要吼几声的。中国文字的丰富，让许多股评人士变得油嘴滑舌，模棱两可，有的则是扯着嗓子空喊，没有一点技术含量。

毫不谦虚地说，咱王子是中国股市唯一的一个敢于讲真话、敢于毫无保留奉献技术的人。有人说，你把这么多绝技奉献出来，不怕"教会徒弟，饿死师傅"么？我说，如果没有一桶水，我会给你一碗吗？如果没有找到水源，我会源源不断地送水吗？那些有一技之长就把尾巴翘到天上去的人，还是收敛一点好！西山大师长袖一抖，你的那些把戏全都不值一文。

二、关注一串神奇的巧合

就说精准线吧，说天底下只有王子在讲，可不一定有人信。常言道："绝技好学，一窍难通。"我向西山大师学习精准线，至少面壁三个月，一语道破时，才恍然大悟。我昨天讲精准线时的一段解说，是精准线的精华，建议大家认真琢磨，想透了，你才能尝到"一线值千金"的滋味。

我在 2009 年 12 月 23 日盘中交流时强调：只要不跌破 3039 点就是多方的胜利。为什么？当时盘中来不及细讲，现在重点介绍一下我的思路。

2009 年 12 月 22 日周二上证指数最低点为 3039 点。我们以此点画一条水平线，你会惊奇地发现一串神秘的节点（见图 31－1 上证指数 3039 点精准线）：

①0814 的最低点是 3039 点；

②1019 的最高点是 3039 点；

③1028 的最高点是 3038 点（低 1 个点）；

④1222 的最低点是 3039 点；

⑤1223 的最低点是 3041 点（高 2 个点）。

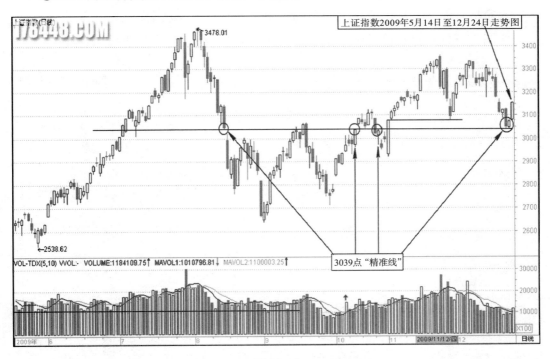

图 31－1

横跨 4 个月的水平线，居然有 5 个点位处于同一个位置，最多仅相差 2 个点位，如此精准的刻度，有人肯定会把它当作主力的杰作，其实，这绝非主力有意为之，而是市场多空双方格斗后自然形成的力量平衡点。这样的多点平衡，往往是一个重要的点位，这里很可能是 1124 和 1207 两个高点形成的 M 头的底线。所以，我在盘中交流时格外强调 3039 点的重要性。

三、关注一批神气的涨停

2009 年 12 月 23 日周三让大家关注的 3039 点，次日周四的大盘走势，证实了这个精准线的实力。

大盘的精准线比个股的精准线实在得多，个股的精准线却有一个特殊功能，特别是在"并肩精准线"上，往往会迅速起跳。

请看今天两市涨停的 20 只股票中，有 11 只股票都是在精准线上起跳的，请大家调出如下股票：龙溪股份、东华软件、海陆重工、三安光电、一汽富维、维科精华、湘鄂情、世联地产、银星能源、焦作万方、江南化工。

这 11 只股票的走势，无一例外都是"精准线上冲涨停"，它们有的是"并肩精准线"，有的是"隔日精准线"，低价股一般相差 1 分钱，高价股可以相差 5 分钱。希望大家把它们全部截图留存，印在脑子里，随时可以发现金子。

如图 31－2 龙溪股份（600592）2009 年 10 月 19 日至 12 月 24 日走势图。

图 31－2

第三十二章

回马枪战法： 看准大方向， 破解回马枪

2010 年的大雪，给我们这个世界增添了许多故事，围炉听古书，拥雪话英雄，枪挑小梁王，拖刀斩华雄，那是当年随父下乡的温馨故事。我一直在想，回马枪真的有这么厉害吗？如果我能破解这"回马枪"，那我岂不是更英雄吗？

哈哈，昔日故事，今日翻版，而今股市最精彩的故事，应该是王子对新年开盘这五天的准确预测了，可以说是：说跌就跌，说涨就涨；大盘言听计从，毫不含糊。

为什么有这么准确的预测？对我们日后有什么教益？请听我一一道来。

一、大盘做短差，主动回马枪

"回马枪"有"阴回马"和"阳回马"两种形态。

2009 年的收盘，将 30 月线刺穿，将 120 周线突破，与 1 年的年线收盘持平，这是含蓄向好的发展趋势，说心里话，2009 年的最后一天应该突破这三关，站上 3300，因为只有咫尺，为什么不突破呢？

元旦前夕，大盘已连续七天上涨，从我们预报的 3039 点一路飙升至 3282 点，当时的消息面已是春风习习，得意扬扬，市场一片叫好，但是最后一天（12 月 31 日）的走势，与人们的喜庆完全两样，欲上不上，欲下不下，整天横盘，我的第一感觉是，主力有借利好杀回马枪的打算。即利用利好，拉高出货，打一个"短平快"的短差。

节日期间，利好不断，但是这些利好都是节前已经流传的消息的兑现，我认为，A 股的大势虽然向好，但在开年的头几天将可能出现折腾，最大的可能是从人们期盼的"开门红"中夺取利润，所以发出了"不要被利好冲昏头脑"的预报。说实在话，我当时也被利好冲了一下，将年前自己预报的 3300 点提高到 3308 点。

结果，周一最高只到 3295 点即反身向下。

周一是在没有摸高 3300 点即反身向下的，说明主力思路不统一，如果上摸 3300 或 3308，先高后下的急挫，才能引人入套，所以周一的这个回马枪杀得不到位。既然不到位，就要重整旗鼓，修复思路，把人们引回年末的喜庆状态。看到这一点，我们发出了盘前预报"正常调整中，牛股照样牛"，周二即大红大紫，最高上摸 3290 点。

周三的盘前预报是很难的，因为我们不知道主力将把这出假戏唱到哪里，只晓得它们肯定要杀回马枪，所以只能这样预报："管它能涨多高，我自逢高出货。"事实上逢高出货是对的。大盘回落近 30 点。

周四的盘前预报也比较难，因为我们只知道这是回马枪，但不知道其杀回的准确时间，所以发布预报说"天上的仙鹤，不如手中的山雀"，希望大家捏稳银子，"看准了就放它一枪"，看不准时不要动。

周五的盘前预报是最难的，如果打到灯塔线的 O 轴而不回升，就是大势向坏，请大家看看近两年的走势图，只要连续两天下杀，第三天回升的，基本上都是回马枪的格局，只要连续三天下杀，那就大势不妙，这也是《量柱擒涨停》中强调的"三日确认原则"，个股如此，大盘也是如此。所以我们一方面强调可以抄底，一方面瞄准 3124 的保险杠，盘前预报的主题是"压缩的弹簧，反弹的脊梁"，"手中还有银子的，明天将是你大捞一把的时候了"。事实说明，预报正确。

我们这五天的预报为什么天天精准，就是因为"看准大势向好，局部可能回马"，只要掌握回马的尺度和回马的时间就行了。如果我们拿不准大的方向，就不可能在小的局部动荡中占据主动。

二、个股高压下，顺势回马枪

要说我们预报中的失误，就是低估了电子信息股的后劲，高估了地产股的反弹，我们 2010 年 1 月 8 日周五预报的两只地产股最高只有阳光股份涨了 5 个点，浙江东日涨了 2 个点，应该说，这是地产股在高压调控下的不错表现了，我们预报的自仪股份却下跌 2.80% 。

它为什么失败呢？原因很简单，黄金柱后第三日是确认日，其最低点与 A1 开盘价持平，是长阴短柱，只要日后该最低点位不破，这个涉及核电、低碳、世博、文化办公、机械的股票，应该有好的表现了。为什么？因为这里埋伏着一招"回马枪"。大盘回马枪，两日拖阴，一日大阳是也。个股也是这样。

请看图 32－1 自仪股份（600848）2010 年 1 月 8 日截图。

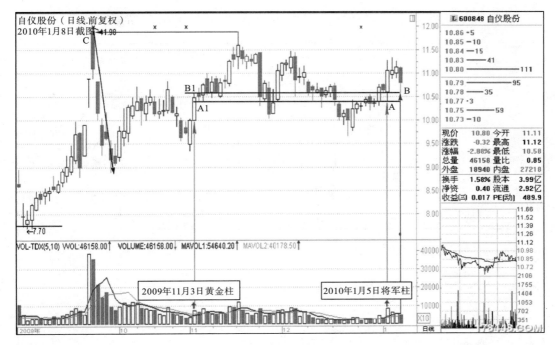

图 32－1

先看左侧上方，该股从 C 点（2009 年 9 月 23 日）下跌以来，一直缩量调整，量形波澜不惊，价柱波浪滔天，至右侧将军柱 A 出现后，连续三日缩量下探，含蓄稳重，毫不张扬，所以预判该股可能有大的向上动作。因为：

A 柱是小倍阳将军柱，以其虚底画水平线，刚好与其左侧的 A1 点无缝重合，更为难得的是，该线与 B1 黄金柱右侧的黄金线无缝重合。

B 柱即 A 黄金柱后第三日，虚底精准回踩 A 黄金柱实底，以此虚底画水平线，精准对应左侧 B1 黄金柱虚顶，B 柱缩量回踩 A 柱实底，收长腿，属于"阳阳阴，找黄金；找到黄金可买阴"的建构，次日可能有回马枪。

再有，AA1 线与 BB1 线在这里形成双重防线，主力可以大胆施展其"回马枪"，最右侧的价柱这么长，对应的量柱却那么短，显然是主力打压吸筹。只要最近三日不跌破 BB1 线，就有好的上升趋势。

破解回马枪，要注意以下几点：

第一要趋势不变，即使动作大点也不失大方向；

第二要预测它最多在什么位置回马；

第三要随时盯住那回马的一瞬间，顺势补它一枪。

只要能做好以上几点，无论多么狡猾的主力也要为你抬轿，向你致敬。

理论上可以如此分析，实践才是检验真理的唯一标准，且看该股接下来一周的表现吧！祝大家周末愉快！

验证情况见图 32 – 2 自仪股份（600848）2010 年 1 月 20 日留影。

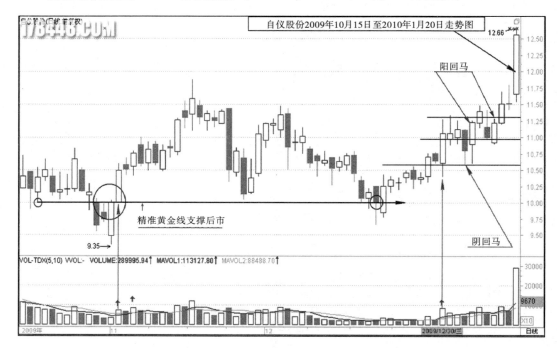

图 32 – 2

第三十三章
动平衡战法： 势变我亦变， 一步一重天

"动平衡"即"动态平衡"的简称，我们常见的自行车、平衡车、杂技中的单轮车等，只有在"动平衡"状态下才能行稳至远。股市的运行也是这样，只有在动态平衡状态下，才能行稳至远。

第一节　经典的移步换形案例

我们来欣赏一下柳宗元的《小石潭记》。这是一篇极富诗情画意的山水游记，却对看盘大有裨益。作者开篇写道："从小丘西行百二十步，隔篁竹，闻水声，如鸣佩环，心乐之。"文章一开头，便引导我们向小丘的西面步行一百二十步，来到一处竹林，隔着竹林，能听到溪水流动的声音。"篁竹"就是成林的竹子；"如鸣佩环"是形容流水的声音清脆悦耳，犹如玉佩玉环相互撞击时发出的声响。

文章移步换形，势变我变，由景及情，写来极为自然。然后"伐竹取道，下见小潭"。在浓密的竹林之中，砍伐出一条小道，顺道下行，终于见到一个小小的池潭。

这一番由小丘到篁竹，由篁竹到水声，再由水声寻到池潭，既是讲述了发现小潭的经过，同时也充满诱人的悬念和探奇的情趣，逐渐地在人们眼前展开一幅美妙的图画。这种移步换形、因势利导的写作手法，给人步步露鲜、处处透奇的感觉。

由此想到，股价的走势也如"闻声、伐竹、取道、见潭"一样，充满了诱人的悬念和探究的情趣。为什么有的人能准确预测股价的走势？因为他们先我们一步"闻声、伐竹"，所以才能"取道、见潭"。

请看大盘走到目前这个位置（见图33-1），该如何发展呢？

图 33-1

如图 33-1 所示：我们 2009 年 7 月 9 日选定 3123 的收盘价作为大盘的灯塔线零轴，以及由此生成的灯塔线，准确地调控了从 2009 年 7 月 9 日至 2010 年 1 月 21 日的指数，时间长达六个多月。但是，大盘 1 月 20 日周三大跌，周四收一假阳，最低点回踩至 3126 点，比预报的 3123 点就高 3 个点，应该是比较准确的。从当天的日象建构来看，假阳真阴，务必当心！大盘必将下探。至于它到底要下探到什么地方，我们也不清楚，所以只能走一步看一步，找到它的动态平衡点。

注意，3123 点是 2009 年 7 月 9 日的收盘位，也是我们前期灯塔线的零轴线位置，一旦跌穿这个点位，就要密切关注指数的运行方向和运行方位，就要学古人"移步换形"，按照"动态平衡"规律来修正或规划出新的预测量线。

第二节　大盘的移步换形预测

大家知道，量线是"指数点位"或"股票价位"在某个特定时段的特定关联，它由关键时段的关键点位映射而成，反映了特定时段的指数或股价的运行轨迹，是我们预测指数和股价波动的脉搏仪。例如峰顶线、谷底线、精准线、通道线、黄金线、攻防线，等等，无不折射出当前指数和股价的运行方位、运行节奏、运行幅度、运行斜率。有了这些线条的映射，我们的预测才有方向感和分寸感。许多战友通过学习和实践，都有"稳坐钓鱼台"的感觉。这就是量线脉搏仪的作用。否则，我们的预测就是凭空臆想、追涨杀跌。

特定的量线生成之后，是不是可以一劳永逸呢？答案是否定的。任何一根量线的生成，都是多种因素的集成，当新的因素参与进来的时候，原有的量线必然产生新的变化，新的因素参与越多，量线的变化越大。我们要"顺势而变，移步换形"，在"动态平衡"中规划新的量线。

量线的修正和规划，绝不能抛弃前期成功的量线，而是以成功的量线为基础，以"三日确认原则"为指导，寻找与之相关的新的量点。我们从 2010 年 1 月 25 日（周一）这周开始的盘前预报，就是在"量线修正"中逐步接近真理的实践，本周五天预报，三精准一正确一失误。我们是如何修正量线的呢？

第一次修正：在 2010 年 1 月 25 日周一。请看图 33 - 2 上证指数日象。

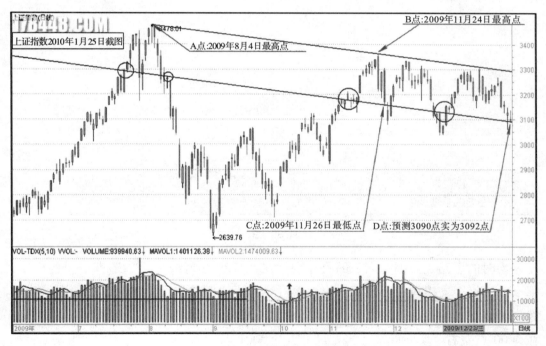

图 33 - 2

当时的思路是：大盘从 A 点（2009 年 8 月 4 日的 3478 点）到 B 点（2009 年 11 月 24 日的 3361 点）形成了下降通道，我们以这两点连线形成"1124 下降趋势线"，大盘三次上攻该线却攻而不击（即 2009 年 12 月 7 日、2010 年 1 月 4 日和 1 月 11 日三次即将触线都无功而返）。根据"事不过三"的原则，大盘很可能有大幅调整，其调整的第一目标位在哪里呢？按照平行线画线"下跌找大阴底线"的原则

【注意：这里是平行线画线，所以找"大阴底线"；如果是平衡线画线，则应"下跌找大阳底线"】，我们选择了 11 月 26 日大阴线的最低点，然后与"1124 下降趋势线"画出平行线。

如图所示，与 AB 连线平行在 C 点画线，预测的最低点在 3090 一线，实际验证：当天最低点为 3092 点，误差 2 个点。

第二次修正：在 2010 年 1 月 25 日。请看图 33－3（在图 33－2 的基础上多了一根线）。

图 33－3

当时的思路是：因为周一的收盘刚好在"1126 平行线"上，还有下降的可能，那么，下一个支撑位在哪儿呢？根据平行线画线"跌势找大阴底部"的原则，我们找到了 2009 年 12 月 22 日的大阴底部 C，与 AB 线画出平行线，预测其第二支撑位在 3000 点左右。实际验证，当日最低点为 3001 点。

第三次修正：在 1 月 26 日，因为前两次的修正虽然准确，但是次日都跌破支撑线了，考虑到其下跌惯性，我们必须规划出下跌的第三支撑位，乃至第四支撑位。当天晚上，我们选择了左峰的最高点即 9 月 18 日大阴线的顶部，与 AB 线画平行线。同时考虑到若大盘继续下跌，应该找到本轮下跌的最后支撑位。于是我们以 7 月 9 日的收盘价与 AB 线画出第四支撑位。因为这个位置是本轮下跌的极限位。一旦跌破，不堪设想。

于是我们确定了第三、第四支撑位，见图33－4。

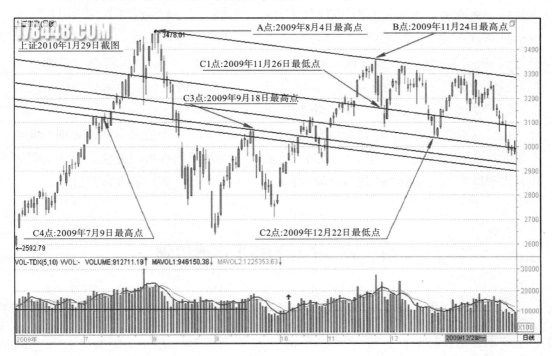

图33－4

综上所述，我们连续四次修正量线，连续三次应验，都是根据"最近原则"来决定的，第四次预测的失败，原因就是"没有继续寻找最近的点位"。从主观上讲，我们犯了主观主义的错误，以为跌了这么多，"应该到位了"，事实上，我们的视角如果稍稍打开一点，对大盘更尊重一点，我们就不会犯此错误了。

总之，量线修正必须遵循如下原则：

第一，以关键点位的攻守成败为契机。量线是一个完整的系统，每一个环节都可能影响到一个整体，每一个动作都可能影响到下一个动作，所以，正确地寻找离当前点位最近的关键参考点位，才能保证量线的质量。

第二，以关键点位最近的大阴为参考。平行线的"跌势量线规划法"与"升势量线规划法"相反，"升势量线规划法"是以左侧长阴顶部画线，而"跌势量线规划法"则是以左侧长阴底部画线。按照这个原则，我们在周一的下跌之初，就应该把这四根支撑线画出来。

【注：平行线的取点与平衡线的取点是不同的。平衡线的取点：上行找大阴实顶，下行找大阳实底；平行线的取点：下行找大阴底部，上行找大阳顶部。】

第三，避免思维的死角和思维的惯性。思维上的死角往往是主观主义造成的，在股市上，大跌之后往往会产生反弹的臆想，大涨之后又往往会产生大跌的臆想。

所以有人买跌，越买越跌；所以有人卖涨，越卖越涨。我们周四的预测失误，就是主观保守造成的。如果我们以 2009 年 8 月 4 日的最高点 3478 点与 2009 年 11 月 24 日的最高点连线，再与 2009 年 7 月 29 日大跌的最低点画平行线，1 月 28 日周四的最低点 2963 点就刚好触及该线。因此，量线修正的第三个原则比前两个原则更为重要。大盘如此，个股也是如此。大家可以举一反三，谈谈自己的体会。望大家结合我们的讲述，认真复盘，一定会有所收获。

也许这五天的正确预测放到更大的环境下是错误的，一般股票书的作者都不会也不敢像我这样"边实战、边写作、边公开验证"，但是我们有勇气把这五天的实践思路公之于世，因为我们要抓住这个契机，验证我们的理论，相信后人自有公断。

第三节　个股的移步换形预测

下面是本帖第 207 楼"喜喜"同学的留言：

王子老师，您好！我周三（2010 年 1 月 27 日）去深圳中心书城发现了您的《量柱擒涨停》，让我如获至宝，当晚啃至两点半，然后调出当日倍量上攻的华帝股份，觉得有戏。依据老师所说的，主力应该处于震仓盘尾的启动阶段，于是，第二天（1 月 28 日周四）一大早就进了这只华帝股份！当日 9:25 就有 1.2 万多手压在开盘前，还有人直接高开价 10.00 元挡在前面。而我按预报价 9.50 元进货，结果 9:30 如愿进入了。

这一天（1 月 28 日）价柱高开低走，假阴真阳，涨 6.34%。晚上重读《量柱擒涨停》，感觉这是主力在糊弄我们，肯定明日有好戏。第三日（1 月 29 日周五）开盘就感觉它走势很稳，我在下午股价回落至 10.48 元又大胆补仓，结果第一次预料中的涨停出现了！

当天收盘后真是太激动了！老师谢谢您呀。我身边有 4 位好友听了我这一过程和分析，都订了这本书。

我还有一个小疑惑，就是周四与周五是平量柱，但应该是放量平量柱，不知会不会有麻烦？根据这只股前几天的成交量，我感觉应该没问题，因为这几天放量不算巨量。敬请指点！

王子点评：
"喜喜"同学你好。你是在 A 点（1 月 28 日周四）介入华帝股份的，你和我们的盘前预报不谋而合，说明你看书认真，悟性很高。我们为什么要预报这只股票呢？

请看图 33 - 5 华帝股份（002035）2010 年 1 月 29 日留影。

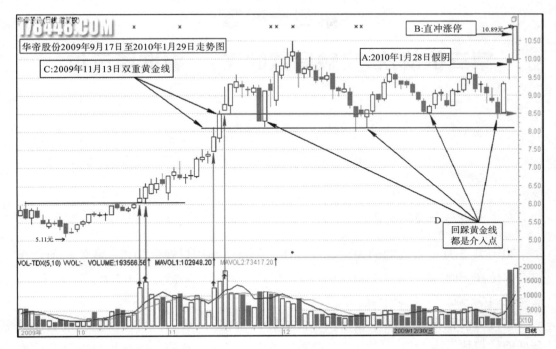

图 33 - 5

请看左侧的 C：这里有 2009 年 11 月 13 日的两个黄金柱支撑，形成了双重黄金线，从双重黄金线的效果看，任何一次跌破第一黄金线都是介入的机会（见图中 D 注）。

正如你说的，该股 1 月 27 日倍量拉升，长阳短柱，说明主力控盘良好，所以你敢于大胆介入。一旦介入，我们要做好防守的准备，这时就需要"移步换形看量线"了。

该股 1 月 28 日的"假阴真阳"你看得非常正确，但是有一点你没有看透，就是当天的收盘价没有跌破其左侧的两个驼峰，我们把十字线靠上去，"移步换形"，我们的防守线就能移到"驼峰水平线"上了。

你问"周四周五是放量平量柱，会不会有麻烦"，其实就是"移步换形"找攻防线的问题。按照量线理论，日后只要不跌破 B 柱（1 月 29 日）的开盘价，该股就能形成第三道黄金攻防线，你就守住，等这只股票创新高吧，按照图中第一处黄金柱是黄金线测算，该股第三波至少应该冲到 12.96 元左右。

以上意见，仅供参考。

（2010 年 4 月 1 日验证：该股当日最高冲到 13.80 元）

第三十四章
―― 第三位战法：触底欲起飞，看准第三位 ――

一、大盘与个股的关系

2010 年 3 月 2 日周二的大盘走势，让人不得不佩服量线的神奇。我们盘前预报的支撑位在 3060 点，阻力位在 3100 点，结果，最低点果然是 3060 点，一点不差；最高位 3095 点，仅差 5 个点。

当日盘前预报《关注地域板块，注意波段调整》，结果，当日跌幅榜最前面的全是地域板块，涉及海南、西藏、青海、重庆、广西、新疆。地域板块的调整可能还有延续，但个别板块还要表演。

从当天收盘的情况看来，大盘的量柱稍有缩小，点位稍有下跌，是"顺边"的走势，好在最低点刚好处于 0929 通道线的当值，说明 0929 线上已有两天站稳，周三能站稳 3060 点上方，大盘将继续攻击 3100 点，或者向 3124 点挺进。个股方面，市场短期内将有调整，操作上不宜追高。

最近选股，应该从探底站稳谷底线的股票中去寻找机会。

"触底欲起飞，看准第三位"选股法，就是以谷底线为观察起点，以左侧的"大阴线顶部"画线，若突破第一阻力位、第二阻力位的股票，形成向上小平台后，在第三阻力位往往会拉出中到大阳，甚至冲击涨停。

二、触底欲起飞，看准第三位

什么是"第三位"？"第三位"就是"第三阻力位"的简称。根据量学"上行找大阴实顶，下行找大阳实底"的原则，"第三阻力位"就是上升行情中的第三个大阴实顶线。

我们多次强调：涨停无定式，涨停有规律。一种技法，不仅只适合一只两只股票，而且要适合一批两批股票，更要适合同一时段、同一空间、同一形态的全部股票。

苍天不负有心人，请看今天两市涨停的 13 只股票，全部都是在"第三阻力位起飞"的股票。

请先看 2010 年 3 月 2 日涨停的雪莱特（002076）（见图 34-1）。

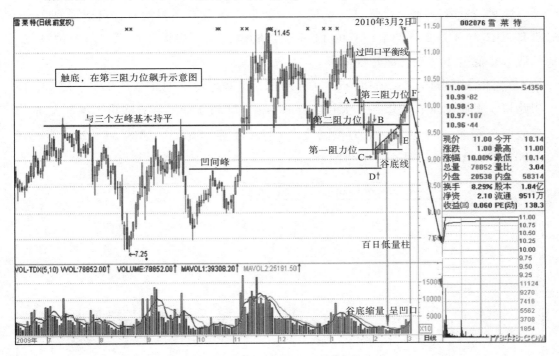

图 34-1

如图 34-1 所示，雪莱特的阻力位是：

第一阻力位 C 线，是 2 月 2 日的阴柱实体顶部；

第二阻力位 B 线，是 2 月 1 日的阴柱实体顶部；

第三阻力位 A 线，是 1 月 26 日的阴柱极点顶部（因为其实体顶部离第二阻力位太近，所以根据辩证取点的原则，这里取其大阴虚顶）。

该股的触底反弹非常有节奏、有规律。

首先，在 D 点隔山打牛，长腿精准回踩左侧凹间峰，触底回升非常果断，迅速突破第一阻力位，然后在第一阻力线上方横盘五日，接着，以"N 形上攻失败"的假象横盘五日。

然后，在 E 柱（横盘的第十一天）突然倍量冲过第二阻力线 B，碎步慢升三日，第三日的最高点刚好与第三阻力线 A 持平，显出力不从心的样子，麻痹了许多人。

最后在过第二阻力线的第四日（3 月 2 日），突然跳空冲过第三阻力线，直冲涨停，见 F 柱。

这种现象能不能视为规律呢？

三、第三阻力位，突破即腾飞

这种"过第三阻力位腾飞"的股票，如果一天只有一只两只，可以说是巧合，可是 2010 年 3 月 2 日两市仅有的 13 只涨停股票，全部都是"在第三阻力位腾飞"的股票，那就不是巧合而是规律了。

它们齐刷刷地排在我们面前：江苏阳光、德赛电池、湖北金环、北矿磁材、四川路桥、太原刚玉、远望谷、水井坊、深赛格、华资实业、孚日股份、深深宝等 13 只股票全部都是"在第三阻力位腾飞"。请看江苏阳光吧。如图 34 - 2 江苏阳光（600220）2010 年 3 月 4 日走势图所示。

图 34 - 2

江苏阳光于 A 点（1 月 22 日周五）缩量大跌，B 点长阴短柱，至 E 点（2 月 3 日周二）缩为百日低量，探底回升，其回升的三个阻力位怎么找？按照量学"上行找大阴实顶"的原则，其三个阻力位如下：

第一阻力位见①线，是 2 月 2 日大阴柱实顶线；

第二阻力位见②线，是 1 月 27 日大阴柱实顶线；

第三阻力位见③线，是 1 月 26 日大阴柱实顶线。

　　三道封锁线可谓阻力重重，难以逾越。但是，该股突破 D 柱第一阻力位后，偷偷摸摸向第二阻力位靠拢，兵临城下，似攻非攻；然后，F 柱突然小倍阳冲过第二阻力线，在第三阻力线下横盘三天，形成一个小平台，又是兵临城下，偷偷摸摸，不上不下，给人以欲上无力的假象，其"攻守冲防"的节奏和幅度拿捏得非常到位。

　　就在第三阻力位横盘防守的第四天（3 月 2 日），G 柱突然爆发，跳空倍量冲过第三阻力线，尾盘封于涨停。

　　这就是"第三阻力位，突破兼腾飞"的经典案例。它和前面的"三级金阶腾飞"案例，二者是不是有异曲同工之妙呢？有！

　　"三级金阶腾飞"的着力点在下方，筑成三级台阶；

　　"第三阻力腾飞"的着力点在上方，三次兵临城下。

　　但并非所有第三阻力位的股票都能腾飞，关键要看它探底前的打压动作是真的还是假的。该股探底前的"无量下跌"和"缩为百日低量群"，是它腾飞的基础，没有前面的"长阴短柱"和"连续假跌"，它是不可能触底起飞的。

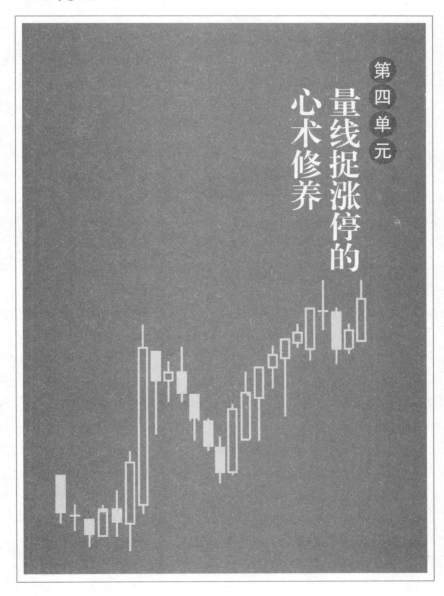

第四单元

量线捉涨停的

心术修养

第三十五章

欲擒涨停板，重塑涨停观

为人处世，有世界观；你有什么样的世界观，就有什么样的为人处世的结果。

擒拿涨停，有涨停观；你有什么样的涨停观，就有什么样的擒拿涨停的结果。

初看起来"擒拿涨停"是技术问题，其实是思想素质问题，是个性修养问题。诗人写诗的极致是"功夫在诗外"，擒拿涨停板的极致，也是"功夫在涨停板外"。下面是我们在擒拿涨停的过程中总结出来的经验教训，都是结合实战的实实在在的感触。希望对本书的读者有所帮助。

第一节　变偶然为必然，变或然为赫然

2009年10月22日周三的牛股预报，要不是周一盘前预报的佛塑股份连续三个涨停给我撑面子，又要剃光头了。惭愧不？惭愧！这就是我这天开盘时连续提醒大家三句话的本来含义。这天一开盘，我就发现盘前预报的三只股票没戏了，当时我说了三句话。

大山10:35:21：侥幸的胜利不要高兴，要从胜利中找到失败。

大山10:37:10：失败也不要沮丧，要从失败中找到胜利。

大山10:38:04：如果胜利了就以为是自己的能耐，那就离失败不远了。

为什么王子盘前预报的股票连续三天没有涨停的？这里藏着偶然与必然的哲学，藏着或然与赫然的财富。我们昨天"偶然"擒到了涨停，不能代表明天必然擒到涨停；也许或然擒到的涨停里面藏着赫然的涨停原理。这就是擒拿涨停的辩证法，这就是我们提倡的"涨停观"。

市场永远是变化的，市场永远是正确的。我们每天的盘前预报是根据当天的市

场环境预选的股票，过了一夜，主力会根据周边市场的氛围和当天收盘后的市况来调整或修改次日的战略战术，所以，预选股必须根据次日开盘前后的情况来做调整和取舍。预报是死的，市场是活的，人是灵的。我们绝对不要做"砍倒大树捉乌鸦"的蠢事。

最近几天，通过学习《量柱擒涨停》，有许多同学抓到了涨停，很高兴；也有许多同学没有抓到涨停，很沮丧；希望大家不要被暂时的胜利或失败搅昏了头脑，要不断地总结，不断地用高标准来要求自己，从偶然中找到必然，从或然中找到赫然，才能不断刷新自我，亮堂自我。

这话的含义是：如果你发现成功是偶然的，就要从偶然中寻找必然；如果你发现失败是必然的，就要从必然中找到偶然。变偶然为必然，你才能悠然；变或然为赫然，你才能泰然。

上面的话是说给我自己听的，也希望对大家有所启发。2009年10月22日论坛上的盘中交流帖子，我都看了，非常感动，特别是新学员"耐心等待"的帖子，他总结自己的股票"为什么没有封住涨停的体会"，就是从或然中寻找赫然，把朦胧的认识变成清醒的顿悟。他还进一步提出了每天一小结，每周一总结的建议，有这样认真的学习态度和研究态度，一定可以促使他尽快成为高手。

事实说明，王子不是万能的，大家要相信自己，不要迷信王子，并且要挑战王子，超过王子。

第二节　天上的仙鹤，不如手中的山雀

2010年1月6日周三的大盘如期调整，许多同学尝到了"管它能涨多少，我自逢高出货"的甜头。开年头三天的走势，被我们算定了：

1月4日，我们让大家"逢高出货，不要被利好冲昏了头脑"。

1月5日，我们的预报是"正常调整中，牛股照样牛"。

1月6日，我们的预报是"管它能涨多少，我自逢高出货"。

三天三个节奏，从高抛到低吸，从低吸到高抛，这就是炒股。如果三日能够这样做，只是万里长征迈开了一只脚；如果三个波段这么做，才是万里长征走出了第一步。下面，就是考验我们第一步的时候了。今天盘中交流犯了个错误，以为地产股就要动了，幸亏雪狼和大漠及时纠正。特向二位致敬！

当天两市共有八只涨停股票，同学们擒获了五只涨停，当然这是预报，列宁说过："天上的仙鹤，不如手中的山雀。"炒股也是这样，我们能预报的，不一定能买

到，这就在考验我们的"知"与"行"的统一。什么时候知行合一了，才能大胆地朝前走。

新来的同学越来越多，开始往往不知道看哪些帖子，我告诉大家一个窍门，我的帖子只是引路的，看看可以，迷信就不好了，真正值得研读的帖子，在"伏击涨停板"专栏，这里金光闪闪，大家一定要认真浏览，这里充满了心智与聪慧的光芒，充满了学习与实践的光华，在"伏击涨停板"栏目里，凡是"浅红色标题"的帖子，都是首次涨停的预报，凡是"粗红色标题"的帖子，都是再次涨停的预报，凡是"紫红色标题"的帖子，都是三次涨停的预报，表示"红得发紫"了。擒住涨停的同学用论坛短消息向"今晚下雨"老师申报涨停，所以"今晚下雨"老师的帖子是"涨停集中营"，一定要认真体会这些涨停的奥秘。

1月7日的行情将会怎么走？股指可能再次确认3220点，试探3300点。我觉得2009年11月24日下降压力线成了主力折腾散户的恐怖线，12月7日、8日连续两天攻而不击，12月14日、15日、16日连续三天攻而不击，2010年1月4日、5日、6日又是三天攻而不击，这样若即若离的走势，的确折腾人心。

但是，我们要看到一个事实，新年头三天的走势是在地产股遭遇三道金牌打压后的走势，如果不是地产股拖累，大盘早已站到3300点上方了；如果不是央行连续半个月回收流动性，大盘早已站到"0303地线"上方了。所以，我们目前关注的焦点应该放在银行、地产、钢铁三巨头，这三大板块任意一个板块启动，大盘就要冲过3300点，如果这三大板块不动，我们就要重点关注石油、有色、年报三大特色板块，这三大特色板块任一启动，3300点也是一层窗户纸。

如果这两组板块都不动，大盘的走势将向下无疑，而其中值得关注的牛股可能就集中在"LED新能源""区域振兴"和"年报高送转"题材了。

伟大的列宁说得好："天上的仙鹤，不如手中的山雀。"无论主力怎么折腾，咱们捏好手中银子，看到好的股票有好的势头，就可以放它一枪。

第三节　积小义为大义，积小利为大利

2010年1月28日上午看盘，感觉当日没有什么值得期待的行情。上午看论坛，感觉个别"网友"没有进入"战友"的角色。

于是下午便去游山玩水。友人带我驱车来到三国古战场长坂坡，先是看了赵子龙单骑救阿斗的遗址，再是看了张飞吼退曹操百万雄兵的坝陵桥，然后拜谒了关云长败走麦城的长堤。

麦城堤上杂草丛生，堤下堰塘干涸，唯一能看到的是路边摆摊的"麦城藕"，据说这"麦城藕"是关云长当年亲手培育的，因为培育者的人品与众不同，所以藕味非同一般，乃朝廷贡品。友人见我好奇，顺手掰下一节，洗净，捶开，让我咬一口，果然清脆甘甜，脆如荸荠，味如雪梨，甜如甘蔗。

一边吃着，我问身边友人，三国名将，你最佩服谁？一友曰：赵子龙；一友曰：猛张飞；我问：为什么不佩服关云长？友曰：他一无赫赫战功，二无骄人业绩，仅凭温酒斩华雄杀个老头，仅凭千里走单骑送个嫂嫂，流芳百世，徒有虚名。

我又提了一个问题：这么一名战将，死时仅为"将"，死后封为"侯"，数百年后被人称为"帝"，如今又被世人奉为"神"，这是为什么呢？

一个普普通通的战将，由"将"而"侯"，由"侯"而"帝"，由"帝"而"神"，这是古今中外名人贤士中唯一能享受此超级殊荣者。对此大家议论纷纷，最后得出一个字："义。"为了兄弟之"义"，他可以舍弃曹操的"上马提金，下马提银"；为了恩人之"义"，他可以冒死私放曹操；为了勤政之"义"，他可以泥腿务农，培育出这么可口的"麦城藕"……他从来不为己，一切为了"义"，义薄云天是也。

"义"，人人会说，人人会讲，但真正实施起来，恐怕就不那么容易了。就说咱们看盘选股吧，像"其瓦额""短线炒股""毛毛虫"等许多战友，如关公秉烛达旦谋得一股，总要推荐出来与大家分享，而有些人却不屑一顾，有的甚至嗤之以鼻，选股者有"义"，嗤股者却无"义"也。我们来个换位思考，嗤股者不妨荐出一只试试，当别人对你嗤鼻时，你是何感想？"义"也含有"义务"的意思，如果我们人人都能尽点"义务"，积小"义"为大"义"，积小"德"为大"得"，天天进步一点点，那会是什么状况呢？

指责别人是最容易的，《红色摇篮》里的共产国际理论家们，马列著作读成堆，对毛泽东的正确路线横加指责，结果是什么？是葬送苏区，是葬送红军。难道他们不想成功？想！但是他们的路线错了，必然要失败。我们论坛上有些嗤股家想不想赚钱？想！如果不想赚钱，就不会把江恩、巴菲特、索罗斯挂在嘴上；如果不想赚钱，就不会用K线、均线、波浪的陈词滥调攻击他人。如果我们把攻击他人的时间用来提升自我，伏击涨停，那又会是什么状况呢？也许有一天你会突然发现，你所攻击的正是最珍贵的。成功来自实践，绝非来自指责。

论坛就是一个舞台，只要你往这舞台上一站，谁都知道你是不是内行；只要你开了腔，谁是"有义之人"，谁是"无义之徒"，谁都会看得清清楚楚，分得明明白白。当我们帮助别人的时候，实际上是在提高自己。你帮助别人越多，你的进步越大。

这就是伏击涨停的辩证法。

第三十六章
从 "1234567" 到 "夺来米发梭拉西"

2009 年 11 月 30 日周一，大盘如期冲过 0709 灯塔线，冲过 0303 地线，刚好在我们预计的 3195 点收盘，涨幅高达 99 点。在许多股评人士提心吊胆的时候，一个鲜红的大阳，迎来了《量柱擒涨停》出版发行 60 天。

这短短的两个月，我是提心吊胆走过来的。为什么？因为过去的三年，我只是在"股海明灯论坛"上发布我的预测和预报，成败无所谓，得失寸心知，个人偷偷总结即可；而这两个月，是出版社正式出版发行《股市天经》之一、之二，让社会各界人士参与实践和验证的两个月，短短的两个月，《股市天经》之一、之二一版再版，连续三版，读者日益增多，影响日益扩大，连我们论坛的空间也连升三级，我生怕出现失误或失灵，将会给出版社、给读者造成不好的影响和损失。

还好，天佑王子也。经统计，两个月来，参与伏击涨停的读者大约有 126 人，擒获的涨停已达 356 个，平均每人伏击 3 个涨停，其中，有 10 人伏击 10 个以上的涨停，有 5 人伏击 15 个以上的涨停。

天啊！我怎么也没有预计到同学们能取得如此骄人的成绩！因为我拜西山大师学习时，头两月只抓了三个涨停。我由衷地向这些同学致敬！我由衷地体会到西山大师的话："天下能人多的是，就看悟道早与迟。"

第一节 "悟道"的层次

同样的一本教材，同样的七根量柱，为什么有的人一抓就灵，有的人一抓就呆？我一直在研究其中的原因，通过观察大家在论坛和群里的对话，我发现了一个小秘密，现在作为两个月的总结，写出来供大家参考和探讨，不当之处，望大家批评指正。

假如我们面前有一张纸，上面写的都是1234567，有人把它读成"一二三四五六七"，可是有的人却把它读成"夺来米发梭拉西"，还有人能边识谱边唱歌，手舞足蹈，摇头晃脑，这是什么原因呢？这就是层次。

不识谱的人是一个层次，他只会读"一二三四五六七"；

略识谱的人是一个层次，他就会唱"夺来米发梭拉西"；

会识谱的人是一个层次，他会连词带曲，边哼边唱，甚至手之舞之，足之蹈之，头之摇之，不亦乐乎。

你看，简简单单的7个数字，可以弄得人神魂颠倒，那么，我们的7根量柱又如何呢？

有的人，停留在第一个层次，只会看"高低平倍梯缩金"这7种量柱的形态，却不知这七种量柱代表什么音符。

有的人，进入了第二个层次，看出了"高低平倍梯缩金"这7种量柱的形态，并略懂这七种量柱所代表的音调。

有的人，进入了第三个层次，透过"高低平倍梯缩金"这7种量柱的形态，悟出了这7种量柱所组成的音乐。

由音符到音调，由音调到音乐，这三级阶梯很近，有时比纸还要薄，有时比天还要高，而一个"悟"字却将三者合而为一。

例如，有好几个同学用平量柱抓到了涨停，于是有一群人在后面跟着找平量柱，见到平量柱就追，结果可想而知。为什么前者成功后者失败？原来，前面的平量柱对应的价柱是递升的，后者的平量柱对应的价柱却是递降的。这样的平量柱就"变调"了，变得不是我们需要的平量柱了。有些同学的失误，往往都是"只看价柱不看量柱"造成的。

量柱理论的全息性就在于从量柱到价柱的合一性。

请看图36-1中福实业（000592）2009年12月1日截图。2009年12月1日盘前预报中福实业，理由是："连续四日回踩左峰线，间有长阴短柱，倍量平左峰，有望乘胜拔高。"

该股预报之前的三日，大盘大跌大涨，该股表面上跟随大盘大跌大涨，而其量柱却稳在那里基本持平，还有两根"长阴短柱"，想想看，为什么？因为主力控盘良好，已到了随心所欲的地步，价平量平，必有行情，果然第四天（11月30日），大盘大跌它却大涨，倍量平左峰，价柱起长虹，这四根量柱组成的一段音乐多么豪壮，潜伏而澎湃，抑郁而暗涌，活像《黄河船夫曲》的尾声，隐忍不住，喷薄而出，直冲涨停，余威浩荡！

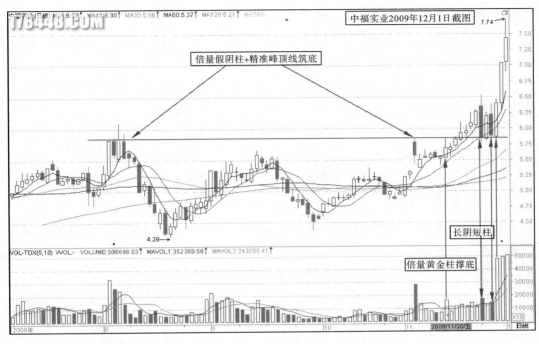

图 36 - 1

　　量柱，实实在在，只要你看懂了它，它就会给你无穷的乐趣。12月7日盘前预报的创业环保（600874），开盘一小时后封死涨停，也有异曲同工之妙。关键看我们怎么发现其妙处。

第二节　"悟道"的方法

　　怎样才能进入更高的层次呢？我认为应该从"量柱"二字入手，把"死的量柱"变成"活的量柱"。

　　其实，"量柱"一词有两种截然不同的含义。它既是名词又是动词。

　　当名词用时，"量柱"是指"成交量的柱子"，所以它是"死的"；

　　当动词用时，"量柱"是指"衡量这个柱子"，所以它是"活的"。

　　"量柱擒涨停"就是"衡量这个柱子有没有涨停的潜力"。说句俗话"量体裁衣"，大家都懂，换句话说"量柱炒股"，应该也能懂吧？只有从"成交量的柱子"里"考量出这个柱子的潜力"，才是"量柱擒涨停"的本意。所以"量柱擒涨停"有两个层面：

　　第一个层面是"认识成交量的柱子"；

第二个层面是"考量成交量的柱子在干什么？"

为什么有些同学伏击涨停的成功率低？因为他们只是站在第一个层面上，在执行"认识柱子的工作"。

为什么阳阳、冰冰这些同学伏击涨停的成功率高？因为他们是站在第二个层面上，在执行"考量柱子的工作"。

这就好比有的人只认识"1234567"，有的人却能把"1234567"读成"夺来米发梭拉西"，还有人能奏出股市英雄交响曲。

第一个层面上的同学只是学会了读"夺来米发梭拉西"；

第二个层面上的同学才是奏出了"股市英雄交响曲"。

我们需要大家不但能奏出交响曲，还要能品尝出音乐的主旋律，这样才能进入新的层面、进入新的境界。

11月30日"涨停俱乐部群"的同学们提出了一个非常实际的问题：

《量柱擒涨停》修订版图6-1中，A柱后面的量柱比A柱高，为什么A柱是黄金柱呢？

这么小的一根柱子引起同学们的讨论，我由衷地佩服同学们打破砂锅问到底的学习方法。请看图36-2福星股份（000926）2009年5月18日截图。

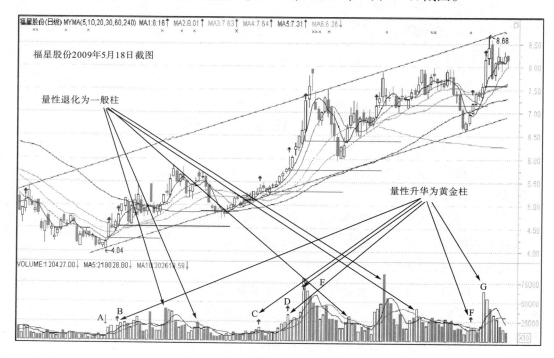

图36-2

图中的 A 柱是倍量柱，其后第一日的量柱高于 A 柱，第二日的量柱缩倍低于 A 柱，第三日的量柱（B 柱）倍量于前一日，这就是两个倍量柱形成的双重黄金柱，根据"先者优先"的原则，A 柱理应承担黄金柱的角色，当然，由于 A 柱后面不是三日连续缩量，所以它只能充当"准黄金柱"的角色。

《量柱擒涨停》在这里用它讲述了"量性的转化与升华"，A 柱由倍量柱升华为准黄金柱，为什么有的同学看不出来呢？原因就在于他们的思维方式停留在第一个层面上，简单地按图索骥，只是在"认识量柱"，而没有上升到"考量量柱"这个层面。事实说明，"柱不在高，含金则灵"，以 A 柱确立的黄金线支撑了其后的反弹，如果我们看准了，在回踩黄金线的时候该是多么好的介入机会呀！

由此可见，方法不同，视角不同，看盘的结果必然不同。

第三节 "悟道"的境界

同样是看"量柱"，每个人领悟到的量柱精神却不完全一样。也就是说，每个人的思想境界不一样，技术境界不一样，看量柱的结论也就不一样。

例如，2009 年 11 月 27 日，许多股评人士惊呼大盘将要崩溃，而我看大盘却要反攻。我的视角就是盯住 1102 量柱。请看图 36－3 上证指数 2009 年 5 月 14 日至 12 月 1 日走势图。

图 36－3

"1102量柱"这么大的一根阳价柱所对应的量柱却不那么起眼，说明主力在此阶段的控盘相当主动，且连续四天平量红柱，是少有的"平量黄金柱"。而昨日大盘大跌，在离1102这根大阳顶部仅3个点的位置却反身向上，所以我断定这里的走势一定受1102大阳的支撑。11月26日也有几个同学用图示法断定这里的"1102黄金线"不会跌破，11月27日果然应验了，大盘大涨99点，绝地反击的前奏早已在"1102黄金柱"上谱写出来。

事实说明，量柱看盘比均线、K线等技术指标至少提前两到三天。但是，量柱看盘比主力的计划动作要延后一到两个小时。因为只有经过一到两个小时的量能堆集才能反映到量柱上。为了与主力同步，所以我才会以《量线捉涨停》和《量波抓涨停》两书作为后续来弥补。

【注：笔者即将出版的《量波抓涨停》一书的书名被人盗用了，可这本书中根本没有讲"量波"。王子今后出版的关于量波的书名肯定不会再用《量波抓涨停》的书名了，请读者明鉴。】

请大家记住一句话：所有的量柱都是活的，它和均线、K线的区别就在于它是有生命的，如果我们以看惯了均线、K线的眼光来看量柱，你永远也享受不到量柱的快乐，享受不了量柱的魅力。

以上讲解，望能帮助大家迅速从"看量"的境界进入"考量"境界。若有什么体会望在论坛发帖交流，让我们共同进步。

第三十七章

"炒股的特点" 与 "QQ 群的弱点"

　　股市的诱惑是迷人的，当前最迷人的莫过于各式各样的 QQ 群。

　　最近，许多战友来信要求加入"王子工作群"，许多战友也组织了自己的"交流群"，还有许多 VIP 用户要求组建"VIP 群"，大家的愿望是好的，但是，"良好的愿望不一定能达成良好的效果"，这是毛泽东说的。这里充满了唯物辩证法的思想。在此，谈谈"我对 QQ 群的看法"。

　　第一，炒股是一门孤独的职业。在炒股这个行当，没有孤独就没有成功。我参观过许多高手的操作室，进室的第一要求是"不许说话，不要走动，不得发出任何声响"，试想想，行情千变万化，机会稍纵即逝，如果我们不能独立应变，时时处处都听老师的，即使老师蒙对了，信息传给你时，机会已经消失。这时最正确的指令也是错误的。所以，QQ 群不适合炒股。

　　第二，炒股是一门思维的艺术。在炒股这个行当，没有思维就没有进步，如果跟在别人后面亦步亦趋，不光不能学到东西，还有可能湮灭你的智慧。我们有个战友参加过××卫视的"滚雪球炒股实战"，那是从全国竞赛中筛选出来的前 100 名高手的"实战转播"，每一秒钟都有高手的"买卖信息快递"，结果是什么，一买就套，一卖就涨。他再也不看那个节目了。不加思维的炒股，等于是送钱给人。即时转播百名高手的买卖信息不能满足实战的要求，QQ 群更不能。

　　第三，炒股的成败决定于瞬间。过了这个村，再也没有店。股市是比战场更严酷的战场，战场上的敌人是明确的，你可以找掩体保护自己，你可以借地形迂回近敌，可是股市的敌人是隐蔽的，除了你自己都是你的敌人，甚至在一个 QQ 群里的战友也是你的敌人，没有你的输就没有别人的赢。特别是在没有 T＋0 的 A 股市场，做错了当天想改正的机会都没有。如果我们想依靠 QQ 群取胜，那就大错特错了。

　　第四，QQ 群是聊天的工具而不是炒股的工具。"群"是为了聊天而诞生的，它就好比一个茶馆，正如阿庆嫂唱的："来的都是客，全凭嘴一张，相逢开口笑，过后不思量，人一走，茶就凉。"而我们许多战友却希望这个群能为自己提供点什么指导，交流点什么信息。错了，我可以负责任地告诉大家，全世界没有一个群能够帮助你股市盈利。实话实说：QQ群根本不适合实盘交流。

第五，**QQ群里人多话多嘴杂，误时误事误盘**。张三说的是抄底，李四说的是出货，常常不知道下句话和上句话是什么关系，更不知道谁和谁在对话。当你弄清是什么问题时，时过境迁，鹤飞江流，刚刚想好的一句话无影无踪……我仔细观察并参与过好几个群的交流，我也曾经希望把明灯群改造成可以指导大家炒股的工具，事实说明，我的努力失败了。想把群改造成炒股工具，既费力又不讨好。

第六，**QQ群里人的水平参差不齐，实在众口难调**。入群的人各种各样，有的是高手，有的是菜鸟；有的精通均线，有的擅长量柱，所以大家关心的焦点不一，关注的话题不同。回答了张三的，李四来了；回答了李四的，王五来了；有时更是张三李四王五一起上，你真不知道应该回答谁，那可真是急煞人啊……我回答也不妥，不回答也不妥，真是两手提篮，左篮（难）右也篮（难）。

第七，**QQ群里插科打诨太多，难以集中主题**。有些人不是以交流为乐，而是以贴图为娱；不是以探讨为乐，而是以诨话为瘾；光屁股的图，没涵养的话，一来就是成套的。我们曾经拜访过几位QQ老手，问QQ群能否指定几个人发言，其他人作为旁听。老手说，根本就没有这个功能，要的就是七嘴八舌的效果。完了，我们要的是专一专注，QQ群要的是七嘴八舌；我们要的是冷静，QQ群要的是热闹……

第八，**QQ群里经常互相抬杠，难以深入研判**。我看了好几个QQ群，总是时常发生互不买账的情况，张三说地产要涨，李四说那是过去的事；王五说当心电器回落，赵六说回落我就满仓。真的就是茶馆，七姑八姨的无所不有，家长里短的五花八门……甚至把敲锣骂街的招术也拿出来了……完全不是友好的互补，而是各执一把琴，各弹各的调……

毛泽东同志曾经指出"党八股"的八大罪状，我效仿着也给QQ群罗列了上述八大罪状，目的只有两个：

第一是让QQ群里的战友们集中精力炒股，特别是炒股的时间少在群里待，群里不会给你财富，也不会给你机会，收盘后倒是可以休闲娱乐。说实话，QQ群是同道者休闲娱乐的好东西，但绝对不是炒股的好工具。如果在盘后交流心得，倒是可以一用的，而交流心得最好的工具非论坛莫属。QQ群的留言只能昙花一现，而论坛上的留言却能流传百世。我的《量柱擒涨停》和《量线捉涨停》两本书，全是论坛上的文章汇编。这就是我和大家分享的经验。

第二是让QQ群外的战友们不要进入QQ群，QQ群真的不是什么好东西，它只会延误时机，分散精力，耽误大事。而论坛却是好东西，它把我们在"孤独"中"思维"的结晶发表出来，再通过思维变成你自己的东西，然后在实践中检验，得失自知，总结提高，以利再战。我说"伏击涨停板"里金光闪闪，就是这个道理。如果我们没有发现金子的眼光，当然不能拿到金子。同样，如果我们不能抵制诱惑，就不能超越自我。

有战友问：你们的盘中交流是哪个群？我负责任地告诉大家，王子没有群，我只是和几位志同道合的战友用QQ个别交流。清华、北大特训群，都是清华、北大特训班的同学们自己组织的群，王子作为旁观者很少发言。有意义的对话，王子的助手会及时选发到论坛上。论坛上的"盘中交流"大家看了都说好，因为那是即兴讲解，见股说股，见势说势，那是"清水出芙蓉，天然去雕饰"，所以大家都说精彩。

最近听几个战友讲，有人把我们的"盘中交流"及时转发到他们自办的"收费群"里去了，我劝这样的网友不要这么做。安心炒股所赚的钱，远远超过你的收费，何必干这么下三滥的事呢？我王子现在不搞收费群，今后永远也不搞。

顺便告诉大家，天码公司的技术员正在研究一种让大家都能看到盘中及时交流的"交流室"软件，目前的QQ群只能容纳一百多人，我们的"交流室"可以容纳无数人，室中指定几个人交流，其他人只能旁观，不能插话，以保证交流的集中性、连续性、及时性。这就是大漠老师建议的"精英交流室"。

到那时，春暖花开，百花争艳，我们的"精英交流室"，也想成为一束报春花，为万紫千红的中国股市增添一道亮丽的风景。

第三十八章

知行合一， 方显英雄本色

这是王子给自己敲警钟的文章（2010 年 2 月 6 日）。

扑朔迷离的一周（2010 年 2 月 1 日至 5 日）过去了，前几天的预报已做小结，今天仅就周五的盘前预报进行小结。周五盘前预报的六个要点，除了指数点位受外围影响失误之外，全部应验。王子的预报可以得 90 分，但是王子的操作不及格。具体小结如下。

要点一：标题为"八块金砖轮动，长阴长柱出货"应验。在开盘的半小时内研判长阴，就是看虚拟量柱。例如正和股份，早盘半小时内绿柱擎天，务必尽早出货。若不能赶上最高峰的 8 个点上出货，可以在 9：56 时的次高峰出货，最迟应该在 10：01 时的第三峰出货，见图 38－1 正和股份（600759）2010 年 2 月 5 日分时图。

要点二：正文第一段"目前的大盘在 0709 灯塔线和 0929 地线的剪刀口运行"应验。今天的大盘就在这个"剪刀口"的中部运行。我们盘前预报的点位是头天晚上做出的，根本没有参考当晚美股的收盘情况，对于这样的例外影响，我们应该结合当天开盘的低开幅度来调整昨晚的预期。这个修正方法和量线的修正方法同样重要。

要点三：正文第二段"从今日（周四）的量柱上看，量缩价跌，是'顺边'，预示着明天向下的力量稍大"，这是纯粹从量柱角度看的，有人说"上涨时量柱很灵，下跌时量柱不灵"，看看周五的盘前预报，看看我们本周五天的盘前预报，每根量柱都给我们非常准确的提示。例如我们分析的"周四这么热闹的涨停板，指数和量柱却萎缩，这里一定隐藏着极大的阴谋：就是用权重压住指数，掩护地区振兴板块和年报预增板块拉升"，大盘如此，个股还是如此。

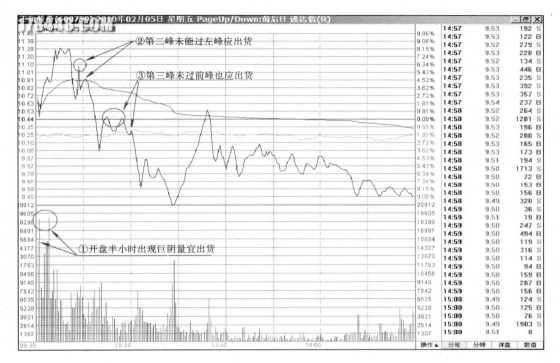

图 38 − 1

要点四：正文第三段"**擒拿涨停其实并不难，难的是守住涨停的成果**"。凡是前几天涨停的股票今天都展开了大幅调整，"难的是守住涨停的成果"，这是经验之谈，王子曾经多次被主力甩过，摔得鼻青脸肿。今天正和股份在上涨 8 个点时没有出来，当时心想它逆市涨升，有后来居上的样子，犹豫了一分钟，错失良机，只好在 4 个点时出来，白白丢了 4 个点的利润。看来，说归说，做归做。知行统一，难啊！

要点五：正文第四段"**我们要调整战略战术，适时地将冷板转换到热板上**，海南板块的炒作手法和我们说的一模一样，即仿效年前电子科技股的炒作手法，以极点拉升吸引跟风，我们切切不可上当，应该见好就收"，现在重读这段文字，写得多好啊，王子不得不佩服自己，又不得不责骂自己。你为什么在涨 8 个点时不抛出正和股份，偏偏跑到 4 个点来抛呢？说一套做一套，你是什么东西？想好的方案不执行，活该受罪。

要点六：正文第五段"**周五的热点可能在五块金砖中转换，若上海、成渝、滨海加入，就是八块金砖**"。王子（大山）在早上 9∶19∶04 时预报的广西板块果然领衔涨幅榜第一，预报的北海国发也名列涨幅榜第一！事实说明，用量柱预测板块轮动也是相当成功的。

今天成功，不能代表明天能成功。预测成功，并非代表操作成功。今日的标题为《知行合一，方显英雄本色》，算是给王子自己敲个警钟吧。知行合一，难啊！著名教育家陶行知先生一生都在实践"行知"，执行知道的真理。我想，"行知"这两个字应该成为王子一生的追求！

　　总之，请大家不要迷信王子，他乃凡人一个，会说不会做，会预测不会操盘，实足的"半吊子"一个。我们论坛藏龙卧虎，许多高手不露真容，大家要多向这样的高手学习。学而时习之，不亦乐乎。

　　顺祝战友们周末愉快！

第三十九章

伏击涨停意在取法乎上

我们的《股市天经》系列是以"伏击涨停"命题的，第一本是《量柱擒涨停》，第二本是《量线捉涨停》，即将推出的第三本是《量波抓涨停》。对于我们提倡的"伏击涨停"，有些人存有偏见，有些人存有误解。对此，有必要阐明一下我们的观点。

首先，读者们都应该知道，我们无论干什么事，都有一个目标。一个人追求的目标越高，他的才能就发展得越快，他的贡献就越大，对社会就越有益。古今中外许多名人志士，都是在远大目标的感召下走向成功的。我们提倡的"伏击涨停"，就是一个奋斗目标。

再说，"奋斗目标"与"达成目标"是有距离的。参加奥运会的这么多选手，都是奔着"冠军目标"而去的，而每个项目真正的冠军只有一个，其他人都是冠军的垫脚石。古人云："取法乎上，得乎其中；取法乎中，得乎其下；取法乎下，得乎其无。"用现代汉语解读这句话就是："当你追求最高的目标时，可能只会得到中级目标；当你追求中级目标时，可能只会得到下级目标；当你追求下级目标时，可能你什么也得不到。"所以，我们提倡的"伏击涨停"，就是我们的"奋斗阶梯"，就是以"伏击涨停"的心态去追求"涨不停"。

请看实例。2010 年 4 月 25 日我应邀在成都举行的第二十届全国图书交易博览会上做了一次"智擒涨停板"讲座，当时有许多听众要求我推荐几只股票，我说目前大盘形势不好，只能"以涨停的目标去寻找涨不停的股票"。晚上，我发布 4 月 26 日周一的盘前预报时说了三只股票，它们是：大连热电、开元控股、风帆股份。预报后的三天内，这三只股票都是逆市逞强的。其中的风帆股份 5 月 4 日、5 日、6 日、7 日更是逆市大涨，5 月 7 日竟然冲击涨停板。

为了让大家明白我们"伏击涨停"的实质，我们于 2010 年五一节后开辟了实盘实况教学群。五一节后的四天，是全球股市下滑、A股市场大跌的四天。5月4日（周二）开盘后，我在早盘点评了两只股票，它们是丰乐种业和中视传媒。这两只股票连续四天逆市上涨，中视传媒竟先后有两天冲击涨停板。请看我们5月7日（周五）的现场教学对话：

黑马王子09:45:08　刚才网络故障，迟到一刻钟，请大家谅解。今日提示：美股千点重挫，欧债危机引发恐慌，致使全球股市下跌，A股市场今日若再出现恐慌性抛盘，可参与反弹或适当补仓。

小富而安09:45:15　国务院支持甘肃"三个基地"建设构想，即未来的新能源基地、有色冶金新材料基地和特色农产品生产和加工基地。

黑马王子09:46:30　最近连续三天（5月4日、5日、6日）点评过的中视传媒和丰乐种业，为什么大势不好，这两只股票却每天逆市稳涨，请注意它们的技术特点，尤其是中视传媒，特点就是计划性极强！

轩辕三友09:50:41　中视我跑早了！

海之韵09:51:12　中视传媒，梯量加今天的倍量了，是吧？

豆豆09:51:29　中视传媒，今日价涨量缩，且缩倍量，价猛增？

灰灰儿草10:10:33　中视，长时间短阴柱洗盘？

黑马王子10:19:19　我们常说的"取法乎上，得乎其中"。中视传媒就是典型。我们提倡伏击涨停，但不一定能天天抓到涨停，我们以抓涨停的目标来要求自己，可能就会抓到涨不停的。中视传媒就是这样的典型！

无山有山10:19:25　昨天以收盘价进了它。

为了明天10:20:23　中视传媒0422的黄金柱支撑力好强！

食金兽10:22:18　对，以抓涨停的目标来要求自己，可能抓到涨不停的。

海之韵10:23:13　哈，终于理解"伏击涨停"的含义了。我们追求的目标要高，就像跳远，不往远看，是跳不远的，是吧，老师，理解对不对？

背氧气瓶10:31:47　心态，终于明白王子说的"取法乎上"了。

武汉汉兵10:36:00　中视传媒分时线配合良好，有可能冲击涨停。我是说天地人三线配合很好，我们很幸运能够边学习边接受老师的指导。

武汉汉兵10:54:28　对头……这么好的案例……现场教学很难得的！

自己努力11:00:49　中视传媒600088板了！王子老师前几天就说它好，是怎么看出来的？

新兵一个11:07:10　我炒股4个多月了，亏了30%多，看了王子老师的书，今天终于第一次逮到一个涨停板，谢谢老师！

黑马王子11:14:29　不用谢我，应该谢你自己……中视传媒的计划性，用其他技术是看不出来的，用量柱和量线综合研判，一清二楚！

武汉汉兵11:14:30　中视传媒是最好的"计划性"现场教学案例。

豆豆11:14:59　中视传媒可当作经典案例了。

道悟简明11:15:35　中视主力有能力涨停，为什么不封涨停，真有点悬念。

黑马王子11:15:39　对于中视传媒的计划性和攻击性，我们已连续三天讲解了，大家可以把前三天的盘中交流找出来看看。"计划性"是根本，"攻击性"只是方法，涨停是迟早的事。

轩辕三友11:15:46　老师已讲了……

点股成金11:15:49　中视传媒又板了。

武汉汉兵11:17:42　听老师点评后，我昨天用黄金分割预测中视传媒的目标位，发现中视传媒的阶梯线竟然和黄金分割线重合，真的不可思议！

黑马王子11:26:42　对了，最实用的往往是最简单的。李小龙的成功，主要得益于"寸拳"，近距离突然爆发，速度快，力度大，任何人都招架不住；擒拿涨停最简单的也是最有效的就是"计划"，看穿了计划，你就放心等着它涨停，即使不涨停，也会涨不停……

自己努力11:27:08　谢谢老师！

武汉汉兵11:27:36　老师说得太好了！我认为阶梯线、精准线就是计划性的集中体现，黄金柱、黄金梯、精准线，步步为营，大道至简。

黑马王子11:30:15　《量柱擒涨停》主要是看主力的动作，《量线捉涨停》主要是看主力的计划，二者互补，清清楚楚。如果掺杂的技术一多，就出问题了。为什么我们许多朋友在学习《量柱擒涨停》的一两周内可以连续伏击五六个涨停板，往后就再也抓不到涨停了？我一直在思索个中原因，现在终于找到答案了：就是掺杂了太多的其他技术分析，结果，把精华丢失了。

海之韵11:30:32　就是就是。我当初刚看书后就玩了个000628高新发展，涨停了，美死了，可接下来就再也没有抓到涨停了，我晕了。

天美11:32:27　王子老师的书把我带入股市，我实践一个多月了，以前用王子的办法抓了很多涨停，最近又学了不少别的指标，反而抓不到涨停了，今天恍然大悟。

武汉汉兵11:33:27　这本来就是一个很难走出的怪圈，技术学得越多，越是不会用了。

青山11:33:44　是的，老师的理论就是简单，管用。以"伏击涨停"为最高目标，即使不涨停，也能涨不停。

黑马王子11:34:53　现在请大家看看中视传媒3月26日的最高点，再看看它4月30日的最低点，以最低点画水平线，你会恍然大悟，极点测向律、焦点定向律、拐点转向律这三个规律，全部集中在这一条线上。我抓它，就是靠这"一条线"（如图39-1中视传媒2009年12月30日至2010年5月7日走势图所示）。

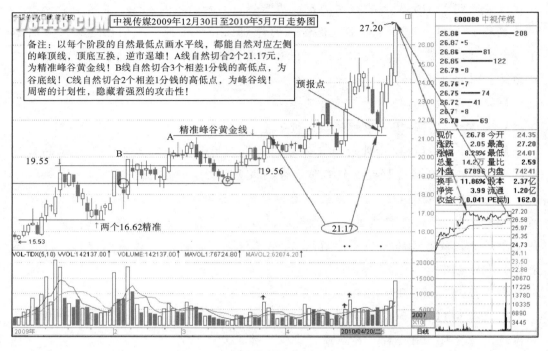

图39-1

青山11:35:45　哇！谢谢老师。

黑马王子11:36:40　我们再把眼光看远点，看它左侧的整个走势，计划性非常强，每到顶就是底，顶底互换，计划赫然。请大家在中视传媒的阶段最低点上画水平线看看，一目了然。

武汉汉兵11:38:12　哎呀，今天收获太大了！极点测向、焦点定向、拐点转向的实例讲解太好了！一直在学习这几个概念，一直弄不懂，现在一语点醒梦中人了。

深圳老三11:40:50　"每到顶就是底"，顶底互换。老师这句话说得太漂亮了，确实点明了心中很多的不解！

为了明天11:41:11　这条线画出来了，我真是恍然大悟了，谢谢老师！

深圳老三11:41:15　谢谢老师！我以前画线真的过于盲目！错过600088中视传媒真的太不应该了，越看越后悔……跟老师那么久，自认悟性太差，学无所成。今天老三真的受教了！

武汉汉兵 11:46:31　今天老师讲的中视传媒就涉及黄金柱、梯量柱、峰顶线、精准线等概念。黄金柱是精华中的精华，一定要整明白。

布衣 11:48:45　今天收获真的太大了，极点测向、焦点定向、拐点转向，讲得太好了！"伏击涨停"就是为了"伏击涨不停"。

......

王子点评：拿破仑曾经说过"不想当将军的士兵，不是好士兵"。我们套用这句话可以说："不想擒涨停的股民，不是好股民。"我们提倡的"伏击涨停"是一种理念，是一种向往。你一旦掌握了"伏击涨停"的规律，"涨不停"的股票也就会经常伴随你去创造奇迹了。

我们不要因为一时不能擒获涨停而苦恼，也不要因一时擒获了涨停而骄傲。摆正心态，不以涨停而喜，不以涨不停而悲，平平常常地对待涨停，扎扎实实地学习技术，总有一天你能走向成功，到达胜利的彼岸。

第四十章

一个 "失败案例"，引出 "十个问题"

王子在上周三（5 月 15 日）的收评中 "请大家踊跃提供你用量学操作的失败案例"，让大家帮你找找失败的原因。随后，有三位网友大胆公布了自己的失败案例，讲出了各自的进出时间和理由。许多网友对这三个案例谈了自己的看法。今天是周末休息时间，王子先解读第一个案例如下：

一、这个 "失败案例" 的操作过程

网友 "萍水相逢" 2019 年 5 月 23 日 19:49:44 留言：

王子老师，向你汇报我 4 次买卖 300287 飞利信的失败过程：

①4 月 29 日 9 点 54 分 4.94 元买入飞利信，理由是 4 月 26 日阳胜，认为当天会做黄金柱。5 月 7 日 10 点 05 分 4.61 元卖出，理由是阴胜出。

②5 月 8 日 9 点 53 分 4.41 元买入，认为站稳了 2 月 25 日黄金线，抄底去了，5 月 10 日 13 点 14 分 4.31 元卖出。

③5 月 20 日 14 点 26 分 4.36 元买入，理由是分时图急拉又回撤缩量，这只股票今后会突破当天 4.68 元高点，21 日 10 点 41 分 4.36 元加仓，理由是 20 日这根柱的底部回踩 2 月 22 日黄金柱，有底。

④5 月 22 日 13 点 05 分 4.4 元卖出，因为预测大盘明天会跌，而这只股票当时阴线。这就是我买卖飞利信的全过程，分享给老师和各位量友同人，欢迎大家批评指正。谢谢！

王子回复如下：

谢谢 "萍水相逢" 网友提供的详细叙述，让王子可以按照他的叙述，把他的四

次进出点全部标注在下面的走势图上(见图40-1),大家可以看得更加清楚。

敬请"萍水相逢"网友恕我直言,你的操作证明你根本没有理解量学,而是用你看到的量学术语,加上你的主观理解,毫无标准地在盲目操作。

请看图中A~B、C~D、E~F三处买卖点:你在"4月29日9点54分4.94元买入飞利信,理由是4月26日阳胜,认为当天会做黄金柱"。

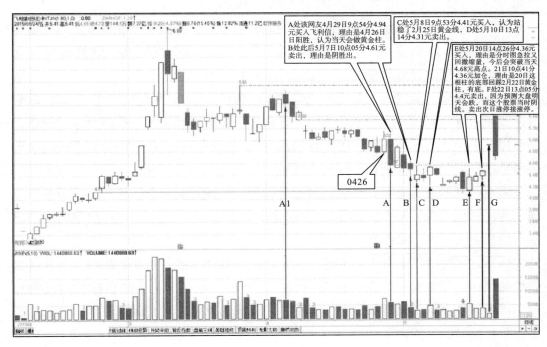

图40-1

二、引出"十个问题"令人震惊

第一,这位网友肯定是用量学的"阳胜进、阴胜出"来操作的,但是,量学的"阳胜进"特指"上升途中"的阳胜,并且强调,有王牌柱支撑的阳胜才是真正的阳胜。请看图中A1到C,完全是下降途中,根本没有王牌柱,根本没有买入信号。所以,在A和C的买入是完全错误的。

第二,既然你看到"阳胜柱出现在4月26日",你为什么要在4月29日买入?这不是违背了"初胜进出"的原则么?况且该股正在下跌途中,没有介入时机,也没有介入的必要。

第三,你"认为当天会做黄金柱",那是你的"认为",按照量学的三日确认原则,即使以0426为基柱,其后三日的平均收盘价不低于基柱实顶,才能确认黄金柱,没有确认就介入,这是非常严重的错误。

第四，你如果把0426的阳胜柱当作"刹车"，那也应该等到"换挡柱"出现，最好是"加油"时介入呀！你的超前预判，完全没有量学的规矩，完全是你个人的主观臆断。

第五，你是0507 B处"阴胜出"，又是一大错误！最好的操作应该是A柱次日"跳空阴，拉拐清"，比B柱提前两天。你呀，还有一个重要错误，你的"阴胜出"，刚好与量学标准相反，量学强调的是"阴盛进"！

第六，C处是一个典型的"向下跳空的假阳真阴"，没有任何理由介入！你却"认为站稳了2.25黄金线"，凭自我"认为"介入，而不是等候"确认信号"介入。这是许多网友失败的根源，好在你能在D柱及时出货。

第七，你在E处的介入是完全正确的。因为该股从6.89元跌到4.13元，跌幅接近腰斩，看看C到E的价柱，振幅逐步收窄，跌幅逐步走平，按照量学的钟摆渐弱原理，E处已是下跌末期，且E柱回踩0222的元帅柱实顶，形成了"极阴次阳微增量过阳半"建构。所以介入完全正确！

第八，以E柱为基柱，连续二日价升量平，是很好的黄金柱建构，按照量学原理，这里一旦上攻，至少应该有一到两个板的上升空间。但是，你却在黎明之前出货，白白丢失了两个涨停板。

第九，我在微信上留言：这是一个非常好的案例。很多网友不理解，问我这么糟糕的操作，怎么会是非常好的案例呢？这个案例好在哪儿？好在这位网友的操作，代表了许多量学读者的操作，就是"用自我的思维方式去理解量学术语，进行了完全相反的错误操作"。

第十，看到上述操作，使我想起了上周四（5月16日）的故事：当天收评中，我对大盘提出"盯三防四"的警示，有位网友理直气壮地质问我："明天是周五，哪儿来的周四？"由此可见，他把"盯三防四"理解成"盯周三、防周四"了。这种"用自我的思维去理解量学的术语"，经常出现在望文生义、自以为是的读者中。

三、走出"我还是我"的学习怪圈

借此案例，给大家提个醒：量学的每个术语都是有特定含义的，都是"位置决定性质"的，我们切切不可"望文生义"。

例如，一看到"阳胜柱"就要"阳胜进"，这是要吃亏的；再如，一看到"小倍阳"就要"大胆入"，也是要吃亏的。因为，第一个倍阳往往是试探，第二个倍阳往往是试攻，第三个倍阳往往才是主攻。

与之对应的有，第一级黄金梯往往是试探，第二级黄金梯往往是试攻，第三级黄金梯往往才是主攻。

　　与之对应的还有，长期下跌之后的第一根阳胜柱往往是"刹车"，第二根往往是"换挡"，第三根往往是"加油"。有些"刹车柱"第一次不一定能刹住，还有第二次、第三次，甚至还有第四次。

　　事实告诉我们：无论多么好的助涨基因摆在面前，我们都要用"左预判、右确认，等候确认是灵魂"的量学看盘法则来研判。千万不要头脑发热，千万不要只见树木，不见森林。

　　量学是一门"实打实"的学问，学习量学也是一个"实打实"的过程，我们千万不要"望文生义"，千万不要"以己度人"，千万不要"自以为是"。如果我们不读懂作者的"本意"，而是用"己意"代替"本意"、用"误解"代替"正解"，轻者可能闹出"盯三防四"的笑话，重者就会走进"我还是我"的怪圈，永远停留在过去。学而不精，不如不学。

　　再次谢谢"萍水相逢"网友！祝你和大家周末愉快！

　　附本失败案例的读者留言如下：

　　第 1 楼"朝歌 46"留言：研究一个失败的案例，胜过研究 10 个成功的案例，在这个案例中，我看到了量学的精妙之处。量学除了三先规律，最精妙的就是精准。什么是精准？最典型的就是精准线。有主力的股票，每一个回踩都精准地踩到顶或者底。谢谢王子老师，希望王子老师每周能发一个这样的失败案例，这对广大的量学好友有极大的帮助，超过研究成功的案例 10 倍。

　　第 3 楼"zyuani"留言：王子说的"三有"即"有底、有王、有阶"，"三有俱全，接力递进"，这才是我们量学的"百低组合拳"。至于有人说"百低后数日不涨停的更多"，那是因为他根本就没有弄懂"百低组合拳"的内涵，或者只是望文生义，只是看到了百低，没有看到百低之后的组合，没有掌握"有底、有王、有阶"的标准和含义。

　　第 40 楼"ykzqh201802"留言：融会贯通后的量学，才能迎来大道至简。学无止境，感谢老师抽丝剥茧的精彩分析！老师周末愉快！

　　第 64 楼"三百山猎鹰"留言：王子老师的案例点评真是太有味道了，让人久久回味，精彩绝伦。

　　……

第四十一章

—— 这个特殊的 "失败案例" 太经典了！ ——

现在中国股市有一种怪象：似乎大家都懂量学了，似乎大家都用量学了，似乎用量学就能擒牛捉马骑龙头了。许多人以量学为荣，与量学为伍，似乎不懂量学成了炒股之人的奇耻大辱。有的甚至说："不懂量学不炒股！"与此同时，量学又成了许多人炒股亏损的替罪羊，成了不能擒牛捉马骑龙头的罪魁祸首。还有人说："不学量学之前没有亏过，学了量学之后，反而越来越亏，亏得不敢炒股了。"

实话实说，那些自称懂得量学的人，难道真的懂量学了吗？那些自称用量学炒股的人，难道真的是在用量学炒股吗？

一、王子 "征求失败案例"

为了甄别真相，王子在 "盘前预报123" 微信平台上呼吁大家提供失败案例，就有了上周日《一个 "失败案例"，引出 "十个问题"》的周末讲座。大家都说这样的讲座太好了！太有价值了！2019 年 5 月 28 日 20：36：36 时，有位网友在我的微信平台上留言，讲了他用量学看盘选股失败的案例。为了照顾这位网友的情面，截图中隐去了他的用户名。其原文见截图：

明明京东方X量柱量线都有，今天仍然大量资金（无论主散）净流出呢？相反搜于特无量超跌涨停，量学对后者怎么看怎么不顺

2019-05-28 20:36:36

| 你的回复
哈哈！你可是真的没有学懂量学。量学看搜于特，越看越好！七连阴，极阴也，阴盛也，昨天讲的 "阴盛进" 就是它，它在第七阴精准回踩0222元帅柱实顶，同时缩为昨日低量柱，它不涨谁涨！

第一只，讲的京东方（000725），理由是"大量资金（无论主散）净流出"，显然，这不是用量学分析的，因为量学看盘析股，从来不管其他传统技术指标，量学认为任何股票任何时段的交易都是多空平衡的、都是对等的，否则，不可能成交，因此，不可能有"净流出"或"净流入"的状况。显然，他这是用其他传统指标在看盘，却把失误扣到量学头上。这样的情况太多太多了。这种张冠李戴的情况非常清楚，这里就不展开叙述了。

第二只，讲的搜于特（002503），理由是"搜于特无量超跌涨停，量学对它怎么看怎么不顺"，也就是说，搜于特的涨停，无论你"怎么看怎么也不符合"量学标准。我一看到他的留言就感到非常诧异，因为，我是5月27日午后，在其过阴半时以2.57元买进的，应该符合量学标准。所以，我当即给他回复："哈哈！你可能是真的没有学懂量学。量学看搜于特，越看越好！七连阴，极阴也，阴盛也，昨天（收评）讲的'阴盛进'就是它，它在第七阴精准回踩0222元帅柱实顶，同时缩为百日低量柱，它不涨谁涨？"

二、详解这个"失败案例"

谢谢这位网友提供的这个"特殊的失败案例"，它太经典了！经典得使王子不得不在此用对比法，将留言者"怎么看怎么不顺"的搜于特详解如下。请看图41－1搜于特（002503）2019年5月27日的留影之一。

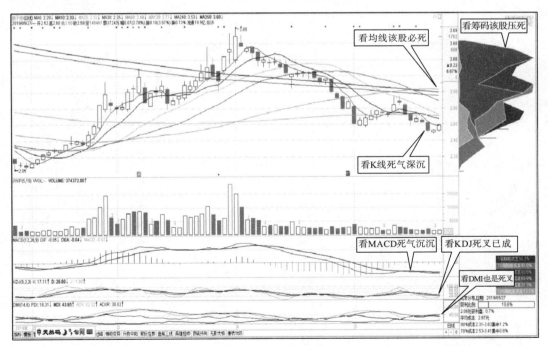

图41－1

该网友是5月28日晚上留的言，我们来看5月27日该股的状况。上图中调用了当前最流行、最经典的六种传统技术指标，请看图示：

（1）看均线，该股必死，因为均线层层压制，毫无生机；

（2）看K线，该股死气沉沉，因为连阴重重，毫无生气；

（3）看筹码，该股筹码重重，群峰压顶，毫无还手迹象；

（4）看MACD，该股死气沉沉，阴气浓重，多方寸步难行；

（5）看KDJ，该股死叉重叠，层层压制，没有喘气空间；

（6）看DMI，该股死叉重叠，重重压制，多方气急败坏。

以上六点，用传统指标来看，确实"怎么看怎么不顺"；但是，用量学眼光来看，却是"怎么看怎么顺"，生机勃勃、大有作为。请看该股5月27日留影之二（见图41-2）。

量学看盘，一柱一线足矣，所以图41-1去掉所有传统指标，只看量柱量线。

先看B柱：这是该股七连阴之第七柱，该柱缩量三一，缩为百日低量柱，并且精准回踩D柱元帅柱实顶，说明主力控盘到位、回踩到位、缩量到位，即将拉升；

再看C柱：典型的长阴短柱，最低点精准回踩D柱次日的黄金柱实顶，说明该股主力很强，一旦做出百日低量柱，必有强力反弹；

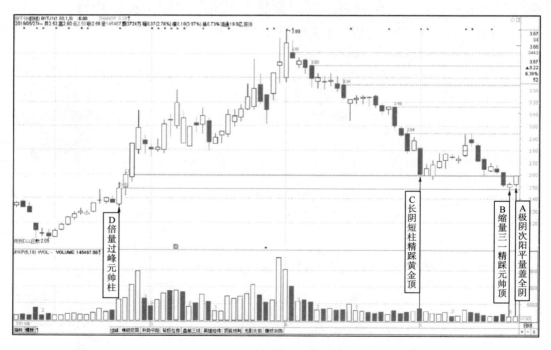

图41-2

再看 A 柱：极阴次阳平量盖全阴，这是经典的异动信号。因为其左侧是七连阴，量学认为七连阴属于极阴，阴盛也，阴盛必阳升，一旦次阳过阴半，就是量学跟随主力的第一位置，所以王子于 5 月 27 日午后在 2.57 元介入，介入价位比日前大阴（5 月 23 日周四）2.56 元高 1 分钱成交。尽管成交后又下跌了 2 分钱，但后来反身向上，收盘于 2.59 元，当天只赚了 2 分钱。

第二天，该股果然逆市启动，悍然涨停，然后连拉四连板。请看该股 5 月 31 日午盘留影（见图 41－3）。如图所示，王子在 5 月 31 日午前破板第二波上攻未果时出货。这是当天出货后的留影。

王子选定该股非常简单，就是看"一柱一线"。一柱，就是看到 0524 缩量三一、缩为百低（三低三有）；一线，就是看到 0524 精准回踩 0222 小倍阳元帅柱实顶线；介入，就是看到 5 月 27 日突破底部大阴二一位。也都是按照量学标准看盘、都是按照量学标准介入。

北大量学跟庄（主力）特训班的同学们都知道，这种长阴短柱高度控盘的强庄，一旦启动，一般会有四个板的空间。该股如期拉了四个板，但因没有及时发现其打开涨停，出货晚了一个节奏，少赚了半个板。

另外，王子在此只用了不到三一仓位，原计划 5 月 28 日小跳空确认极阴次阳时再加仓，没有想到该股 5 月 28 日竟然跳空一字板开盘，第二天 5 月 29 日又是跳空一字板开盘，最终四连板。

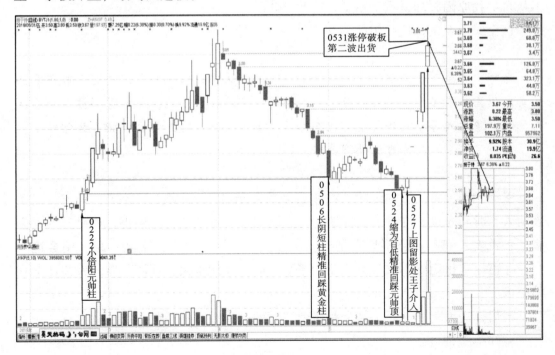

图 41－3

三、这个"特殊的失败案例"说明了什么？

综上所述，这位网友"用量学看搜于特，怎么看怎么不顺"，完全与事实相反，肯定是他学杂了，学混了，明明是用传统指标"怎么看怎么不顺"，但他却说成是"量学对它怎么看怎么不顺"。

这个"失败案例"，其实不是量学的失败案例，而是学量学不到位的失败案例。这种阴差阳错的情况非常多，因为现在学量学的人，往往都会拿他学过的各种传统技术与量学对比，经常用量学选出股票后，又用传统技术来验证，最后，经常出现张冠李戴、李代桃僵的错误。

这个"特殊的失败案例"说明了什么？

第一，有些人所说的量学，其实不是量学，而是他自以为是的量学；

第二，有些人所用的量学，其实不是量学，只是他似懂非懂的量学；

第三，有些人所讲的量学，其实不是量学，只是他张冠李戴的量学；

第四，有些人所言的量学，其实不是量学，而是他李代桃僵的量学；

……

要想真正学好量学，就要认真读懂原著，读出作者的本意，而不要用自己的"己意"去猜测作者的"本意"，更不要在没有读懂的时候去实盘。如果自己错了，不从自身找原因，却说量学错了，这就可悲了。

这个失败案例，使我想起网友"林焕辉"的一段留言：

老师，我今天伏击罗顿发展涨停了，理由是从您微信视频看到的过了假阴真阳的实顶伏击。看了量学有几个月了，因为自己有过去的系统，所以觉得技术越多反而越乱，量学的每个战法都是有理有据的，但是，还是得先学会一招，先学精了一招，用会了这一招，才可以走得更好。

王子回复：首先，你说的"技术越多反而越乱"，说到点子上了！只戴一只手表的人，时间永远是准确的，即使它有点误差，戴表人会自动修正；如果戴的手表多了，戴表人就不知道哪只表是准的了。其次，你说的"先学精一招，用会这一招，才可以走得更好"又说到点子上了。看懂了才能学精，不懂装懂的人往往会死得很惨。

最后，送大家四句话，算是对这个"特殊的失败案例"的总结：

一知半解害自己，

似懂非懂害他人；

自以为是必不是，

不懂装懂害死人！

附本失败案例作者和读者留言如下：

本失败案例作者看了王子的点评之后留言如下：

> 知识改变命运
>
> 谢谢王子能把我失败案例公开回复，在此虚心接受老师的批评指正！让我明白自己每天明里用量学看盘，暗里一直受传统指标分析，并且许多时候并没有用量学指标或乱用指标，看来还得多读几遍四本基础知识的书，学会真正的量学知识，以求开悟。再次拜谢！
>
> 2019-06-01 22:44:32

男人如山留言：谢谢王子能把我失败案例公开回复，在此虚心接受老师的批评指正！让我明白自己每天明里用量学看盘，暗里一直受传统指标分析，并且许多时候并没有用量学指标或乱用指标，看来还得多读几遍四本基础知识的书，学会真正的量学知识，以求开悟。再次拜谢！（2019－06－01 22:44:32）

第2楼"海浪人"留言：拜读了。引用过去老电影中的一句名言——高！实在是高！

第3楼"自由的灵魂"留言：谢谢王子的详细讲解！通过几年来的学习，慢慢才体会到了量学在实际运用中的一些辩证关系，比如买与卖的辩证、刹车与换挡的辩证、是否需要等待确认的辩证、个股走势与大盘走势的辩证、利用九阴真经出逃时所依据的不同条件之间的侧重辩证、个股所处位置的辩证、对短线这一概念理解的辩证，等等，量学的辩证战法是量学之魂！

第6楼"星星点灯"留言：从搜于特成功四涨停的案列中，我体会到了量学的真经，看到了大师的风采！

第7楼"羌江月"留言：多谢先生详细讲解，这个案例太经典了，仔细研读，深有体会。谢谢您！

第8楼"T4阿强"留言：谢谢王子老师精辟入微的解读，又让我饱餐了一顿量学大餐，虽已看过多遍，但是意犹未尽，久久沉浸在老师解读的快意之中，犹如喝了多年的陈酿，如痴如醉！但愿老师有空的时候，多给我们一些这样的案例解读，以期提高我们看盘解盘的实战能力，同时也让学人见识见识量学与传统技术的区别，见识咱们量学的威力！

……

第一版后记
而今迈步从头越

　　真的没有想到，《量柱擒涨停》问世六个月再版七次，创造了我国出版史上的奇迹。王子在此感谢四川人民出版社的慧眼，感谢卓越网、当当网、淘宝网的厚爱，感谢广大读者的真诚……

　　真的没有想到，《量线捉涨停》的部分章节在"股海明灯论坛"发表后，竟让这么多的网友给予这么高的评价，大家几乎把世界上最高的评价和最美的赞誉都送给我了，把我比作恩师，比作明灯，比作孔子，比作活佛……我真的无颜见网上父老。我既惭愧又感动，既内疚又振奋，以至于热泪盈眶，热血沸腾，诚惶诚恐……

　　其实，这些文章的成功，绝非王子的功劳，而是许许多多无名志士的功劳。是他们无畏的探索和无私的奉献，才有如此丰厚的学习盛宴。

　　请看"钱多多"老师的盘前预报，没有"疯狗式"的空喊空叫，也没有"学究式"的遮遮掩掩，更没有"海归式"的指鹿为马，钱老师的盘前预报实实在在，有理有节，有据有度，为我们注入了稳重扎实的作风。

　　请看"短线炒股"同学的盘后分析，图文并茂，一针见血，时常妙语连珠，提纲挈领，令人豁然开朗，每当读到他的文章，我感到有一种智慧从天而降，令人思之不尽。

　　再看"冰冰""阳阳"同学的牛股预报，不报则已，一报涨停，从名字就能看出这两个人的风格，冰冰沉静，阳阳炽烈，既能使我们在过热时冷静，又能使我们在冷遇中奋发。有这样的师友为伍，王子实感三生有幸。

　　再看"股海金龙""深圳清风"同学的盘中交流，丰富的看盘经验和操作心得，时常迸发出来，令人耳目一新，受益无穷。我从他们那里学到了宏观与微观的结合，学到了静态与动态的离合，学到了势与量的聚合。

　　再看"蓝蓝""龙恒"同学的盘中点评，往往一语道破天机，往往一语柳暗花明，龙恒看盘机智，蓝蓝识庄通透，我从他们那里看到了同学们的朝气与豪放。

太多了，像"雪狼""拈花微笑""新节奏""静虚斋""至阴至柔"……无不展现出老练成熟的风范。

三人行，必有吾师。我每天都在向大家学习，感到学不完学不尽，如果说王子的文章对大家还有那么一点益处，也是大家的集体的功劳。王子乃一凡人俗人，盛名之下，其实难副：论盘前预报，王子宏观不及"钱多多"；论牛股预报，王子命中率不及"冰冰""阳阳"；论盘中擒牛，王子准确度不及"蓝蓝""龙恒"……

王子不才，因此我要送大家"三千万"：

第一，大家千万不要迷信王子，因为王子的失败比成功多；

第二，大家千万不要崇拜王子，因为王子的迷茫比清醒多；

第三，大家千万不要效仿王子，因为王子的缺点比优点多。

我感觉到，咱们论坛藏龙卧虎，高人辈出，在此，我向深藏不露的高手深深地躬一躬，望你们不吝赐教，施展绝技，充实和完善量柱量线理论，协助王子帮助慕名而来的广大散户朋友摆脱困境，走向成功。

毛泽东诗曰："雄关漫道真如铁，而今迈步从头越。"股市的道道雄关，比铁还要实在。过去的成功不能代表今后也能成功，我们要不断探索下去，不断去发现和发掘"涨停基因"，去完成我们的"涨停基因图谱"。

我们都是来自五湖四海，为了一个共同的赚钱目标走到一起来了，我们的网友应该互相帮助、互相爱护、共同进步。

祝大家在新的一年取得新的进步。

我们的交流邮箱是hm448@163.com

我们的交流论坛是www.178448.com

黑马王子

诚惶诚恐于峨眉山

2010 年 4 月 26 日